LÉGISLATION

DE LA

VAINE PÂTURE.

Tous Exemplaires non-revêtus de la signature de l'Auteur,
seront réputés contrefaits.

LÉGISLATION

DE LA

VAINE PÂTURE,

OU

RECUEIL RAISONNÉ

DES COUTUMES ET RÈGLEMENTS ANCIENS, DES LOIS, DÉCRETS, ORDONNANCES ROYALES, AVIS DU CONSEIL D'ÉTAT, ARRÊTS DE LA COUR DE CASSATION, etc., CONCERNANT LES DROITS DE VAINE PATURE ET DE PARCOURS, ET L'EXERCICE DE CES DROITS;

PAR Aug. LEPASQUIER,

Chevalier de la Légion d'honneur, Chef de Division à la Préfecture du département de la Seine-Inférieure, Membre de la Société centrale d'Agriculture du même Département, et de l'Académie Royale des Sciences, Belles-Lettres et Arts de Rouen; Correspondant de la Société Royale d'Arras et de la Société d'Agriculture d'Etampes.

PARIS,

CHEZ PÉLICIER, PLACE DU PALAIS-ROYAL.

ROUEN,

CHEZ ÉMILE PERIAUX FILS AÎNÉ, IMPRIMEUR-LIBRAIRE, ÉDITEUR.

M. DCCC XXIV.

A

Monsieur le Baron DE VANSSAY,

Officier de l'Ordre royal de la Légion d'honneur, Maître des Requêtes au Conseil d'Etat, Préfet du Département de la Seine-Inférieure.

Monsieur le Baron,

La vaine pâture et le parcours donnent lieu, dans la plupart des départements de la France, à des contestations d'autant plus fréquentes que les règles qui déterminent l'exercice de ces droits, sont moins fixes et moins généralement connues.

J'ai pensé qu'il serait utile de les retracer au moyen d'un rapprochement étudié des lois et actes divers du Gouvernement, qui constituent l'ensemble de la législation sur cette matière. Tel est le but que je me suis proposé, en publiant le livre à la tête duquel vous avez eu la bonté de permettre que votre nom fût placé.

Ce témoignage de la bienveillance d'un Administrateur distingué par une étude réfléchie, autant
que par une longue expérience des affaires, est
sans doute pour mon Ouvrage une recommanda-
tion précieuse. Il ne me reste plus qu'à former des
vœux pour qu'il en soit jugé digne.

J'ai l'honneur d'être avec respect,

Monsieur le Baron,

Votre très-humble et très-
obéissant serviteur,

Aug. Lepasquier.

AVANT-PROPOS.

ON distingue ordinairement les pâtures en deux classes, savoir : les *pâtures* dites *grasses* ou *vives*, et les *pâtures* dites *sèches* ou *vaines*.

Les pâtures vives ont lieu sur les *bruyères, landes, marais, pâtis*, etc. appartenant à des communautés d'habitants, ou grevées en leur faveur de droits d'usage qui leur permettent d'y faire paître leurs bestiaux.

Les pâtures vaines ont lieu dans les *bois* de *haute-futaie*, dans les *bois-taillis*, entre la cinquième et la sixième feuille, sur les *prés* après la fauchaison, sur les *guérets* et *terres en friche*, et généralement sur tous les terrains où il n'y a ni semences ni fruits.

Notre objet est de nous occuper exclusivement ici de la vaine pâture, dont l'exercice est soumis à des règles tout-à-fait distinctes de celles qui régissent la pâture vive. Celle-ci n'ayant lieu en effet que sur des terrains dont le fonds, ou tout au moins la propriété utile, appartient aux communes, les droits de chaque habitant sont déterminés par les lois qui concernent le mode de jouissance des biens communaux.

Lorsque le droit de vaine pâture est en vigueur dans une commune, il a pour effet de rendre libre, entre la généralité des habitants , toute l'étendue des héritages où il peut être exercé , conformément à la définition qui précède ; de telle sorte que chacun a la faculté d'y conduire ses bestiaux en dépaissance , sauf les exceptions propres à la localité , sans que le propriétaire puisse y mettre empêchement.

Souvent aussi le droit de vaine pâture n'est point restreint aux héritages compris dans les limites du territoire d'une commune ; mais il s'exerce encore sur le territoire de la commune ou des communes limitrophes , dont les habitants à leur tour usent de réciprocité. Il est alors plus ordinairement connu sous la dénomination de droit de *parcours* ou de *compascuité*.

Quel a pu être l'origine de semblables droits ? Cette question , il faut l'avouer , paraît assez difficile à résoudre.

Peut-être faut-il , pour en trouver la solution la plus probable , remonter jusqu'aux temps de la vie pastorale. La vaine pâture en effet se compose des produits d'un sol inculte qui peuvent être abandonnés aux bestiaux , sans aucun préjudice pour l'homme , ou pour le propriétaire des héritages sur lesquels elle s'exerce (1). Or, quel était le genre de vie des troupeaux des peuples pasteurs ? Errants incessamment

---

(1) Dicitur vana pastura quia nullum damnum offert domino prædii servientis (CHASSANÉE, *Coutume de Bourgogne*).

de contrée en contrée, sous la garde de leurs conducteurs, ils cherchaient leur nourriture partout où la
terre leur offrait le tribut de ses productions spon-
tanées.

> Sæpe diem, noctemque, et totum ex ordine mensem
> Pascitur; itque pecus longa in deserta sine ullis
> Hospitiis : tantum campi jacet.
>
> Virg. Georg., lib. 3, v. 341.

Insensiblement ces peuples s'attachèrent au sol qui
leur promettait une plus heureuse fécondité, et
bientôt l'agriculture réclama l'emploi de tous leurs
soins. Les espèces de plantes que l'on cultivait alors
étaient peu nombreuses, et l'expérience n'avait encore rien appris, sinon qu'il était nécessaire de laisser
reposer les champs après deux ou trois récoltes; d'un
autre côté, les occupations de la vie agricole ne
permettaient plus de conduire au loin les troupeaux;
quoi de plus naturel alors que de leur ouvrir ces
champs improductifs pendant la période d'une année?

Il est donc raisonnable de penser que la plupart des
sociétés agricoles qui se formèrent, furent conduites,
comme par une conséquence de leurs habitudes
primitives, à envoyer leurs bestiaux en dépaissance
sur les *jachères*, ainsi que sur les *prés* après la
fauchaison, et en général sur toutes les *terres récoltées* ou *non-ensemencées*. On ne dut point non plus
tarder à s'apercevoir que l'intérêt général, dans ces
temps où l'agriculture était encore pour ainsi dire

1 *

en enfance , conseillait de réunir ces bestiaux en commun pour les envoyer aux champs de vaine pâture. C'était à-peu-près le seul moyen de leur assurer constamment des pâturages suffisamment étendus , en établissant ainsi une sorte de compensation annuelle entre les terres mises en culture , et celles qu'on laissait reposer. C'était d'un autre côté réduire avantageusement les soins , les embarras et les frais que pouvait occasionner la garde des troupeaux.

Ces considérations durent déterminer en effet les cultivateurs à se sacrifier mutuellement la liberté de disposer à leur gré de leurs héritages respectifs , du moins pendant certaines saisons de l'année , et à former entr'eux une association tacite , mais rendue obligatoire par la succession des temps, et aux lois de laquelle il ne fut plus permis de se soustraire.

Telle fut sans doute , ou du moins telle peut être supposée , l'origine du droit de vaine pâture.

On conçoit qu'une fois adopté, cet usage, qui d'ailleurs se concilie parfaitement avec les circonstances où se trouve placée une société naissante , se soit transmis de proche en proche , en subissant toutefois les modifications que comportaient les temps, les lieux, les lois, et le caractère des peuples chez lesquels il fut successivement introduit. Pendant un long intervalle de temps, le système politique qui a généralement dominé en Europe , opposa constamment un obstacle insurmontable aux progrès de l'art agricole , en étouffant tout esprit d'émulation chez les cultivateurs, qui ne connaissaient généralement d'autres voies que celles d'une aveugle routine. Ainsi donc, le droit de vaine pâture et celui de parcours, non-seulement continuèrent à régir une foule de localités, mais encore durent paraître tout-à-fait en harmonie avec le mode d'exploitation rurale auquel on se restreignait alors.

Cependant la civilisation qui, chaque jour, faisait de nouveaux progrès, la population qui s'augmentait dans une proportion toujours croissante, créaient insensiblement des besoins, auparavant inconnus, à la plupart desquels l'agriculture était appelée à satisfaire. Pour répondre à cet appel, il fallait introduire de nouveaux procédés dans le système de culture qu'on avait jusqu'alors suivi, renoncer au mode des anciens assolements, et combiner les semences de manière à ce que plusieurs récoltes pussent se succéder, même dans l'intervalle d'une année, sans épuiser le sol. Cette révolution paraissait devoir être lente à s'opérer; mais déjà l'instruction avait pénétré dans la classe des cultivateurs : elle permit à un assez grand nombre d'étudier avec fruit les leçons qu'ils reçurent de quelques hommes distingués par leur rang dans la société, et qui n'avaient point dédaigné les occupations rurales ; d'heureux essais en proclamèrent l'excellence, et stimulèrent une émulation générale.

Ce fut alors que l'on s'aperçut combien les droits de vaine pâture et de parcours apportaient d'entraves au développement de la plupart des améliorations agricoles , dont le besoin se faisait si vivement sentir. Aussi, ne tarda-t-il point à s'élever de nombreuses réclamations contre l'existence de ces droits, de toutes les parties de l'Europe où les nouvelles méthodes avaient pu être particulièrement appréciées.

En France, ces réclamations se multiplièrent surtout dans les pays où la succession des temps semblait avoir imprimé , au droit de vaine pâture , un caractère de servitude absolue. Le Gouvernement éclairé sur la question d'économie politique qui se présentait, crut devoir apporter quelque remède aux inconvénients que signalait une industrie sur qui se fonde principalement la prospérité des états. Delà, les Edits de mars ,.... et août 1769 , février 1770 , mai et août 1771 , septembre 1777, mars 1780 , etc. qui autorisèrent la clôture des héritages dans la *Champagne*, la *Lorraine* , le *duché de Bar*, le *Béarn*, le *Hainaut* et la *Flandre française* , l'*Auxerrois*, le *Mâconnais* et le *pays de Bar-sur-Seine* , le *Boulonnais* , le *territoire de Noyers* et *Villiers-sur-Seine* , etc.

C'était un grand pas de fait vers un système général de culture mieux entendu. La loi du 28 septembre — 6 octobre 1791 , rendue dans un but analogue à celui des édits que nous venons de rappeler , soumit encore le droit de vaine pâture à de nouvelles restrictions favorables à l'agriculture , en attendant que les circonstances permissent d'en prononcer l'abolition absolue. Peut-être les Gouvernements qui se sont succédés depuis lors, ont-ils à se reprocher de n'avoir point, jusqu'à présent, approfondi la question de savoir si ces circonstances ne sont point encore arrivées.

Nous croyons inutile de répéter ici toutes les objections que l'on a faites depuis long-temps contre le maintien des droits de vaine pâture et de parcours, même avec les restrictions qui résultent de la loi du 28 septembre — 6 octobre 1791. Ces objections ont été reproduites dans vingt ouvrages, entre lesquels nous citerons les *Annales d'agriculture*, *tome* 5, *page* 251, *tome* 16, *page* 306, *tome* 18, *page* 387, et le *nouveau Dictionnaire d'agriculture* (article *vaine pâture*, nouvelle édition). Un Mémoire présenté à la Société centrale d'agriculture de Nancy, le 12 avril 1821, par M. *Mathieu de Dombasle*, mérite particulièrement de fixer l'attention. Il décèle dans son auteur des connaissances solides en agronomie, un esprit d'observation sage et réfléchi, ainsi qu'une étude approfondie de la matière qu'il a traitée. En renvoyant le lecteur à consulter ce mémoire dont les développements inspirent le plus vif intérêt, nous nous bornerons à citer textuellement les conclusions qui le terminent (1).

« 1° L'augmentation de population dans la plupart des états de l'Europe, les progrès du luxe et

---

(1) Ce mémoire est inséré en entier dans les n°ˢ 3 et 4 du *Bon Cultivateur*, année 1821.

» dé l'industrie , exigent nécessairement de l'agri-
» culture des produits plus abondants et plus variés,
» et par conséquent la forcent d'adopter des procédés
» différents de ceux qui ont été suivis dans les temps
» anciens.

» 2° La découverte d'un grand nombre de plantes
» nouvelles, adaptées aujourd'hui à la culture rurale,
» exige également des combinaisons de culture diffé-
» rentes de celles qui avaient été créées pour la culture
» de deux ou trois espèces seulement , et qui y sont
» exclusivement propres.

» 3° Le droit de vaine pâture forme le plus grand
» obstacle qui s'oppose à toute amélioration dans le
» système de culture des terres arables ou des prés.

» 4° Non-seulement la vaine pâture est inutile au-
» jourd'hui pour l'entretien des bestiaux , mais en la
» supprimant, on pourrait en entretenir un plus grand
» nombre , et en tirer un plus grand profit , ainsi
» qu'une plus grande quantité d'engrais: ces assertions
» sont justifiées par l'exemple des pays où la vaine
» pâture n'a pas lieu.

» 5° L'exercice du droit de vaine pâture influe
» de la manière la plus funeste sur la moralité des ha-
» bitants des campagnes.

» 6° La suppression de ce droit serait aussi avan-
» tageuse à la classe ouvrière et peu aisée des cam-
» pagnes , qu'aux propriétaires et aux cultivateurs. »

Au reste, ces considérations ne sont point nouvelles ; et le Mémoire de M. Mathieu de Dombasle

(9)

n'a peut-être d'autre mérite que celui de les avoir
plus complètement développées. Il est juste de dire
aussi qu'elles paraissent avoir déjà frappé le Gouvernement, puisque l'abolition des droits de vaine pâture
et de parcours faisait partie des dispositions dont se
composait le projet de code rural, préparé par les
soins du Ministre de l'Intérieur, et soumis, en vertu
du décret du 19 mai 1808, à l'examen et à la discussion de commissions instituées dans le ressort et au
chef-lieu de chaque cour royale.

Si malgré les vœux bien prononcés de tous les
agronomes éclairés, le projet de code rural, modifié
dans le sens des saines observations auxquelles il a
donné lieu, n'a point encore reçu la sanction législative, il ne faut sans doute attribuer ce retard qu'aux
circonstances qui se sont succédées depuis lors. Mais
en attendant que la force des choses ramène l'attention des hommes d'état vers un objet aussi important,
il est sans doute de quelqu'intérêt d'examiner en quoi
consiste la législation actuellement existante, concernant la police et les usages ruraux ; et pour nous restreindre à la matière dont nous nous sommes jusques
à présent occupés, nous pensons rendre un service
utile aux cultivateurs, en retraçant les dispositions
qui régissent les *droits de vaine pâture* et *de parcours ;* en montrant comment, par une combinaison
étudiée et par une stricte application de ces dispositions, il serait du moins possible de restreindre
plusieurs des abus de cet antique usage.

La loi du 28 septembre – 6 octobre 1791, en prononçant certaines réserves relatives à l'exercice de ces droits, a voulu que les règles et usages locaux continuassent, d'ailleurs, à être suivis (titre 1er, sect. 2, art. 3). Ces règles et usages variaient, par la raison indiquée page 4, non-seulement dans chacune des provinces du Royaume, mais encore la plupart du temps dans chaque bailliage, et souvent aussi dans chaque jurisdiction territoriale d'une moindre étendue. Ici la vaine pâture était érigée en servitude réelle et permanente ; là elle n'était obligatoire qu'autant que le propriétaire du fonds où elle avait lieu, ne jugeait point à propos, pour s'y soustraire, d'enclore ses héritages. En d'autres endroits, elle était purement précaire. Il convenait donc, pour remplir le but que nous venons d'indiquer, de placer en tête de cet ouvrage un extrait, en ce qui concerne *la vaine pâture* et *le parcours*, des principales coutumes qui étaient en vigueur dans différentes provinces et localités, antérieurement à la révolution. Nous avons consulté, pour composer cet extrait, le *Coutumier général de France*, publié en 1774, et qui comprend quatre volumes *in-folio*.

Pour éviter toute espèce de confusion, aussi bien que pour nous renfermer dans les limites du strict nécessaire, nous avons omis, dans chaque extrait, les dispositions qui se trouvent aujourd'hui abrogées ou remplacées d'une manière absolue, par la législation actuellement existante. Ainsi, par exemple, l'ordonnance de 1669, qui régit encore la matière, a établi les règles concernant l'exercice du pâturage dans les forêts; la loi du 28 septembre – 6 octobre 1791, a autorisé partout la clôture des héritages, et a déterminé les peines applicables à l'introduction des bestiaux dans les vignes et vergers de toute espèce, ainsi qu'aux délits commis dans les bois-taillis appartenant aux communes et particuliers, etc., etc. Il devenait donc, en général, superflu de rappeler ce que prescrivaient à cet égard les anciennes coutumes; et lorsque, dans quelques cas particuliers, ce soin nous a paru convenable, les passages qui doivent être, s'il est permis de s'exprimer ainsi, considérés comme un hors-d'œuvre, ont été imprimés en caractères italiques. En un mot, nous nous sommes proposé de fixer exclusivement l'attention du lecteur, sur celles des règles particulières à chaque territoire d'une circonscription de quelqu'importance, qu'a maintenues la loi du 28 septembre — 6 octobre 1791, en stipulant, titre 1er, section 2, art. 3, que, *hors les restrictions générales qu'elle a prononcées, le droit de vaine pâture s'exercerait conformément aux usages locaux.*

Il est inutile de dire que toutes les dispositions qui avaient pour principe les droits connus autrefois sous la dénomination de *féodaux* ou *seigneuriaux*, ont été retranchées par le même motif que nous venons d'exprimer.

Ainsi le chapitre 1er de cet ouvrage comprend,

1º Les extraits des coutumes qui régissaient chacune des anciennes provinces ou le droit de vaine pâture était admis ;

2º Les extraits des coutumes qui régissaient, dans chacune de ces provinces, soit une contrée connue sous une dénomination particulière, telle que l'*Auxerrois*, le *Boulonnais*, le *Bassigny*, etc., soit les grands bailliages, soit même les bailliages secondaires, dont la circonscription faisait partie du territoire de cette province ou de cette contrée.

De plus, on a cru devoir indiquer en note les coutumes spéciales à chaque circonscription d'une moindre étendue ; et lorsque ces coutumes différaient d'une manière notable des coutumes générales, on en a cité le texte.

Au moyen de cette classification, les particuliers, les maires, juges de paix, et autres fonctionnaires publics, dans chacun des départements du royaume, pourront facilement distinguer quelles sont les règles spéciales auxquelles s'y trouve soumis l'exercice de la vaine pâture ou du parcours.

Les édits publiés à diverses époques, et qui ont eu pour objet, ainsi qu'on l'a dit page 6, de procurer aux propriétaires et cultivateurs les moyens de soustraire leurs héritages à une servitude préjudiciable aux vrais intérêts de l'art agricole, devaient naturellement trouver place dans le premier chapitre, ainsi que les arrêts réglementaires émanés des cours souveraines postérieurement à la révision de chaque coutume, et qui depuis ont fait loi en diverses localités.

Le chapitre 2 comprend trois sections. La première doit être considérée comme une espèce de commentaire de la loi du 28 septembre—6 octobre 1791, en ce qui touche l'exercice du droit de vaine pâture dans les champs. Elle est divisée en neuf paragraphes, dans chacun desquels on discute séparément les principales questions auxquelles peut donner lieu un examen étudié de la matière. Les anciens arrêts et règlements, les lois promulguées depuis 1790, les actes émanés de l'administration publique, ont toujours servi de base à cette discussion. Enfin, chaque paragraphe est terminé par un résumé succint des divers arrêts rendus par la cour de cassation ou par les cours souveraines, et qui ont fixé la jurisprudence.

Un appendice, placé à la suite de cette section, se compose du texte même de ceux de ces arrêts qui ont paru le plus susceptibles de fixer l'attention.

La section 2 a pour objet le droit de parcours. Elle est rédigée dans le même esprit que la précédente.

L'ordonnance de 1669 a tracé d'une manière précise les règles concernant le pâturage dans les bois et forêts. Il paraissait donc suffisant, au premier aperçu, de rappeler les diverses dispositions y relatives de cette ordonnance. Mais comme elles ont indirectement éprouvé quelques modifications par le changement introduit depuis lors dans le système général de la législation, on n'a point tardé à re→

connaître qu'il devenait nécessaire d'indiquer, avec tous les développements convenables, le principe et les conséquences de ces modifications. C'est dans cette vue qu'a été écrite la section 3 du même chapitre. Elle comprend des divisions analogues à celles de la section 1ere, et se termine aussi par un appendice où sont textuellement rapportés divers arrêts de la cour de cassation.

Un des paragraphes de cette section concerne l'exercice des droits de *panage* et de *paisson*, quoique le panage et la paisson soient considérés comme *pâture vive*. Nous avons cru devoir sortir, à cet égard, des limites du sujet que nous nous étions proposé, afin de présenter d'une manière complète les règles relatives à l'exercice du pâturage dans les bois et forêts.

Il nous a paru indispensable aussi de mettre sous les yeux du lecteur les dispositions introduites dans le projet de code rural, concernant le vain pâturage, ainsi que les observations produites par celles des commissions consultatives qui ont plus particulièrement examiné et fait ressortir les conséquences de cet ancien usage. Tel est l'objet du chapitre 3. Puissent les considérations qui s'y trouvent exprimées ramener l'attention du gouvernement vers une question qui mérite de fixer toute sa sollicitude !

On pourra remarquer facilement à la lecture du chapitre 2, que les règles relatives au droit de vaine pâture, sur les *terres en friche*, les *guérets*, les *prés*, etc., ne sont point aussi positives que celles qui concernent le pâturage dans les *bois*. Le but que nous nous sommes proposé n'aurait donc été qu'imparfaitement rempli, si nous n'avions cherché à déduire du texte des lois et actes de l'administration publique, ainsi que de divers arrêts émanés de la cour de cassation, une série de dispositions généralement applicables à tous les cas et propres à régir l'exercice de ce droit; elles formeront, à la suite de cet ouvrage, une espèce de règlement que les fonctionnaires administratifs pourront consulter comme modèle, et dans lequel il serait d'ailleurs facile d'introduire toutes les dispositions additionnelles que comporteraient les usages locaux.

Avant d'entrer en matière, nous ferons remarquer qu'indépendamment des coutumes *écrites* qui régissaient les diverses provinces, bailliages et autres jurisdictions, on y suivait encore, quelquefois, des usages locaux *non-écrits*, mais qui n'en étaient pas moins obligatoires. On trouvera entr'autres un exemple de ces usages dans le paragraphe 7 de la section 1ere du chapitre 2; la note à laquelle a donné lieu un arrêt de la Cour de cassation fondé sur cet usage, doit particulièrement fixer l'attention du lecteur.

Il est donc bien important que MM. les Maires qui voudraient faire dans leurs communes respectives l'application des principes que rappelle cet ouvrage, examinent au préalable, avec beaucoup de soin, si elles n'auraient point été soumises à un usage non-écrit qui, sans déroger à la coutume générale, eût cependant modifié, à certains égards, les règles ordinaires concernant l'exercice de la vaine pâture et du parcours.

En diverses localités, et principalement dans les pays où la coutume était muette relativement au droit de vaine pâture, des arrêts émanés d'une cour souveraine ou de tout autre tribunal compétent, soit à titre de règlement, soit à l'occasion de contestations privées, avaient aussi consacré des usages particuliers. La recherche de ces actes, qui ont déterminé une jurisprudence encore en vigueur, doit donc être aussi l'objet d'un soin réfléchi.

Enfin, quelqu'attention que nous ayons apportée à extraire le texte des coutumes qu'il nous a paru nécessaire de mettre sous les yeux du lecteur, ou à indiquer seulement celles qui semblent d'un moindre intérêt, il sera nécessaire, dans les circonstances qui pourraient donner lieu à quelques graves difficultés, de consulter le Coutumier général, ou encore mieux le Commentaire de la coutume locale, si elle a été commentée.

Nous terminerons cet exposé en prévenant le lecteur que toutes les citations du *Répertoire de Jurisprudence* se rapportent à l'édition de cet ouvrage, publiée en 1809.

LÉGISLATION

DE LA

VAINE PÂTURE.

CHAPITRE PREMIER.

LÉGISLATION ANCIENNE.

Avant la révolution, on divisait communément la France en trente et une provinces, qui, du moins pour la plupart, comprenaient chacune, sous une dénomination particulière, une ou plusieurs subdivisions de territoire, ainsi qu'on le verra plus bas. Elles se distinguaient, d'après leur position géographique, en *septentrionales*, *méridionales* et *intermédiaires* (1).

Les provinces septentrionales, au nombre de huit, étaient la *Flandre*, la *Picardie*, l'*Artois*, la *Nor-*

---

(1) Cette division, ainsi que l'ordre respectif dans lequel se trouvent rangées les provinces, est indiquée par la géographie de Crozat, édition de 1805.

2

mandie , l'*Ile-de-France* , la *Champagne* , la *Lorraine* et l'*Alsace*.

Les provinces méridionales , au nombre de sept , étaient la *Guyenne* , le *Béarn* , le comté de *Foix* , le *Roussillon* , le *Languedoc* , le *Dauphiné* et la *Provence*.

Les provinces intermédiaires occupaient une large zône , resserrée entre celles qui comprenaient les provinces septentrionales et les provinces méridionales. Elles étaient au nombre de seize , savoir ; la *Bretagne* , le *Maine* , l'*Anjou* , l'*Orléanais* , le *Poitou* , le *Berry* , le *Nivernais* , le *Bourbonnais* , la *Bourgogne* , la *Franche-Comté* , l'*Aunis* , la *Saintonge* , la *Marche* , le *Limosin* , l'*Auvergne* et le *Lyonnais*.

Afin de remplir d'une manière méthodique le but que nous nous sommes proposé , nous adopterons cette division en trente et une provinces , et nous exposerons successivement les extraits des coutumes usitées dans chacune d'elles , en commençant par le nord, et en nous avançant graduellement vers le sud , jusqu'à ce que nous soyons arrivés à l'extrémité méridionale du royaume. Ce mode nous a semblé préférable en ce qu'il paraît devoir, plus que tout autre, suggérer au lecteur des rapprochements et des observations utiles.

§. 1. — *Coutumes et Règlements usités dans les anciennes provinces.*

PROVINCE DE FLANDRE.

Cette province comprenait la *Flandre* française, le *Hainaut* français et le *Cambrésis*.

FLANDRE FRANÇAISE.

Les coutumes de *Douay*, *Lille* et *Orchies*, sont muettes, en ce qui concerne le droit de vaine pâture. Il n'existait pas, ou plutôt il était interdit dans la châtellenie de *Berg-Saint-Vinox*. La coutume s'y exprimait ainsi :

Chap. 24, art. 5. Il n'est permis à personne de garder ou de faire paître ses moutons, vaches, veaux, porcs, chevaux ou autres bestiaux dans les chemins grands et petits, plus avant ni ailleurs que vis-à-vis les terres qu'il exploite, si ce n'était du consentement du voisin, à peine de l'amende de *trois livres parisis pour chacune bête*, dix moutons étant comptés pour une vache (1).

----

(1) Il ne faut pas perdre de vue ce qui a été dit page 10, que le texte des anciennes coutumes indiquant des dispositions qui se trouvent ou qui ont paru abrogées ou modifiées par la nouvelle législation, est imprimé en caractères italiques. Or, comme il entre dans les attributions des autorités municipales et administratives de publier, pour l'exercice du droit de vaine pâture, des règlements dont l'infraction est punie conformément à l'art. 475 du Code pénal, il n'y a plus lieu

2 *

6. Ni pareillement sur les chaumes, sur les fruits, dans les prairies ou autres terres d'autrui, sans son consentement, sous peine de l'amende *telle que ci-devant*; et *chacun aura la faculté de les prendre*, *et il aura le tiers de l'amende*.

Toutefois il existe , quant aux trois premières châtellenies, un arrêt du parlement de Flandre, en date du 24 novembre 1760 , ainsi conçu :

Art. 1er. Dans les lieux où les cantonnements sont en usage entre les fermiers qui ont des moutons, ils continueront d'avoir lieu, *encore que les terres y comprises soient situées en partie hors des limites de la paroisse des fermes y cantonnées.*

2. A défaut de cantonnement, tout occupeur de ferme à moutons pourra les faire paître sur les terres de son exploitation, *quoique situées dans des paroisses limitrophes.*

3. Pour arriver aux terres situées hors de la paroisse de la ferme, il est permis de faire passer les moutons par le chemin public qui y conduit le plus directement, sans néanmoins pouvoir les faire arrêter et paître sur le grand chemin.

4. Si ces terres n'aboutissent pas à un chemin public, le fermier qui les occupe ne peut, pour y parvenir, faire passer ses moutons sur aucun terrain, voie ou chemin particulier, si ce n'est du consentement exprès

---

aujourd'hui à l'application des anciennes amendes, dans les cas analogues à celui qu'a prévu l'art. 5 de la coutume de *Berg-Saint-Vinox.*

des intéressés, et sans que le passage puisse être exigé sur l'offre d'une indemnité, ni sous quelqu'autre prétexte que ce soit (1).

5. Si ces terres sont notablement éloignées de la paroisse de la ferme dont elles font partie, la communauté ou les fermiers de la paroisse où elles sont situées peuvent en retirer aussi la paisson, en laissant au fermier qui les exploite une étendue équivalente dans la partie de leur paroisse la plus voisine de la ferme, ou dans un autre endroit dont ils conviendront avec lui.

6. Sont maintenus dans leurs droits, les propriétaires ou occupeurs qui sont en bonne et suffisante possession, d'affermer la paisson sur leurs terres à qui bon leur semble, même à des forains.

7. Hors les cas exprimés par les articles précédents, les intranes peuvent seuls, à l'exclusion des forains, faire paître leurs moutons sur les terres de leurs paroisses respectives.

HAINAUT FRANÇAIS.

Le chapitre 22 de la coutume générale du comté de *Hainaut*, n'indique que les dispositions pénales à l'application desquelles doivent donner lieu les dommages causés à autrui, par les *bêtes à corne*, *chevaux*, *pourcéaux* et *bêtes blanches*, ou *moutons*. Dans cet état de choses, il convient de recou-

---

(1) La disposition résultant de cet article ne paraît nullement abrogée par l'art. 682 du Code civil, qui n'accorde au propriétaire d'un terrain enclavé le droit de réclamer un passage que pour l'*exploitation* de ce terrain.

rir à la coutume de *Mons*, quoiqu'elle ne fît pas loi dans toute l'étendue de la province. En effet, le Hainaut avait deux chefs-lieux, celui de *Mons* et celui de *Valenciennes*, régis chacun par une coutume distincte et séparée. De sorte que le territoire soumis au premier, avait des usages différents, à plusieurs égards, de ceux qui étaient en vigueur dans le territoire soumis au second. Nonobstant cette observation, nous croyons utile de rapporter ici l'extrait suivant de la coutume de *Mons* qui, selon toutes les apparences, était suivie en plusieurs localités.

Chap. 53, art. 10. Que chacun ayant pourceaux soit tenu de les envoyer au porcher, s'il n'a garde et résidence, et tenu de les mettre dedans, devant la nuit, sur l'amende de *cinq sols blancs*.

11. Que nul ne laisse aller les pourceaux en prés, s'il ne gèle si fort que fouir ne puissent, sur amende de *sept sols six deniers blancs*.

12. Que nul ne puisse mettre bêtes en prés d'autrui enclos, jusques après la Saint Martin passé, sur amende de *sept sous six deniers blancs*, s'il n'y a usance au contraire.

14. Que nul ne mène ni fasse mener ses bêtes paître ès champs, entre jarbes d'autrui en temps d'août, ni en prés tant qu'il y a foin en temps de fenaison, sur amende de *deux sols blancs* pour chacun jour et *pour chacune bête*.

16. Que nul demeurant en ladite seigneurerie, ni dehors, ne se permette de mener en forière bêtes à cornes, sans garde, en temps que les héritages d'alentour

soient chargés de bleds ou de marchages, sur amende de *deux sols blancs par chacune bête qui trouvée y serait.*

17. Que nul ne héberge bête étrangère, pour champier sur héritages et pâturages de ladite seigneurerie, sur loix telles que pour ce cas on en use en la ville de Mons, qui est de *deux sols blancs pour chacune bête,* si convaincu en était.

Au surplus, les dispositions de l'arrêt du parlement de Flandre, du 24 novembre 1760, précédemment cité, ont été, par un arrêt postérieur du 16 juin 1761, déclarées applicables aux paroisses de *Bruille, Forêt Vieux-Condé, Odomer* et *Fresnes,* situées dans le *Hainaut* français, et à celles de *Saint-Amand, Lecelle, Saméon, Rosult, Rumegies, Blehen, Nivelle, Mortagne,* le *Château-l'Abbaye,* situées dans le *Tournaisis* français.

CAMBRÉSIS.

La coutume de *Cambray* ne fait point mention du droit de vaine pâture. Il existait cependant dans le duché, à en juger par un arrêt en forme de règlement, émané du parlement de Flandre, sous la date du 14 août 1776, et qui porte entr'autres la disposition suivante :

Le tiers du terroir de chaque paroisse sera destiné à la paisson des moutons, de manière qu'il n'en résulte aucun préjudice pour la paisson des chevaux, des bœufs et des vaches.

Le préambule d'un édit du mois de mai 1771 (*Voyez* § 2) indique d'ailleurs que les usages relatifs au droit de vaine pâture variaient beaucoup dans l'ancienne province de *Flandre*. On y lit en effet ce qui suit :

« Nous avons reconnu que dans la Flandre maritime et
» wallonne, dans le *Hainaut* et pays réunis, tels que le
» *Cambrésis*, la châtellenie de *Bouchain*, *Saint-Amand*
» et *Mortagne*, etc. , les terres sont cultivées avec soin ;
» que le droit de parcours y est inconnu dans le plus
» grand nombre de paroisses ; que celui de vaine pâture,
» aux termes de la plupart des coutumes, n'y a lieu que
» sur les terres en plein repos ; qu'il est libre de cultiver
» comme on le juge convenable, et que par un simple
» signe convenu, on met les terres en défense contre le
» vain pâturage, etc. , etc.

PROVINCE DE PICARDIE.

Cette province comprenait la *Picardie*, proprement dite, le *Santerre*, le *Vermandois*, la *Thiérache*, le *Boulonnais*, le *Pays reconquis*, composé des territoires de *Calais*, *Ardres* et *Guines*, et le comté de *Ponthieu*.

*Bailliage d'*Amiens *(Picardie proprement dite)*.

Art. 208. Nul ne peut mettre en pâture aucun bétail ès prés (1), depuis la mi-mars jusqu'à la Saint-Remy,

------

(1) Quoique la coutume du bailliage d'*Amiens* n'autorise pas explicitement la vaine pâture sur les terres récoltées et non-ensemencées, il n'est pas douteux qu'elle ne fut permise. Les articles 104 et 106 ne condamnent en effet l'introduction des bestiaux que dans les *ablays* croissants.

sur peine *de sept sous six deniers parisis* d'amende , *dont le sergent du haut-justicier est cru par serment ;* mais si aucun y faisait garder ses bêtes à laine, soit devant la mi-mars ou après, y aurait amende de *soixante sous parisis*, et restitution de l'intérêt.

209. Nul ne peut mettre en pâture bêtes à laine, en marais communs, sur peine de *soixante sous parisis envers le seigneur qui a la justice desdits marais.*

SANTERRE, VERMANDOIS, THIÉRACHE.

On ne trouve dans le coutumier général aucune disposition relative à l'exercice du droit de vaine pâture dans ces trois contrées (1). Au reste, c'est ici le lieu de dire qu'en cas de silence de la coutume d'une localité sur un point, on avait communément recours, pour l'interpréter, à la coutume de la localité voisine. Ce principe a été consacré par un arrêt de la Cour de cassation, du 24 avril 1810, dont le texte est rapporté, chapitre 2, section 3, § 2 *(appendice)*.

Arrêt du parlement de Paris, du 9 mai 1783.

La cour..... ordonne qu'il sera libre aux propriétaires, fermiers, cultivateurs, journaliers et habitants de la campagne, des paroisses situées dans le ressort de la coutume du *Vermandois*, de mener paître leurs moutons et brebis dans les prés, après la faulx, qui

---

(1) Le paragraphe 15 de la coutume du bailliage de *Ham* (Vermandois) détermine seulement la peine applicable à celui dont les chevaux, bêtes à cornes et bêtes blanches ont fait dommages ès biens croissants d'autrui.

ne sont point en défends ; qu'il leur sera pareillement libre, lorsqu'ils conduiront leurs moutons et leurs brebis dans les foires et marchés, pour y être vendus, ou ramèneront dans leurs paroisses les moutons et brebis qu'ils auront achetés dans lesdites foires et marchés, de les *laisser pâturer* dans les terres non-ensemencées, situées le long des chemins.

BOULONNAIS.

Titre 27, art. 131. Chacun peut licitement enclore le *quint de son fief*, et au moyen de ce, le tenir franc en tout temps de l'an, et en jouir franchement par lui, ses censiers et rentiers. Et quant aux cottières, chacun peut licitement et valablement enclore jusqu'à une mesure ou cinq quarterons de terre cottière, soit labourable ou autres, sur chemins ou flégard, ou en bouts et issues de ville ; et au moyen de ladite clôture, le tenir franc en tout temps de l'an, pourvu qu'il fasse ledit enclos jardiner, planter, et y édifier une maison manable, sans préjudice toutefois des anciens enclos, lesquels de leur nature sont francs, et dont les propriétaires ont d'ancienneté accoutumé jouir franchement, qui demeureront en leur franchise accoutumée, sans que personne ait droit d'y pâturer en quelque temps de l'année que ce soit (1).

______

(1) Quoique cet article de la coutume n'ait plus fait loi depuis l'ordonnance de septembre 1777, qui a autorisé chacun à clore ses héritages dans le comté du *Boulonnais*, on a cru néanmoins devoir en citer le texte, pour donner une idée des restrictions auxquelles, en certains pays, se trouvait soumis le droit de clôture.

132. Tous riez et pâturages qui, de leur nature, ne sont francs tout le temps de l'an, sont francs du tout au profit de ceux à qui ils appartiennent en temps clos, qui est depuis la mi-mars jusqu'au jour Saint-Pierre, entrant août exclus, pour, par celui ou ceux à qui lesdits riez et pâturages appartiennent, et non autres, les pouvoir faire pâturer et dépouiller pour leur bétail, et autrement, si faire le veulent; et si, dedans ledit jour Saint-Pierre, ne les ont dépouillés ou pâturés, les peuvent encore tenir francs jusqu'au jour Saint-Remy exclus, en les faisant houppelonner dès la mi-mars. Ledit jour Saint-Remy venu, soit qu'il les aient dépouillés ou non, lesdits riez et pâturages sont publics et communs, jusqu'à la mi-mars en suivant; et quant aux prés, un chacun, s'il n'a privilége ou jouissance dûment prescrite de tenir ses prés francs en tout temps, est tenu les faire faucher et dépouiller dedans ledit jour St.-Pierre, entrant août, et non plutôt s'il ne lui plaît; et ledit jour St.-Pierre passé, et non plutôt, un chacun pourra, qui voudra, faire pâturer son bétail dedans lesdits prés, encore qu'ils ne fussent fauchés. Et si, devant ledit jour Saint-Pierre, iceux prés sont fauchés, ladite fauche faite, et les foins charriés et emmenés, pourra semblablement qui voudra faire pâturer son dit bétail dans lesdits prés.

133. Une paroisse d'un village ne peut entreprendre sur le territoire d'un autre village, ni passer ses limites.

PAYS RECONQUIS.

Les coutumes d'*Ardres*, *Calais* et *Guînes*, sont muettes en ce qui concerne le droit de vaine pâture. Il est à présumer que le territoire de ces trois villes était régi par la coutume du *Boulonnais*, puisqu'il dépendait de cette contrée avant la conquête.

COMTÉ DE PONTHIEU.

Titre 7, art. 104. Par usage toute notoire en ladite comté, si aucun est trouvé faisant pâturer, soit bêtes à cornes ou à laine, chevaux, juments, ou autres bestiaux en esteulles (1) de bled, avant le troisième jour depuis que le bled qui y aurait cru serait lié, il **y** échet envers le Roi *si ses officiers préviennent, ou envers le haut-justicier, ou vicomtier s'il prévient,* pour chacune fois l'amende *de soixante sols.*

105. Par usage de ladite comté, toute notoire, nul ne peut envoyer pâturer ses bêtes en nouvelles esteulles, c'est à savoir en un champ où a cru ablay (2), que ce ne soit le *troisième* jour après que lesdits ablays sont liés et endizellés, sous peine *de soixante sols d'amende* envers le Roi, et aux juges royaux en appartient la correction ; et si ne peut nul charrier ni emporter les ablays devant soleil levé, ni après soleil couché, sur *pareille* amende *de soixante sols* (3).

---

(1) On appelait ainsi les chaumes pendant les trois premiers jours qui suivent celui où les bleds ont été emportés de dessus le champ où ils ont cru.

(2) *Ablay* indique les bleds après qu'ils sont coupés, et lorsqu'ils reposent encore sur le champ.

(3) Cet article est sujet à quelques légères modifications en certaines localités du comté de *Ponthieu*. Nous citerons entre

PROVINCE D'ARTOIS.

Titre 1ᵉʳ, art. 48. *Le seigneur Vicomtier* a connaissance des bêtes trouvées ès nouvelles éteulles, et si peut faire bans d'août et de mars (1).

56. L'on ne peut mettre en pâture aucunes bêtes à laine ès marais (2) communs, sous peine de *soixante sous parisis* (3).

---

autres à cet égard la coutume de la prévôté de *Montreuil*, article 20, et celle du comté de *Saint-Paul*, art. 22.

Il convient d'ajouter ici qu'une sentence des prévôts et marchands de Paris, en date du 23 août 1753, avait maintenu les voituriers dits *thiérachiens*, employés par les marchands de bois, coupés dans la forêt de *Crécy*, et destinés à l'approvisionnement de la capitale, dans le droit de faire pâturer leurs bœufs et chevaux sur les bruyères, prés fauchés et chaumes, après la récolte des grains.

(1) L'auteur d'un commentaire de la coutume d'Artois, imprimé en 1789, enseigne que les *bans* avaient pour objet, entr'autres choses, de fixer les époques de l'année où les bestiaux doivent commencer ou cesser d'être admis à pâturer dans les prés et marais.

(2) Au dire du même commentateur, sous cette dénomination, doivent être compris les prés dont la pâture, ainsi que celle des marais, est exclusivement réservée aux bêtes chevalines, bœufs et vaches. Il prétend aussi que les porcs sont exclus de l'une et l'autre pâture, quoique la coutume ne prononce point formellement cette exclusion.

(3) Il existait en Artois quelques coutumes particulières qu'il sera bon de consulter, entr'autres celle du bailliage de *Saint-Omer*, art. 19; celle du bailliage d'*Hesdin*, art. 32; celle du comté de *Saint-Pol*, art. 11, etc.

(30)

5₇. Quand quelque berger ou garde de bêtes, mène son troupeau sur les terres d'autrui, et fait dommage, il commet l'amende de *soixante sous parisis*, pour laquelle se pourront prendre les bêtes.

PROVINCE DE NORMANDIE.

Cette province comprenait le *Vexin* normand, le *Pays de Caux*, le *Pays de Bray*, et les diocèses d'*Évreux*, de *Séez*, de *Bayeux*, de *Coutances* et *Avranches*.

Les dispositions générales de la coutume étaient sujettes à quelques modifications plus ou moins considérables dans ces divers territoires, mais non en ce qui concerne la vaine pâture. Voici celles qui la régissaient dans toute l'étendue de la province :

Art. 81. Toutes terres cultivées sont en défends en tout temps, jusqu'à ce que les fruits soient recueillis.

82. Les prés, terres vides et non cultivées sont en défends depuis la mi-mars jusqu'à la Sainte Croix, en septembre ; et en autre temps elles sont communes, si elles ne sont closes ou défendues d'ancienneté.

84. Les chèvres, porcs et autres bêtes malfaisantes sont en tout temps en défends (1).

______

(1) Il faut observer que la communauté des terres de vaine pâture, établie par l'article 82, n'avait lieu qu'entre les habitants ou propriétaires d'une même paroisse, l'usage du parcours n'étant point connu en Normandie. Ainsi jugé par un arrêt du parlement, du 6 juin 1647. Chacun pouvait d'ailleurs,

Arrêt du Parlement, du 27 mars 1743.

La cour, toutes les chambres assemblées, a ordonné et ordonne, que les terres ensemencées en trèfles, être en défends en tout temps.

C'est ici le lieu de faire remarquer que lors de la réformation de la coutume de *Normandie* en 1586, on prétendit que le comté d'*Eu*, enclavé dans le *Pays de Caux*, n'était point régi par les dispositions de cette coutume ; mais une semblable prétention fut écartée par les réformateurs, et il fut décidé que ce territoire demeurerait soumis aux lois générales de la province.

PROVINCE DE L'ILE-DE-FRANCE.

Cette province comprenait l'*Ile-de-France* proprement dite, la *Brie* française, le *Mantois*, le *Vexin* français, le *Valois*, le *Laonnais*, le *Soissonnais*, le *Beauvoisis*, le *Gatinais* français et le *Hurepoix*.

Les coutumes des six premières subdivisions sont tout-à-fait muettes à l'égard du droit de vaine pâture. Cependant il est certain que ce droit y existait en plusieurs endroits. On pourrait indiquer divers règlements y relatifs, dont les dispositions sont bien connues, sans doute, dans les localités qu'ils concer-

---

aux termes de l'article 83 de la coutume, clore ses héritages quand il lui plaisait, et les mettre ainsi en défends.

Quant aux *bêtes mal aisantes*, voyez chapitre 2, section 1, § 7.

naient. L'avis émis par le conseil d'état, sous la date du 22 décembre 1803 (30 frimaire an 12), à l'occasion de la prétention qu'avaient élevée les bouchers de Paris, et dont il est fait mention, chapitre 2, section 2, § 2, témoigne assez que le vain pâturage s'exerçait dans la banlieue de la capitale. Un règlement général des chasses de la capitainerie de *Vincennes*, cité au Répertoire de Jurisprudence, tome 1, page 692 ; un arrêt du Parlement de *Paris*, du 27 mars 1741, portant annullation d'une sentence du bailliage de *Villers-Cotterets*, et rapporté au même ouvrage, tome 9, page 21 ; un arrêt du conseil d'état, du 14 septembre 1731, concernant la police des bergers dans la généralité d'*Amiens*, le *Laonnais* et le *Soissonnais*, etc., etc., ne laissent aucun doute sur l'opinion que nous venons d'émettre.

Le coutumier général n'indique point si le *Soissonnais* avait une coutume particulière.

BEAUVOISIS.

La prévôté de *Beauvoisis* était régie par la coutume du bailliage d'*Amiens*. Ce fut le prévôt lui-même qui, lors de la réformation de la coutume, demanda que toutes les dispositions en fussent communes à l'un et à l'autre territoire (1).

____

(1) Il est à remarquer que le bailliage de *Clermont*, en *Beauvoisis*, avait une coutume particulière qui ne fait point mention de la vaine pâture.

GATINAIS FRANÇAIS.

On ne trouve dans le Coutumier général que la coutume du bailliage de *Melun* qui, selon toute apparence, régissait le *Gatinais* français. Elle s'exprime ainsi :

Art. 302. Prés fauchés, dont l'herbe ou foin ont été enlevés, sont réputés vaine pâture, sinon qu'ils soient clos et fermés de haies ou fossés, ou que d'ancienneté et ordinairement on ait accoutumé faire regain. Toutefois, si l'herbe ou foin étaient délaissés ès dits prés, l'on n'y pourrait entrer jusqu'après la Saint-Remy.

303. Habitants de villes, villages et paroisses, étant du bailliage de Melun, et anciens ressorts d'icelui, peuvent mener ou faire mener leurs bêtes grosses et menues (qui sont pour leur nourriture seulement) (1), pâturer ès lieux de vaine pâture de leur finage et paroisses contiguës et joignantes de clocher à autres.

304. La vaine pâture, pour le regard des prés, dure depuis le jour Saint-Remy, jusqu'au premier jour de mars.

305. En quelque temps que ce soit, l'on ne peut mener ni mettre porcs ès prés.

---

(1) Il est essentiel de remarquer cette restriction explicitement exprimée dans quelques coutumes, et sous-entendue dans toutes les autres. Elle indique que les usagers de la vaine pâture n'en doivent user que pour les bestiaux nécessaires à l'exploitation de leurs terres, et au nombre desquels il faut compter ceux qu'ils tiennent à titre de cheptel, ainsi que l'a jugé un arrêt du parlement de Paris, du 13 juin 1722.

HUREPOIX.

Il est à présumer que le *Hurepoix* était régi par la coutume du bailliage de *Dourdan*. Du moins le Coutumier général n'indique point qu'il en existât d'autre dans cette contrée. Cette coutume, en ce qui concerne l'exercice de la vaine pâture, se borne à l'article suivant :

Titre 14, art. 61. Nul ne peut mener ses bêtes pâturer ès prés d'autrui, depuis la mi-mars jusques au premier jour d'octobre; et depuis ledit premier jour d'octobre jusqu'à la mi-mars après, il est loisible à tous de mener lesdites bêtes ès dits prés sans y faire dommage , pourvu qu'ils ne soient fermés de murailles, fossés ou haies vives, ou autres clôtures de défense.

Nous avons dû rejeter à la fin de cet article le texte de deux arrêts du parlement de Paris, dont les dispositions s'appliquaient non-seulement à l'*Ile-de-France*, mais encore à toutes les provinces et autres circonscriptions de territoire comprises dans le ressort de la jurisdiction du parlement de Paris, telles que l'*Anjou*, l'*Artois*, l'*Aunis*, l'*Auvergne*, le *Berry*, le *Bourbonnais*, la *Champagne*, le *Limousin*, le *Lyonnais*, le *Maine*, la *Marche*, le *Nivernais*, l'*Orléanais*, la *Picardie*, le *Poitou*, la *Touraine*, l'*Auxerrois*, le *Barrois*, le *Maconnais*, etc. Ces deux arrêts semblent avoir généralisé, dans les diverses contrées que nous venons d'indiquer, une prohibition que prononçaient plusieurs coutumes, relativement aux chèvres et aux moutons.

Arrêt du 12 novembre 1778.

La Cour...... fait défense à tous propriétaires, fermiers, cultivateurs, journaliers et habitants de la campagne, de mener paître en aucun temps les boucs et chèvres dans les vignes, bois et buissons, et dans les jardins, prairies et vergers, à moins que ces jardins, prairies et vergers, ne soient enclos de murs ou de haies appartenant aux propriétaires desdits boucs et chèvres ; le tout sous peine de *confiscation* desdits boucs et chèvres, de l'amende de *trois livres pour chacune bête,* et des dommages et intérêts envers ceux qui auront souffert des dommages ; ordonne que ceux qui mèneront paître lesdits boucs et chèvres dans les campagnes et terres non ensemencées, seront tenus de les tenir attachés avec une corde sans pouvoir les laisser approcher des vignes, haies ou arbres, ni des terres ensemencées, sous peine d'amende, et de telle autre peine qu'il appartiendra ; ordonne que les pères et mères à l'égard de leurs enfants, et les maîtres et maîtresses à l'égard de leurs domestiques, seront et demeureront garants et responsables des amendes, et des dommages et intérêts qui seront prononcés pour raison des contraventions au présent arrêt, des dégâts qui auront été occasionnés par les boucs et chèvres, etc.

Arrêt du 23 janvier 1779.

La Cour....... fait défense à tous propriétaires, cultivateurs, journaliers, habitants de la campagne, et autres, de mener paître, en aucun temps, les moutons et brebis dans les vignes, bois et buissons, ni aux environs des haies et dans les jardins, prairies et vergers, à moins que les jardins, prairies et vergers ne soient enclos de murs ou de haies appartenant aux propriétaires desdits moutons et brebis ; le tout sous peine d'amende de *trois livres par chacune bête*, des dommages et intérêts envers ceux qui en auront souffert du dommage ; du double de l'amende en cas de récidive, même de *confiscation*, desdits animaux, et d'être les contrevenants poursuivis extraordinairement suivant l'exigence des cas ; ordonne que les pères et mères, à l'égard de leurs enfants, les maîtres et maîtresses, à l'égard de leurs domestiques, seront et demeureront garants et responsables des amendes et des dommages et intérêts qui seront prononcés pour raison des contraventions au présent arrêt, etc.

PROVINCE DE CHAMPAGNE.

Cette province comprenait la *Champagne* proprement dite, le *Bassigny*, le *Senonais*, la *Brie champenoise*, le *Pertois*, le *Rhetelois*, le *Rémois* et le *Vallage*.

CHAMPAGNE PROPREMENT DITE.

Les bailliages de *Châlons-sur-Marne* et de *Troies*, qui composaient cette contrée, avaient chacun leur coutume, qui s'exprimait en ces termes :

Bailliage de Châlons.

Art. 266. Les habitants des villes et villages, qui ont leurs finages contigus et joignants, sans moyen, peuvent mener leurs bêtes grosses et menues *l'un sur l'autre*, soit en général ou particulier, ès dits terroirs en vaines pâtures jusques aux esquiers des clochers et églises; et s'il n'y avait églises ès dits lieux, jusques à l'endroit de la moitié desdites villes et villages. Et sont appelées vaines pâtures, terres en friches, labourages hors les dépouilles, terres non-ensemencées, prés après la faux et jusques au quinzième jour de mars; mais on ne peut mener pourceaux en prés, en quelque saison que ce soit.

267. Lesdits habitants ne peuvent mener leurs dites bêtes l'un sur l'autre, en paquis et grasses pâtures, ains sont lesdites grasses pâtures aux habitants et demeurant respectivement, ès finages où elles sont assises, n'était que leurs voisins eussent titres ou possession immémoriale équipollente à titre au contraire.

Bailliage de Troies.

Art. 169. On garde audit bailliage, que les habitants des villes et villages, dont les villages ou territoires sont voisins ou tenant l'un à l'autre, peuvent mener champoyer et vain pâturer leurs bêtes grosses et menues *les uns sur les autres* de clocher à autre; et s'ils le passent et y sont pris par justice du lieu, y a amende de *soixante sols tournois*, contre chacune garde ou proie entière sous un bâton ou garde par la communauté, avec la restitution du dommage; et s'il y a bêtes de gens particuliers, et ils y passent et sont pris comme dessus, y a seulement *cinq sous* d'amende; et néanmoins les bêtes blanches peuvent être menées si loin que l'on veut, pourvu qu'elles retournent ou puissent retourner au gîte de jour, en leur finage; et si autres bêtes demeurent au gîte outre lesdits clochers, à garde faite, en ce cas aurait l'amende *arbitraire* (1).

---

(1) C'est ici le lieu de faire connaître l'opinion de l'auteur du Commentaire de la coutume de Troies, imprimé en 1787, sur la question de savoir si le droit de parcours doit généralement avoir lieu entre les habitants des communes limitrophes. Il s'exprime ainsi :

« Quoique les coutumes soient réelles et *suo claudantur*
» *territorio*, néanmoins le droit de pouvoir mener champoyer
» les bestiaux les uns sur les autres, a été trouvé si utile et si
» nécessaire aux villages voisins et contigus l'un à l'autre,
» que nous reconnaissons que non-seulement les habitants
» des villes, bourgs et villages qui sont dans cette Coutume
» ont admis et reçu ce droit entre eux, mais aussi que lesdits
» habitants ont accordé tacitement ce même droit avec les
» habitants des autres villages voisins, quoique situés en une
» autre Coutume ; et qu'ils mènent librement pâturer leurs bes-
» tiaux aux pâtures vaines les uns des autres, par une ta-
» cite société et communication desdites pâtures, lequel tacite
» consentement a force de loi. Mais ce même droit n'a point
» lieu entre les habitants qui ne sont pas tous deux de la
» souveraineté du Roi, suivant le jugement du commissaire,
» sur la réformation générale des eaux et forêts, rendu le 13
» décembre 1575, entre les habitants de *Gibonnel* et les habi-
» tants de *Chalumer*, par lequel il a été dit qu'un sujet de Lor-
» raine ne pouvait prétendre droit de pâturage dans des terres
» qui sont de la souveraineté du Roi. D'où nous pouvons
» inférer que ce même droit a lieu entre les villages qui sont
» de la souveraineté du Roi, quoique de divers parlement ;
» mais encore que l'article suivant porte que vain pâturage
» est en terre et prés dépouillés, en plaines charmies et autres
» héritages non-clos ni fermés, néanmoins le droit de vaine

170. Vain pâturage est en terres et prés dépouillés, et plaines charmies, et autres héritages non clos ou fermés (1), excepté toutefois au regard desdits prés, en temps qu'ils sont défendus, qui est dès la fête Notre-Dame en mars, jusqu'à ce qu'ils sont dépouillés ; excepté aussi qu'en tout temps, on ne peut mener pourceaux ès dits prés.

BASSIGNY.

129. Les habitants des villes et villages ont droit *de vain pâturer, les uns sur les autres*, de clochers à autres s'il n'y a titres ou possession à ce contraire ; laquelle vaine pâture aura lieu depuis la dépouille jusques à

» pâture des habitants de diverse justice n'est véritablement
» admis que sur les héritages dépouillés et en plaines charmies,
» et non pas sur les prés dépouillés, quoique non-clos ni
» fermés, si ce n'est qu'ils en aient usé autrement par le passé ;
» et, à plus forte raison, ceux de divers parlements ne pour-
» ront prétendre ce droit. »

Cette citation fixera les idées sur les restrictions auxquelles peut être sujet le droit de parcours. Nous invitons au reste le lecteur à consulter l'ouvrage d'où elle est extraite.

(1) Le même commentateur, en annotant cette définition, s'exprime ainsi : « Lesdites pâtures vaines n'acquièrent aucun
» droit de servitude, d'autant que le tacite consentement qui
» l'a introduit n'a pas été d'asservir les héritages à cette vaine
» pâture, mais seulement d'en permettre ou donner la faculté ;
» ce qui ne peut intervertir le droit, étant certain que, pour
» prescrire, il faut avoir possédé *pro suo :* ce que ne peut pas
» dire celui qui a joui en vertu de cette faculté, qui n'at-
» tribue aucun droit de servitude ; et d'ailleurs pour prescrire,
» on regarde toujours la cause et l'origine. »

saison pleine ; et au regard des prés, jusqu'au premier jour de mars.

130. En quelque temps que ce soit, on ne peut mener ou mettre porcs ès prés, vignes, jardins, chénevières, à peine de *trois francs barrois*, et de restituer les intérêts aux particuliers desdits héritages.

135. En la saison que les bleds et autres grains sont plantés et non-cueillis, il est prohibé y mener les bêtes pâturer ès chemins et voies publiques, prochains desdits fruits et bleds avant le point du jour, et les y tenir après le soleil couché, sur peine d'amende *arbitraire*.

Le bailliage de *Chaumont en Bassigny*, avait d'ailleurs une coutume particulière où se trouvaient les dispositions suivantes :

Art. 103. Les habitants des villes ou villages, dont les finages et territoires sont voisins tenants l'un à l'autre, peuvent mener champoyer, vain pâturer, leurs bêtes grosses et menues, les uns sur les autres, jusques à l'endroit des clochers de leur église ; et s'ils les passent, et ils y sont pris par la justice du lieu, il y a amende *de soixante sous tournois*, contre chacun garde ou proie étant sous un bâton ou garde pour la communauté, avec la restitution du dommage. Et s'il y a bêtes de gens particuliers faisant troupeaux à part, et ils y paissent et sont pris comme dessus, il y a amende *selon la quantité du bétail et dommage*, avec restitution dudit dommage : ce néanmoins, les bêtes blanches se peuvent mener si loin que l'on veut, pourvu qu'elles retournent de jour au gîte en leur finage.

104. Et est à entendre que vain pâturage est, en terres et en prés dépouillés, en charmies et autres héritages non-

clos ou fermés , excepté toutefois au regard desdits prés , en temps qu'ils sont défendus , qui est dès le commencement du mois de mars , jusqu'à ce qu'ils sont dépouillés , et le temps des bannies où l'on a accoutumé faire bannies : excepté aussi qu'en tous temps on ne peut mener aucuns porcs ès dits prés , aux peines que dessus.

SENONAIS.

Cette contrée était régie par la coutume du bailliage séant à *Sens*, sa capitale. La voici :

Art. 146. Habitants des villes, villages et paroisses étant du bailliage de Sens, peuvent mener ou faire mener leurs bêtes, grosses et menues, pâturer et champoyer ès lieux de vaines pâtures de leurs finages et paroisses à eux contiguës et joignantes, de clocher à autre.

147. Habitants de villes , villages ou paroisses, soit en général ou particulier , ne peuvent prétendre avoir usages ou pâturages , outre la vaine pâture, s'ils n'en ont titre , ou qu'ils n'en paient redevance , ou qu'ils n'en aient joui franchement, de tel et si long-temps qu'il ne soit mémoire du contraire.

149. Prés fauchés, dont l'herbe ou foin ont été enlevés , sont réputés vaine pâture , sinon qu'ils soient clos et fermés de hayes ou fossés , ou que d'ancienneté on ait accoutumé y faire regain. Toutefois, si l'herbe ou foin étaient délaissés ès dits prés , on n'y pourrait entrer qu'après la Saint-Remy ; et dure vaine pâture depuis ce jour, jusqu'à la mi-mars.

150. En quelque temps que ce soit, on ne peut mener ni mettre porcs ès prés ; car ils les fouillent et gâtent.

Jusqu'à-présent nous avons omis, comme nous omettrons par la suite, le texte des articles des différentes coutumes qui concernent le pâturage dans les bois. Nous en avons déduit les motifs dans l'Avant-Propos, page 10. Nous croyons toutefois devoir rapporter ici l'article 148 de la coutume de *Sens*, parce qu'il enseigne qu'antérieurement à l'ordonnance de 1669, c'était à l'autorité judiciaire qu'il appartenait de déterminer l'âge où les bois pouvaient, sans inconvénient, être ouverts au pâturage des bestiaux (1). Voici le texte de cet article :

148. On ne peut mener bêtes aumailles, chevalines, chèvres, ou autres qui peuvent porter dommage au rejet, ès bois taillis, jusqu'à ce qu'ils soient défensables et que tels ils aient été déclarés par sentence du juge ; encore que lesdits bois appartiennent aux habitants en propriété, ou qu'ils aient droit d'usage seulement.

BRIE CHAMPENOISE.

Cette contrée avait pour capitale la ville de *Meaux,* siége d'un bailliage, dont la coutume s'exprimait ainsi :

179. Habitants de villes ou de villages peuvent champoyer et mener leur bétail, pour leur nourriture et sans fraude, en pâturages vains, de clocher à autre sans danger ni amende, depuis les prés, avoines et autres

-----

(1) Voyez chapitre 2, section 3, § 2 (*Appendice*), un arrêt de la Cour de cassation, du 1er avril 1808.

gaignages levés ; et ne peuvent , *les seigneurs hauts-justi-ciers* , empêcher ni faire prendre leur bétail.

Le Coutumier général ne rapporte point les cou-tumes des autres bailliages que comprenait la *Brie champenoise.*

PERTOIS.

Le bailliage de *Vitry-le-Français* s'étendait dans cette contrée ; la coutume était ainsi conçue :

122. Les habitants de deux villes ou villages qui ont leurs finages contigus et joignants sans moyen, peuvent mener leurs bêtes grosses et menues , l'un sur l'autre, ès dites terrouers en vaine pâture jusqu'aux esquiers des clochers et églises; et s'il n'y avait église ès dits lieux , les pourraient mener comme dessus , au droit de la moi-tié et milieu desdites villes et villages. Et sont appelés , par même coutume, vaines pâtures, terres en friche , labourage hors les dépouilles , terres non-ensemencées, prés après la faux et jusqu'au quinzième de février , ou au commencement de mars , selon que les années sont hâtives ou tardives, et que l'herbe desdits prés point.

123. Et par même coutume, tels habitants contigus et joignants , ne peuvent mener leursdites bêtes l'un sur l'autre , en paquis et grasses pâtures ; mais en vaine pâture comme dit est. Et sont lesdites grasses pâtures , aux habitants et demeurant aux finages où elles sont assises ; n'était que leurs voisins y eussent acquis usage par quarante ans , ou qu'ils en eussent titre valable (1).

(1) L'arrêt du parlement de Paris, du 9 mai 1783 , cité page 25 , et portant abrogation , quant au *Vermandois*, de celui du 23 janvier 1779 , concernait aussi le territoire régi par la coutume de *Vitry-le-Français.*

RHETELOIS.

. On ne trouve dans le Coutumier général d'autre coutume que celle de *Sedan*, qui probablement régissait non-seulement la principauté de ce nom, mais encore tout le territoire du *Rhetelois* (1). En voici le texte :

Art. 3o1. Toutes personnes peuvent mener et faire mener en pâture leur bétail, en toutes terres et prés après la dépouille, même aux prés jusqu'au vingt-cinquième de mars, *fors et excepté ès prés du seigneur souverain, où l'on a coutume de faire deux herbes* (2), aux-

---

(1) Nous avons déjà hasardé de pareilles conjectures dans la même circonstance, et nous avons indiqué, page 25, la raison qui pouvait les rendre vraisemblables. Il appartient au reste aux habitants de chaque localité d'apprécier plus particulièrement, en ce qui la concerne, jusqu'à quel point ces conjectures sont fondées.

(2) Tous les prés sans distinction, dans l'ancienne principauté de Sedan, doivent-ils être aujourd'hui ouverts à la vaine pâture, immédiatement après la première herbe, ou seulement après la seconde? ou, en d'autres termes, l'exception stipulée en faveur du seigneur souverain est-elle devenue commune à tous par l'abolition du régime féodal? Cette question, fort délicate à résoudre, paraît ne pouvoir être bien approfondie que par les personnes qui auraient fait une étude particulière de la coutume locale et des principes des diverses dispositions qu'elle concerne. En cas d'incertitude, il est à désirer, dans l'intérêt de l'agriculture, que les tribunaux auxquels elle serait soumise prononcent pour l'affirmative. Cet intérêt peut être alors pour eux un motif déterminant, et la loi les autorise à le prendre en considération. (Art. 645 du Code civil.)

quels prés a deux herbes , aucun ne pourra mener
bétail pâturer jusques après le regain levé , sur peine
de *quarante sous tournois* d'amende pour la première
fois , de *soixante sous tournois* pour la seconde fois , et
pour la troisième fois de *cent sous tournois* , et de *confiscation* des bêtes.

302. Les habitants de deux villages voisins , tant en
général que particulièrement , peuvent mener ou faire
mener leur bétail en vaine pâture , les uns sur les autres.

303. Et sont réputés vaines pâtures , les terres et prés
non-clos après la dépouille, comme aussi les terres vacantes non labourées , terres en savart et en friche ,
hayes et buissons, excepté ce que les laboureurs réser-
vent à labourer de leurs terres pour le pâturage de leurs
chevaux, que l'on appelle épargne , dont les pâtres et
autres s'abstiendront, ainsi qu'il est accoutumé d'ancienneté ; excepté aussi les terres, prés et autres héritages prochains des villes et villages que l'on voudrait
appliquer et approprier en jardinages, logis et maisons,
qui ne sont réputés vaines pâtures, dès incontinent
qu'ils seront clos de fossés, pâtis, hayes, murailles ,
ou autre apparence de clôture et défense.

305. *Nulles personnes , mêmement les marchands
bouchers , ne peuvent faire troupeaux particuliers de
vaches, veaux, poulains, moutons ou autres bétails,
pour nourrir sur le ban et terroir de Sedan , et autres
adjacents, sur peine de soixante sous tournois d'amende
contre les contrevenants.*

RÉMOIS et VALLAGE.

Les articles 401 et suivants de la coutume de *Reims* ne sont relatifs qu'à la répression des dommages causés par les bestiaux : ils ne s'expliquent point sur l'exercice du droit de vaine pâture. Cependant ce droit existait dans le *Rémois*; mais il n'en était pas de même du droit de parcours. Cette assertion est consignée au Répertoire de Jurisprudence, tome 9, page 20. Le même ouvrage rapporte, tome 13, page 302, un arrêt émané du grand conseil, le 18 juin 1761, et qui a jugé que le droit de vaine pâture ne pouvait s'acquérir par prescription, nonobstant les dispositions de l'article 350 de la coutume susdite.

Le Coutumier général ne rapporte ni la coutume du bailliage de *Joinville*, ni celle de *Bar-sur-Aube*, dont le territoire était compris dans le *Vallage*.

PROVINCE DE LORRAINE.

Cette province comprenait la *Lorraine* proprement dite, le *Barrois* et les *trois Évéchés* de *Metz, Toul* et *Verdun*.

LORRAINE PROPREMENT DITE.

Titre 14, art. 23. Aucun, pour aller, venir, passer et repasser, ou mener son bétail vain pâturer en l'héritage d'autrui, n'acquiert droit, ni possession de servitude de passage ou vain pâturage, et n'empêche

(47)

que leur seigneur, ce nonobstant, n'en puisse faire
profit, si ce n'est qu'il conste de titre, ou que depuis
la contradiction du seigneur, il y eut prescription de
trente ans.

Titre 15, art. 1er. D'usage commun, les habitants en
divers villages, desquels les bans et finages sont joignants,
soient de même ou diverse justice, peuvent, par droit
de parcours, régulièrement envoyer les troupeaux de
leurs bêtes pâturer et champoyer ès lieux de vaine
pâture, à l'escarre de clocher à autre s'il y a église,
et s'il n'y en a jusqu'à l'escarre du milieu de villages,
si ce n'est qu'en aucuns lieux, il y ait de titres ou d'u-
sage particulier, autres bornes ou arrêts que lesdits
clochers et milieu du village.

2. Mais ne peuvent aller ou envoyer en lieu, ou
pour aller ou envoyer, il soit de nécessité au bétail
passer du lieu de sa gîte, sur un ban ou finage moyen
au leur et à celui auquel ils prétendent passer, que
l'on dit, en terme commun, transfiner, à peine de
cinq sols pour chaque bête qui sera trouvée de jour,
soit à garde faite ou échappée ; si nuitamment et par
échappée de *cinq sous* ; si à garde faite de *confiscation*,
et ce en quel temps et saison que ce soit, s'il n'y a
usage approuvé au contraire.

3. Vaine pâture, s'entend en chemins, prairies
dépouillées, après la première ou seconde faulx, terres
en friches, bois et autres héritages non-ensemencés et
ouverts, excepté en temps que par l'usage et coutume
des lieux, ils sont en défense, et que (en quel temps
et saison que ce soit), on ne doit faire vain pâturer les
porcs ès dites prairies, ni ès lieux où il n'y a vaine
pâture d'ancienneté.

5. Les prés sont en défense depuis la Notre-Dame en mars, jusqu'après la faulx, et bétail y mésusant de jour est gageable à *cinq sols* d'amende *pour tête*, et restitution du dommage; pris nuitamment de garde faite, *confisqué* est (1).

BARROIS.

Titre 15, art. 206. Le vain pâturage et lieu de vaine pâture, est permis *de clocher à autre* à l'escarre.

208. En prés non-clos de hayes, pâlis ou autrement, l'on peut faire vain pâturer tout bétail, fors les porcs, depuis que lesdits prés sont entièrement fauchés, et le foin amené, jusques au premier jour de mars.

Les bailliages de *Saint-Mihiel* et de *Clermont* en Argonne, compris dans le duché de *Bar*, étaient régis par une coutume particulière, dont les dispositions, en ce qui concerne la vaine pâture, sont plus développées; il est donc convenable d'en citer ici le texte :

Bailliage de Saint-Mihiel.

Titre 13, art. 1er. Les habitants de deux villes ou villages qui ont leurs bans joignans et contigus l'un à l'autre sans moyen, peuvent et leur loist mener et envoyer en vaine pâture leurs bêtes grosses et menues, les uns sur le ban des autres, jusqu'à l'endroit des esquarres des clochers desdits villages, et à défaut de clocher, jusques au milieu du village.

2. Mais s'il y a rivière ou bois de seigneurs entre

______

(1) La prévôté d'*Épinal* avait une coutume particulière. (*Voir* les art. 2, 3 et suivants.)

lesdites villes ou villages , ou qu'il y ait paction et
convenance entre les communautés , ou bien lieu limité et aborné faisant séparation de leur vain pâturage ,
ladite contume n'a lieu.

3. La vaine pâture est entendue par ladite contume
sur les terres en friche, en sommarts et versaines, et
non-ensemencées , et en bruires, hayes, buissons et
prés, après la faux.

5. Néanmoins lesdites communautés , et chacune
d'icelles, ont droit d'embannir (1) et mettre en échar-
mie et épargne une partie de leur ban , soit en terres
labourables, prés fauchables , ou autres héritages : laquelle embannie, ils sont tenus faire signifier aux habitants des villages voisins qui ont droit de vain pâturage
sur eux , et depuis ladite signification il n'est loisible
auxdites communautés d'envoyer leur bétail en vaine
pâture ès dits lieux embannis, sur peine de l'amende.
Mais incontinent que ladite embannie sera rompue ,
et que les habitants qui auront fait ladite embannie
enverront leurs troupeaux ès dits lieux , il sera permis
aux habitants des villages voisins d'y envoyer les leurs,
par même moyen.

6. Et se doit ladite embannie faire ensorte que
par icelle le passage ne soit fermé aux habitants des
villages voisins , pour passer et repasser leurs troupeaux allant et revenant de pâture des autres endroits
dudit finage , et le tout sans dol ni fraude.

7. Et si les habitants envoyaient pâturer leur bétail

----

(1) L'*embannie* doit être considérée comme une espèce de
clôture fictive. On en trouvera d'autres exemples.

outre lesdits esquarres et limites , et ils étaient repris et gagés , ils seraient amendables de *soixante sols* d'amende pour chacune proie y trouvée sous une garde ou bâton, avec restitution de dommages.

11. *Les bourgeois et autres habitants dudit bailliage , sont tenus en prohibition et défense , et ne leur loist de faire troupeau à part, pour tenir en vaine pâture sur le ban des villes ou villages où ils font leur résidence , n'est donc qu'ils soient hauts-justiciers , ou qu'ils aient privilége au contraire comme dit est ci-dessus , ou qu'ils résident en une cense et gagnage loin de villes ou villages.*

12. Il n'est loisible en quelque temps que ce soit , de mener aucuns porcs aux prés, à peine d'amende et de dommages et intérêts.

13. Pendant le temps que les terres sont emblavées, il est prohibé mener bêtes pâturer aux champs , tenants et contigus aux héritages empouillés et emblavés, avant le point du jour , et de les y tenir après le soleil couché. Mêmement quand lesdites bêtes y peuvent faire dommage irréparable.

14. Quand oies ou cannes sont trouvées en dommage, il loist au seigneur ou détenteur de l'héritage , en tuer une ou deux et les laisser sur le lieu , ou les jeter devant ledit héritage sans autrement les transporter, ou en faire autre profit; et s'il ne les veut tuer , il les peut faire reprendre par les messiers pour avoir réparation de ses dommages et intérêts.

Bailliage de Clermont.

Chap. 20 , art. 1er. Tous prés sont en défenses de pâturages , depuis le premier jour de mars jusques après les fenaisons, et ne loist à aucun faire pendant ledit temps, pâturer, voire sur son propre pré, n'est qu'il soit clos de toutes parts, à peine d'amende.

2. Il ne loist mener aucuns pourceaux pâturer ès prés en quelque temps que ce soit, à peine *de soixante sous* d'amende et dépens, dommages et intérêts.

3. Les habitants et communautés des lieux dudit bailliage, ont droit de vaine pâture chacun à leur égard, *et respectivement sur les bans joignants aux leurs*, jusques aux escarts des clochers, si clochers y a, sinon jusques au milieu du village, ou censé n'est qu'il y ait paction ou titre au contraire; *lequel droit n'a lieu ès pâturages des forêts, vains ou gras, s'il n'y a titre, privilége, ou droit particulier au contraire.*

14. Quand oies ou autres voitures sont trouvées en dommages, il est permis au seigneur, auquel appartient l'héritage, en tuer jusqu'à deux, et les laisser sur le lieu ou les jeter devant ledit héritage, ou s'il ne les veut tuer, les ramener en justice; toutefois les poules, et chapons et poulets, ne peuvent être dits en dommage, pour être permis en tuer, s'ils ne sont trouvés en ménage.

15. Si une herde de bêtes armelines, soure de porcs, ou troupeau de bêtes est repris sous un même pâtre, il n'y a qu'une amende, *mais elle est arbitraire.*

16. Depuis le premier jour du mois d'avril, et la saison que les fruits et les bleds sont en terre et non cueillis, il ne loist à aucun de mener aucunes bêtes pâturer aux champs avant le point du jour levé, ou de les tenir après le jour couché, sur peine d'amende.

ÉVÊCHÉ DE METZ.

Titre 14 , art. 1er. Habitants des villes et villages qui ont leur ban et finages contigus et joignants sans moyen, peuvent mener leurs bêtes, grosses et menues, l'un sur l'autre, en vaine pâture, jusques à l'esquarré des clochers et églises : et s'il n'y avait églises, jusques au droit de la moitié et milieu desdites villes et villages.

2. Mais ne leur est loisible transfiner à peine *de confiscation*, si c'est de garde faite, *ou trois gros d'amende par chacune bête*, par échappée.

3. Prairies dépouillées, après la première ou seconde faux, terres en friches, et chemins et autres héritages non-ensemencés et cultivés sont sujets à vains pâturages.

4. Toutefois, lesdits habitants des villes ou villages ont droit d'embannir, et mettre en épargne une partie de leur ban, soit en terres labourables, ou autres héritages ; pendant quoi il ne sera loisible aux villages voisins, après qu'il leur aura été signifié , y vain pâturer, que l'embannie ne soit rompue , à peine de l'amende *susdite*.

5. Et se doit faire ladite embannie ensorte que par icelle le passage ne soit fermé au village voisin , pour passer et repasser leur troupeau allant et revenant de pâture des autres endroits dudit village ou finage.

6. Sont en défends de vain pâturage , champs labourables , depuis qu'ils sont ensemencés ; prairies depuis la Saint-Georges jusqu'à ce que le poil en soit levé , et en tout temps pour les porcs , à peine de *trois gros d'amende* par échappée , *de six francs de*

garde faite , si c'est de jour , et de *douze par chacune bête* , si c'est nuitamment.

La terre de *Gorze*, comprise dans l'évêché de *Metz*, avait une coutume particulière , dont nous croyons devoir rapporter le texte. Le voici :

Titre 16 , art. 1er. Les bourgeois, habitants et manants des villes , bourgs et villages de la terre de Gorze , les bans desquels sont , sans moyen , joignants et contigus les uns aux autres, peuvent envoyer ou faire mener leur bétail ès lieux de vaine pâture.

2. Et régulièrement, par droit de parcourir, y faire champoyer, promener, et pâturer leurs bêtes les uns sur les bans des autres, jusqu'aux esquarts des clochers ou, à leurs défauts, jusqu'aux endroits du milieu des villes , bourgades et villages susdits.

3. En aucuns lieux toutefois il y a , de titre ou d'usage particulier , autres limites , bornes , fins , termes et arrêts qu'il n'est loisible outre-passer ni excéder.

4. Il n'est aucunement permis de transfiner en quelque saison que ce soit , sur l'amende ou autre peine plus grave, si donc il n'y a usage approuvé au contraire ou traité spécial entre les communautés voisines.

5. Lesdits bourgeois , manants et habitants , ont néanmoins droit d'embannir, c'est-à-dire de mettre en épargne certaine partie , canton , endroit ou contrée de leur bien , soit en terre arable ou héritages d'autre nature.

6. Pendant lequel embannissement n'est loisible à leurs voisins dûment signifiés , non plus qu'à eux-mêmes, d'envoyer leurs bestiaux vain pâturer en tels lieux que l'embannie ne soit rompue , à peine de l'amende contre les infractaires.

7. L'embannie devra se faire ensorte que par icelle le passage ne soit fermé, clos ou bouché au bétail des voisins, pour passer et repasser, allant et revenant de paître en autres endroits du ban, sans dommage faire, dol, fraude, ni déception quelconque.

8. Ne peuvent lesdites communautés, ou particuliers d'icelles, vendre ou louer telles embannies, ou autrement en user, que pour l'usage propre à la nourriture de leur bétail, ou de celui qu'ils tiennent à lais, autrement dit à hôte.

9. Le nombre duquel bétail devra être par police réglé, sur telle peine d'amende ou confiscation qu'il sera trouvé raisonnable.

10. Vaine pâture s'entend et s'étend ès chemins publics, charrières, voies et sentiers communaux, brayes, landes, haies, rapailles, treixes et buissons.

11. Semblablement terres en friches, versaines, soumarts ou fratis, comme héritages non-ensemencés ouverts et non-clos, prairies dépouillées après la première faulx, ou seconde s'il y a droit de regain.

14. Pour envoyer, mener ou conduire bétail vain pâturer en terre d'autrui, on n'acquiert déjà pour cela droit de pâturage au préjudice du propriétaire.

18. Champs et terres arables sont défensables de vain pâturage, depuis qu'elles sont labourées et ensemencées jusques aux estdulles, les châtels enlevés.

19. Les hauts prés, depuis la Notre-Dame de mars, les bas et qui sont sur les rivières, depuis la Saint-Georges, jusqu'à ce que le poil en soit dehors, et en tout temps pour les porcs à peine d'amende *indicte*.

20. Héritages empouillés aboutissants sur chemins

publics, aux issues des villes et villages, sont tenus de
cloison, depuis la Saint-Marc; vignes, depuis l'As-
somption Notre-Dame en mi-août.

21. A laquelle cloison sont contraindables les propriétaires ou tenanciers dès ledit temps, jusqu'à ce que
les châtels soient enlevés, sur amende; autrement n'y
échet reprise par échappée, mais bien à garde faite.

22. Durant le temps des moissons que les bleds ou
autres grains sont sur terre coupés et non-encore ser-
rés, il est défendu de mener bêtes ès grands chemins,
ou héritages joignants lesdites terres avant soleil levé,
ni les y tenir après jour failli, sur amende.

ÉVÊCHÉ DE VERDUN.

Titre 11, art. 1er. Les habitants des villes et villages
qui ont leurs finages contigus et joignants l'un de l'autre,
sans moyen ni privilége, peuvent mener leurs bêtes
grosses et menues, l'un sur l'autre en vaine pâture,
jusques aux esquarres des clochers des églises; et s'il
n'y avait église ès dits lieux, les peuvent mener jusques
au droit et milieu desdites villes et villages; et sont
dites vaines pâtures, terres en friche, labourages hors
les dépouilles, et non-ensemensées, prés après la faulx,
et jusques à la Notre-Dame en mars; *toutefois prés clos
et fermés de hayes ou fossés qui ont privilége de regain,
ne sont sujets à vaine pâture* : et ne peut-on, en quelle
façon que ce soit, mener pourceaux aux prés.

2. Et ne peuvent les habitants mener leurs bêtes l'un
sur l'autre, en paquis et grasse pâture, mais en vaine
pâture comme dit est.

Comme la ville de *Thionville* et une petite

portion du territoire du duché de Luxembourg, dont elle dépendait, se trouve enclavée aujourd'hui dans le département de la Moselle, formé d'une partie de l'ancienne province de Lorraine, nous rapporterons ici la coutume qui régissait ce territoire.

Titre 18, art. 1er. L'un des principaux moyens de l'entretien des manants et habitants de ce pays, est la nourriture de toutes sortes de bétail par le moyen des vains pâturages et usages qu'ils ont, non-seulement au district des bans des villages ès quels ils sont résidents, ains aussi ès bans voisins, en vertu du droit de parcours, que les Allemands appellent *Verdrifft* (1).

20. Les parcours des villages ont d'ordinaire leurs limites spécifiées par les records de justice, ou à l'enseignement des anciens desdits villages.

21. Ès lieux où les limites ne sont spécifiées comme dit est, le droit de parcours s'entend et s'étend jusques à l'opposite du clocher de chaque village où il y a église ou clocher, et, s'il n'y a église ni clocher, jusques à l'opposite du milieu du village.

22. Ledit parcours s'entend, quant aux villages voisins et dont les bans aboutissent l'un à l'autre, sans qu'il faille passer entre deux par un troisième, n'étant permis d'usager de vain pâturage par un troisième ban.

23. La vaine pâture, que les Allemands appellent *lang-halm*, se prend ès chemins, bois et prés, après

---

(1) *Verdrifft* veut dire quand l'on a droit de pâturage en un autre ban que celui-là où on réside, qui est une dépendance du mot de parcours, en sorte qu'il faut passer par un autre ban en celui où on a ce droit. (*Note du Coutumier général.*)

les premiers fruits coupés et emportés, et en aucuns lieux après les seconds fruits. Item ès terres non-ensemencées, en quoi l'usage de chacun lieu doit être observé, notamment en ce qui concerne le pâturage des porcs, pour être bétail fort dommageable.

25. Les prés sont ouverts ordinairement jusques au 1er mai, et par après abannis jusqu'à ce qu'il soient fauchés et vuidés.

26. Néanmoins certaine portion s'abannit par après pour grasse pâture et autres usages.

28. Il est défendu de pâturer aux champs où il y a grains par terre ou mis en tasseaux, et non encore enlevés, et le même s'observera au regard des prairies.

PROVINCE D'ALSACE.

Cette province, qui se distinguait en *Haute* et *Basse*, comprenait en outre le territoire du *Sundgaw*, où se trouvent situées les villes de *Béfort*, *Huningue* et *Mulhausen*. On ne trouve dans le Coutumier général aucune des coutumes qui pouvaient être propres à ces pays.

PROVINCE DE BRETAGNE.

Cette province était divisée en *Haute* et *Basse*; la Haute-Bretagne comprenait cinq évêchés, ceux de *Nantes*, *Rennes*, *Dol*, *Saint-Malo* et *Saint-Brieux*; la Basse-Bretagne en comprenait quatre, ceux de *Tréguier*, *Saint-Pol-de-Léon*, *Quimper* et *Vannes*.

La Coutume générale qui régissait la *Bretagne*, était une de celles qui admettaient le moins de différences dans les diverses localités, comparativement à l'étendue de cette province. Voici comme elle s'exprimait relativement au droit de vaine pâture.

Art. 393. Si aucun veut clore ses terres, prés, landes, ou autres terres décloses, ou plusieurs aient accoutumé d'aller et venir et faire pâturer, justice doit voir borner et diviser les chemins par le conseil des sages, au mieux que faire se pourra pour l'utilité publique; et laisser clore lesdites terres nonobstant longue tenue d'y aller et venir, et faire pâturer durant qu'elles étaient décloses.

400. Depuis la mi-septembre jusqu'à la première semaine de décembre, pour les bêtes de charrue, on ne doit payer amende, assise, ni dommage, si elles n'étaient prises en lieux si clos qu'ils fussent défensables de toutes bêtes, ou qu'elles y fussent mises sciemment et appensement : et en autre temps nul ne doit laisser ses bêtes aller la nuit hors, sans les faire garder. Et des bêtes égarées, ne sont les seigneurs tenus, fors à dédommager.

401. Pour les gaigneries et vignes qui sont faites jusqu'au temps qui sont en grain et bourgeon, on peut demander l'assise, amende ou dédommage: c'est à savoir, pour le tort fait, l'amende; et de la prise sans tort fait, l'assise ou dédommage, au choix du preneur.

405. Puisque les terres sont en défense ou vignes, *soit la terre noble ou non-noble*, on peut avoir l'assise ou dédommage : si n'est depuis que les bleds, prés et vignes seraient en état qu'on peut estimer le dommage auquel n'y aura assise; mais on pourra demander dédommage. Et peut chacun mettre sa terre en défense et la

hayer : et si elle n'était hayée auparavant la mi-avril , et *que ne fût domaine noble* , on ne pourrait demander assise ou dédommage ; si ce n'était vigne , pré , ou terre où il eut gaignerie.

408. Gens *de basse condition* , s'ils ont clos leurs terres , et icelles mises en défense , ne doivent avoir GUERB ; c'est-à-dire avoir faculté de laisser leurs bêtes pâturer ès terres des autres voisins sans payer amende , dédommage , ou assise , ès temps de GUERB : auquel temps (qui est depuis la mi-septembre jusqu'à la mi-février), si lesdites terres ne sont ensemencées , on ne peut demander amende assise ou dédommage , ès terres de gens roturiers de basse condition.

411. Chèvres ou boucs , s'ils sont trouvés en lande ou genestay , ou hayes , ou en buissons , ou autres bois , chacun doit *deux deniers*.

PROVINCE DU MAINE.

Cette province comprenait dans sa circonscription le territoire du *Maine* , proprement dit, et celui du *Perche*. Les coutumes qui régissaient ces deux contrées , ne renferment , relativement au pâturage des bestiaux , que les dispositions suivantes , qui ne déterminent rien en ce qui concerne le droit de vaine pâture.

MAINE.

Art. 12. Les *bas justiciers* ont connaissance des demandes de dommages de bêtes , lesquelles bêtes leur sergent peut prendre en présent méfait , et les emprisonner jusques à satisfaction du dommage , ou qu'autrement par justice en soit ordonné.

Dans le Répertoire de jurisprudence, tome 2, page 429, on lit : « Les coutumes du *Maine*..... » laissent également la liberté de clore ; mais si le » bétail entre dans le clos, elles ne prononcent point » d'amende. » Nous n'avons point remarqué que la coutume dont il s'agit renfermât une semblable disposition.

PERCHE.

Art. 219. De toutes prises de bêtes faisant dommage, preneurs, soit propriétaire ou fermier, soit enfant ou serviteur d'âge compétent ou le voisin seront crus par serment, *et du dommage* jusqu'à *douze deniers tournois.* Et n'est loisible à aucunes personnes ayant bétail, quel qu'il soit, de le mener pâturer aux bois-taillis, vignes, prés, aunois, et autres héritages plantés d'arbres fruitiers, sur peine d'*amende arbitraire,* et des dépens, dommages et intérêts.

La coutume de *Châteauneuf-en-Thimerais,* voulait que *le preneur bien famé et renommé* fût *cru par son serment de la prise des bêtes faisant dommage.* Mais les dommages devaient être estimés, quelqu'en fût le taux. (Voyez la note de la page 66).

PROVINCE D'ANJOU.

La coutume de cette province donne lieu à la même observation que celles du Maine et du Perche, elle s'exprime ainsi :

183. Celui qui trouve les bêtes d'autrui l'endommageant, il sera cru par serment de la prise *et aussi du dommage,* jusqu'à la somme de *cinq sols tournois,*

pourvu qu'il soit homme de bonne renommée , et ne soit coutumier de faire question de telles demandes , et que ce soit dedans les trois mois après le dommage fait , et n'y aura aucune amende ; mais y aura dépens pour la partie , si ains que le défendeur ait été sommé.

Il est à présumer toutefois , que le droit de vaine pâture existait dans l'*Anjou*, régi par un usage muet. Cette opinion est d'autant plus probable , que l'exercice de ce droit donna lieu dans la sénéchaussée de *Saumur*, à un arrêt du Parlement de Paris , en date du 17 mai 1777 , dont voici le texte :

Arrêt du 17 mai 1777.

La Cour.... ordonne que les habitants des paroisses situées dans l'étendue du ressort de la sénéchaussée de Saumur, ne pourront avoir qu'une bête à laine et son suivant par arpent de terre labourable ; leur fait défenses d'en avoir une plus grande quantité (1), et à tous autres habitants qui ne font valoir aucunes terres, d'en envoyer paître dans la campagne sous quelque prétexte que ce puisse être, à peine contre les contrevenants de *dix livres* d'amende, et de saisie et *confiscation* des bêtes à laine qui seraient trouvées dans la campagne ; ordonne que ceux qui n'ont aucune pâture ne pourront conduire leurs chevaux, vaches et bestiaux, paître que dans les communes qui peuvent être dans les paroisses

------

(1) Cette défense serait aujourd'hui contraire à l'esprit de la loi du 28 septembre -- 6 octobre 1791 , titre 1 , section 4. Un propriétaire peut avoir chez lui tel nombre et telle espèce d'animaux qu'il juge convenable.

ou dans les vaines pâtures dans la campagne , depuis que la moisson est faite jusqu'au temps où les terres sont ensemencées ; fait aussi défenses de mener paître , soit dans les prés et sainfoins, ou dans les vignes et terres ensemencées , à l'exception des fermiers et des propriétaires , lorsque la récolte et les vendanges sont faites , les porcs , oies, et autres bêtes volatiles.

PROVINCE DE TOURAINE.

La coutume de *Touraine* est plus explicative que les trois précédentes, relativement au droit de vaine pâture et à l'exercice de ce droit. Elle s'exprime ainsi :

Art. 202. Les bêtes chevalines , aumailles , bêtes à laine et ânes peuvent pâturer ès prés non-clos à fossés ou hayes , depuis que l'herbe est fauchée , fenée et emmenée jusqu'au huitième jour de mars ; et quant aux prés gaigneaux, clos à fossés ou hayes, n'y peuvent pâturer ; et si après elles y sont trouvées ceux à qui sont les prés , ou autres leurs serviteurs, ou commis , les pourront prendre ou mener incontinent (si faire le peuvent), en prison s'il y en a au lieu , sinon à la plus proche prison, et ce pour la garde seulement.

207. Si pourceau ou truye , en quelque saison que ce soit , sont trouvés en bleds , prés ou vignes, seront amenés à justice , si amenés peuvent être, et en sera prise l'amende *de sept sous six deniers ,* aussi le dédommagement , selon la quantité du dommage ; et si les oies sont trouvées en bleds ou prés , et elles ne peuvent être amenées en prison , on les peut tuer sans offense.

PROVINCE D'ORLÉANAIS

Cette province comprenait l'*Orléanais* proprement dit, la *Beauce*, le *Blaisois*, le *Gatinais*
orléanais.

ORLÉANAIS.

La coutume d'*Orléans*, capitale de cette contrée
et siége du bailliage de ce nom, s'exprime ainsi :

Art. 145. En terres vaines, les habitants d'une paroisse peuvent mener pâturer leurs bêtes, et de leur
cru et pour leur usage, jusques aux clouseaux des
paroisses joignantes et voisines tenants à eux ; si non
que les terres soient closes ou fossoyées : et sont dites
terres vaines, où il n'y a aucunes semences ou fruits.
Toutefois peut défendre le seigneur ou laboureur de
la terre où il y a chaumes, d'y aller *jusques à ce qu'il
ait eu le temps d'enlever ledit chaume sans fraude.*.

146. En la saison que les bleds et autres grains sont
en terre, ou coupés et non-serrés, est défendu à toutes
personnes de mener, avant le jour, pâturer ses bêtes en
chemins et voies publiques aux environs desdites terres,
et de les y tenir après le déclin du jour, sur peine
d'amende *arbitraire*.

147. Tous prés soient à une herbe ou deux, sont défendus, depuis le jour et fête Notre-Dame en mars,
jusqu'à ce qu'ils soient fauchés et l'herbe d'iceux enlevée, ou le jour Saint-Remy passé. Et à l'égard de
ceux qui sont clos de hayes ou fossés, on n'y peut
mener pâturer les bestiaux en aucune saison sans
permission.

148. Ce que dessus a seulement lieu au-dessus de Beauce, et hors la forêt d'Orléans. Et quant au pays de Sologne, Val-de-Loire, Gatinais et forêt d'Orléans, et autres lieux dudit bailliage, fors le pays de Beauce, nul ne peut mener pâturer et champoyer ses bestiaux en l'héritage d'autrui, sans permission du seigneur d'icelui : le droit du Roi et des usagers, pour le regard de ladite forêt, demeurant en son entier.

153. On ne peut mener pâturer porcs ès prés, pâtis et vignes, en quelque temps que ce soit.

155. Pâturer, champoyer, et faire passer bétail sur l'héritage d'autrui par tolérance et sans titre, n'attribue aucun droit à celui qui en aurait joui pour quelque temps que ce soit.

162. Quand oies ou autres voitures sont trouvées en dommage, il est loisible au seigneur ou détenteur de l'héritage, en tuer une ou deux, et les laisser sur le lieu, ou les jeter devant ledit héritage ; si mieux n'aime, pour réparation de son intérêt, se pourvoir en justice (1).

BEAUCE.

On trouve dans le Coutumier général deux coutumes usitées dans cette contrée, savoir celle de *Chartres*, capitale du *Pays chartrain*, et celle du

____

(1) Le pays de *Sologne*, dont fait mention l'article 148 de la coutume d'Orléans n'était pas seulement compris dans l'*Orléanais* ; il s'étendait encore dans le *Blaisois* et dans le *Berry*, où même ses limites n'étaient pas déterminées (*Dict. géogr. de Corneille*). Aussi certaines des coutumes dont l'existence est indiquée, pages 67 et 79, peuvent appartenir à ce pays.

comté *de Dunois*. L'article 148 de la coutume d'Or~
léans indique assez, du reste, qu'en *Beauce* le droit
de vaine pâture n'était pas purement précaire.

La coutume de *Chartres* est ainsi conçue :

Art. 115. En prises de bêtes, le preneur bien famé et
renommé, sera cru par son serment de la prise desdites
bêtes faisant dommage ; et sera l'amende de ladite
prise payée ès lieux, terres et justices où ladite prise
sera faite.

Celle du comté de *Dunois* s'exprime à-peu-près
dans les mêmes termes.

Art. 52. Quand aucun trouve, en ses héritages, aucunes
personnes ou bêtes lui faisant dommage, il s'en peut
clamer à justice dedans quinze jours en suivant ; et en
affirmant par lui l'intérêt et dommage fait par icelles
bêtes ; celui à qui elles appartiennent doit être condamné
en l'amende *de cinq sols* tournois.

53. En saison que les fruits et bleds sont en terre, et
non-cueillis, il est prohibé mener les bêtes pâturer aux
champs où il y a des bleds, avant le point du jour,
et les y tenir après le jour couché, sur peine d'amende.

Au surplus, il ne faudrait pas conclure de ce que
nul n'aurait pu mener paître ses bestiaux sur l'héritage
d'autrui, sans le consentement du propriétaire, que
celui-ci, en cas de contravention à cette règle, fût
en droit de s'adresser *à justice* pour obtenir un dédommagement. Il est présumable que sa plainte n'eût
été accueillie qu'autant qu'il aurait éprouvé quelque

préjudice ; mais il lui était loisible de chasser lesdits bestiaux (1).

BLAISOIS.

La coutume du bailliage de *Blois* régissait en général cette contrée , sauf certaines modifications admises en diverses localités. Voici comment elle s'exprimait relativement à la vaine pâture :

Art. 222. Qui trouvera les oies d'autrui en ses prés , vignes, bleds ou gaignages , lui faisant dommages, lui sera loisible et permis en tuer une ou deux pour le plus , quand lesdites oies sont par troupes ; et s'il n'y en trouve qu'une, est permis icelle tuer et la doit laisser sur le champ : et où il ne voudrait ou ne pourrait tuer lesdites oies , il pourra demander à justice réparation du dommage qu'elles lui pourraient avoir fait , qui lui sera adjugé sans amende de justice.

224. Les prés non-clos sont défensables , depuis la mi-mars jusqu'à ce qu'ils soient fauchés et l'herbe emmenée , sauf ceux qui se fauchent à deux herbes , lesquels sont défensables, jusqu'à ce que l'herbe soit levée , au moins jusqu'à la Toussaint.

---

(1) Un arrêt émané du Parlement de Paris, le 23 avril 1819 , avait ordonné qu'il fût , chaque année, dans les coutumes de *Chartres, Châteauneuf-en-Thimerais* (*Perche*) et *Dreux* (*Vexin français*), nommé deux laboureurs chargés de l'estimation des dommages causés pendant tout le cours de ladite année, soit par les troupeaux des habitants des diverses paroisses , soit par les bestiaux appartenants aux marchands forains.

225. En quelque temps que ce soit, nul ne pourra mener ni faire mener b'tes en ses vignes, environnées d'autres vignes circonvoisines appartenantes à autrui ; mais s'il a vignes séparées d'autres vignes, il y pourra mettre et mener ce que bon lui semblera.

226. En nul temps on ne peut mener les porcs ès prairies.

227. Item de chacune chèvre prise en héritage d'autrui, en est dû pour l'amende *douze deniers tournois.*

A la suite de la coutume de Blois, le Coutumier général rapporte un assez grand nombre de *coutumes locales* qu'il sera bon de consulter à l'occasion. Ce sont celles du bailliage d'*Autroche*, des châtellenies de *Chabris*, la *Ferté-Auray*, *Lepuroux*, *Mene-tou-sur-Cher*, *Molins*, *Nançay*, *Romorantin*, *Saint-Aignan*, *Selles*, *Valencey*, *Vastan*, et *Ville-Franche-sur-Cher*, des baronies de *la Ferté-Imbault*, et la *Rue-d'Indre*, et enfin des localités de *Tremblevy* et *Villebrosse*, etc. (1)

Parmi ces diverses coutumes qui diffèrent plus ou moins entr'elles, celle de *Nançay* renferme une dis-position particulière qui nous détermine à en citer le texte ; le voici :

Titre 7, art. 18. Sont tenus ceux qui ont leurs héri-tages dans le bourg de Nançay, près et contigus d'icelui, aussi ceux des villages de ladite terre et châtellenie qui

---

(1) Il est à remarquer que les villes de *Saint-Aignan*, *Selles*, *Valencey* et *Vastan*, dépendaient de la province de Berry.

ont des héritages ès dits villages et près d'iceux , et semblablement près des grands chemins publics , tenir leurs dits héritages bouchés , ou si autrement par échappée les bêtes y entrent , ne sont amendables les personnes à qui sont lesdites bêtes , sinon qu'ils les gardassent à garde faite , ou que les seigneurs ou détenteurs desdits héritages fissent apparoir de ladite garde ; et ès dits cas de prise à garde faite , sont les amendes *arbitraires.*

19. Et pour ce qu'en la châtellenie de Nançay , a plusieurs gens qui tiennent moutons, à cheptel, d'autres gens étrangers qui n'ont aucun droit d'usage en ladite terre , pour iceux hiverner et engraisser , ne pourront iceux moutons, ainsi tenus à cheptel d'iceux étrangers , être menés ni pacager ès lieux communs , au préjudice et détriment des habitants dudit bourg et châtellenie auxquels en appartient la chasse ; autrement après avoir été chassés par deux diverses fois , y écherra prise sur lesdits moutons ainsi chassés , comme dit est.

21. Les prés bouchés de fossés , de hayes vives , ou autrement , sont gardables en toutes saisons , et n'est permis à aucun y mettre bêtes.

22. Et ès prés qui sont sur la rivière de Redze et ailleurs , sont défendus depuis la fête d'Annonciation de Notre-Dame , jusqu'à ce que le foin soit ôté d'iceux ; et ledit foin ôté , chacun y peut mener sesdites bêtes pâturer jusqu'à ladite fête d'Annonciation Notre-Dame , fors ès dits prés bouchés et fossoyés duement , comme dit est.

On voit que cette coutume éloignait de la vaine

pâture les bestiaux tenus à titre de *cheptel*. Mais il est probable qu'elle avait seulement en vue les bestiaux confiés par un étranger à un habitant du territoire qu'elle régissait pour les loger et les nourrir, moyennant une rétribution quelconque, en vertu de cette espèce de contrat dont il est fait mention en l'article 1831 du Code civil: ainsi donc cette coutume ne se trouvait point en contradiction avec l'arrêt du parlement de Paris, cité dans la note de la page 33.

GATINAIS ORLÉANAIS.

La coutume de *Montargis*, chef-lieu du bailliage et capitale du *Gâtinais* orléanais, était conçue en ces termes :

Chap. 4, art. 2. En terres vaines, les habitants d'une paroisse peuvent mener pâturer leurs bêtes de leur cru, nourriture, et pour leur usage, jusques aux clochers des paroisses joignants et voisins tenants à eux, sinon que les terres soient closes ou fossoyées ; et sont dites terres vaines, où il n'y a aucune semence : toutefois peut défendre le laboureur de la terre où il y a chaume, que l'on n'y aille jusques à ce qu'il ait eu le temps d'enlever ledit chaume et sans fraude ; et n'entend on cet article comprendre les hauts marchands de bétail.

3. Tous prés sont défendus, depuis le premier jour de mars jusques au quinzième jour d'octobre, sinon qu'ils soient fauchés ; et si les aucuns desdits prés sont à deux herbes, on n'y peut aller qu'ils ne soient fauchés deux fois, ou que le quinzième jour d'octobre soit passé ; et en ceux qui sont hayés ou fossoyés, on

n'y peut aller en nul temps : ni ès pâtures depuis le quinzième jour de mars jusques au premier jour de juillet ; mais on ne peut hayer ni fossoyer, boucher ni clore en prairies ni ès pâtures publiques et communes, après ledit premier jour de juillet.

4. Quand prairie est bouchée, et y a prés à deux herbes, tous ceux qui y passeront seront tenus reboucher le passage de leur voisin ou auront passé, sur peine d'être tenus du dommage.

6. Et n'ont pas lieu lesdites coutumes contenues ès dits trois articles premiers, ès comté de Gien, Châtillon-sur-Loire, le Molinet, la Court de Marigny et châtellenie de Lorris, parce qu'on ne peut mener pâturer ses bêtes en héritage d'autrui sans congé.

7. On ne peut mener pourceaux pâturer ès prés en quelque temps que ce soit.

18. Quand oies ou autres bêtes volantes sont trouvées en dommage, il loist au seigneur à qui est l'héritage en tuer une ou deux, et les laisser sur le lieu ou les jeter devant ledit héritage ; ou si ledit seigneur ne veut les tuer, les peut amener à justice et requérir réparation de son intérêt, sans amende de justice.

L'article 6 annonce toutefois que la coutume dont on vient de citer le texte, ne régissait pas tout le *Gâtinais* orléanais.

Le *Gâtinais* orléanais, comprenait aussi le bailliage d'*Etampes*, régi par une coutume particulière. Une note correspondante à l'article 187 de cette coutume, dans le Coutumier général, indique qu'elle n'admettait point le parcours : ainsi elle différait essentiellement à cet égard de la coutume de *Montargis;* voici comment elle s'exprime :

Tit. 15 , art. 177. Toutes personnes ayant bétail quel qu'il soit, ne le peuvent mener pâturer aux prés , sur peine d'amende *arbitraire*, et des dépens , dommages et intérêts envers les parties intéressées, *desquels* et de la prise *les propriétaires et gardiens des susdits hérita-ges , sont crus par serment , et du dommage , jusqu'à cinq sols parisis.*

190. Tous laboureurs ou fermiers et autres , ne peuvent mettre ou faire mettre par eux leurs gens et serviteurs, leur bétail dans les champs , ni empêcher aucunement le glanage , sinon vingt-quatre heures après la vidange d'iceux champs.

PROVINCE DU POITOU.

Cette province se divisait en *Haut-Poitou* et en *Bas-Poitou;* elle était régie par une coutume générale , dont voici le texte :

Titre 1 , art. 193. Ès pays et lieux de Poitou ès quels les pâturages sont communs, les laboureurs peuvent avoir et tenir toutes bêtes convenables et profitables , tant qu'il leur en est besoin pour leurs dits labourages seulement, selon la qualité et quantité des terres qu'ils ont excepté chèvres , dont chacun laboureur pour chacun couple de bœufs, en peut tenir deux seulement en pays de bocage et landes , et une en pays de plaine , et non-plus sur peine de *confiscation ;* et peuvent lesdits laboureurs mettre leurs dites bêtes partout les uns sur les autres , sauf en lieu et temps défensables; et doivent avoir pasteurs et faire garder lesdites bêtes, tant qu'elles sont aux champs. Mais autres qui n'ont et ne tiennent labourages à bleds, ne peuvent avoir ni tenir lesdites bêtes s'ils n'ont terres et héritages qui soient à eux, ou autres qui tiennent à ferme ou louage suffisants pour les nourrir; et ne peuvent les faire pâturer sur le commun.

195. Terres labourables ès lieux où lesdits pâturages sont communs en la forme susdite, dès que le bled est semé, jusqu'à ce qu'il soit cueilli et hors desdites terres, sont défensables, et encore un mois après.

196. Prés gaigneaux et de regain sont, ès dits lieux, défensables dès la fête de la Purification de Notre-Dame, jusqu'à la Saint-Michel; et ceux qui ne sont point gaigneaux, dès le premier jour de mars, jusqu'à ce que l'herbe soit fauchée et ensemencée.

Le *Poitou* comprenait encore une contrée, connue sous la dénomination de *Loudunois*, et qui avait sa coutume particulière, ainsi conçue:

Chap. 19, art. 1er. Les bêtes chevalines, aumailles, bêtes à laine et ânes, peuvent pâturer ès prés non-clos à fossés ou hayes, et non gaigneaux, depuis que l'herbe est fauchée, fenée et emmenée, jusqu'au premier jour de mars. Et si après elles y sont trouvées, ceux à qui sont et appartiennent lesdits prés, ou autres leurs serviteurs ou commis, les pourront prendre et mener en prison, s'ils les y peuvent amener; et en auront ceux à qui seront les prés, leur dédommagement desquels ils seront crus *à leur serment, jusqu'à cinq sols, une fois l'an seulement;* et contre chacune personne ayant bêtes qui auraient fait dommage , justice en aura pour ladite prise *sept sols six deniers* d'amende.

5. Si pourceau ou truie , en quelque temps et saison que ce soit en l'an , est trouvé en bleds ou prés , ils seront pris et amenés à justice , s'ils peuvent être amenés et en sera prise l'amende , aussi le dédommagement selon la qualité du dommage ; oies ou poulailles trouvées en bleds , prés ou vignes étant en fruit , si elles ne peuvent être amenées en prison , on les peut tuer sans offense.

PROVINCE DE BERRY.

Cette province se divisait en *Haut-Berry* , que régissait plus particulièrement la coutume de *la ville et septaine de Bourges* , et en *Bas-Berry* , que régissait plus particulièrement la coutume d'*Issoudun*, sauf quelques modifications résultant de quelques coutumes locales , entre lesquelles nous indiquerons celles du bailliage de *Mehung-sur-Evre* , de la châtellenie de *Château-Meillan* , et de la ville de *Dun-le-Roi*. Ces deux coutumes qui, du reste, n'admettaient pour ainsi dire aucune différence entr'elles, furent refondues en une seule , lors de leur révision, qui s'opéra en 1539. En voici l'extrait :

Titre 16 , art. 6. Dès et depuis le premier jour de mars , jusques au quinzième jour d'octobre , tous prés sont défensables ; et n'est loisible d'y mettre aucunes bêtes pour pâturer , si n'est après qu'ils sont fauchés , ou que le foin aura été recueilli , ou que le seigneur aura eu le temps suffisant pour le retirer, auquel cas, jaçoit ce qu'il y eût prohibition et défense du seigneur, est loisible à tous autres d'y mettre leurs bêtes pâturer. Toutefois, si lesdits prés portaient seconde herbe et revivre, seront défensables durant le temps dessus dit, après que la première herbe aura été fauchée, jusques à ce que la seconde herbe aura été recueillie.

7. Tous prés et autres héritages, clos et fermés de murailles, hayes, pâtis et fossés, sont défensables en quelque temps que ce soit; et les peuvent les seigneurs d'iceux faire clore en la manière que dessus, pour les faire défensables, bien qu'ils ne l'aient jamais été au précédent.

8. Tous pâtureaux sont aussi défensables depuis le quinzième jour de mars jusques au quinzième jour de juillet.

10. En tout temps prés, jaçoit qu'ils soient fauchés, sont défensables quant aux pourceaux, et s'ils y sont trouvés y échet prise.

11. Lieux non-cultivés qui sont en chaumes, friches, bruyères, buissons, ne sont aucunement défensables en quelque temps que ce soit. Toutefois, pourra le seigneur y faire pâturer ses bêtes, si bon lui semble, et faire chasser les autres, *sans préjudice du droit de saintre aux seigneurs qui en feront duement apparoir.*

19. Héritages étant sur grands chemins, et à l'issue des villes et villages, doivent être duement clos et bouchés, autrement on ne peut en iceux faire prise de bêtes trouvées faisant dommage, si ce n'est qu'elles y fussent gardées pour pâturer.

On trouve dans le Coutumier général, sous la ru—

brique coutume *de Berry et Lorris,* quelques autres coutumes particulières admises en certaines localités de la province du Berry ; ce sont celles de la baronnie de *Linières* et des justices de *Rezay* et de *Thevé,* etc. (1)

PROVINCE DE NIVERNAIS.

Cette province, quoique contiguë à celle de Berry, était soumise en ce qui concerne le principe du droit de vaine pâture , à des règles fort différentes ; la coutume s'y exprimait ainsi :

Chap. 14, art. 1er. Pré en prairie régulièrement est abandonné pour pâturer toutes bêtes , réservé pourceaux , depuis que le foin est entièrement dehors dudit pré , jusques à la Notre-Dame de mars, sinon que ce pré porte revivre, auquel cas il peut être gardé jusques à la Saint-Martin d'hyver inclusivement ; et ledit jour passé, est abandonné jusqu'à ladite fête de Notre-Dame en mars.

2. Quant aux autres prés non-étant en prairie, ils sont de garde, et défense tant qu'il y a foin ou revivre , et après lesdits foins et revivre levés, qui bouche il garde ; c'est-à-dire, si le seigneur dudit pré le bouche , son pré est de garde et de défense, autrement non.

3. En prairie l'on ne peut de nouveau mettre pré en revivre, sinon que le seigneur fasse une maison audit pré , et qu'il y tienne feu et lieu continuellement ; et

----

(1) Voyez la note de la page 67.

s'il se départ de la demeurance de ladite maison, ledit pré retourne à son premier état.

PROVINCE DE BOURBONNAIS.

Dans cette province, les règles concernant le droit et l'exercice de la vaine pâture, avaient beaucoup d'analogie avec celles qu'admettait la coutume de Nivernais. On s'en convaincra par l'extrait ci-après :

Chap. 32, art. 525. Les prés étant en prairie non bouchées, sont défensables depuis la Notre-Dame de mars jusques après la faux ; et les prés portant revivres sont défensables depuis ladite Notre-Dame jusques à la Saint-Martin d'hiver, et l'on y peut user de prise de bêtes ; et de ladite Saint-Martin d'hiver en outre, non. Et au regard des pourceaux, ils sont de prise toute l'année : et quant aux prés et prairies bouchées, et qui ont accoutumé de l'être, on y peut user de prise toute l'année.

526. Fruitiers, jardins et vergers clos, et vignes soient closes ou non, sont défensables en toutes saisons de l'an, et de toutes bêtes, sur peine de l'amende et intérêts de partie. Et si plusieurs particuliers avaient vignes, jardins, vergers et fruitiers sur une même clôture, il n'est loisible à aucun d'y mettre pâturer son bétail, quand ors il le voudrait faire, rieres lui et en son propre héritage.

533. Si aucun héritage n'est suffisamment clos et bouché pour empêcher l'entrée du bétail des circon-voisins, peuvent dénoncer au seigneur de le clore

dedans les quarante jours ; et à faute de ce faire, ils peuvent, de leur autorité, clore ledit héritage aux dépens desdits circonvoisins.

534. En la saison que les bleds et autres grains sont en terre et non-cueillis, il est défendu de mener les bêtes pâturer dans les chemins et voies publiques prochains desdits fruits et bleds, avant le point du jour, et de les y tenir après le soleil couché, sous peine d'amende *arbitraire*.

PROVINCE DE BOURGOGNE.

Cette province comprenait le *Dijonnais*, l'*Auxois*, l'*Auxerrois*, le *pays dit des Montagnes*, l'*Autunois*, le *Chalonnais*, le *Charollais* et le *Mâconnais* : la Coutume générale, en ce qui concerne le vain pâturage des bestiaux, s'exprimait ainsi :

Chap. 13, Art. 5. Les habitans d'une ville ou village ne peuvent prétendre avoir vain pâturage, sur aucune autre ville ou village d'autre seigneur et parocheage, ne prétendre droit pétitoire ou possessoire, si non par parcours ou qu'ils en aient titre ou paient redevance au seigneur (1).

On voit que cette coutume s'est bornée à poser un principe général, sans rien déterminer, quant

____

(1) Il est à propos de consulter sur cet article le Commentaire de Chassanée, imprimé en latin, dans l'année 1574, sous le titre : *Barthol. à Chassanco Commentarii in consuetudines Ducatús Burgundiæ.*

aux règles concernant l'exercice du droit qu'elle reconnaissait d'ailleurs d'une manière formelle. Deux
arrêts règlementaires du parlement de Dijon, le premier en date du 14 juillet 1580, le second en date
du 22 avril 1622, ont eu pour objet de suppléer
à ce silence ; ils déclarent l'un et l'autre que « les
» prés sont défensables depuis le 25 mars jusqu'à
» la première herbe levée, à peine de tous dépens,
» dommages et intérêts. » D'autres arrêts avaient
d'ailleurs reconnu, en thèse générale, que tout propriétaire a le droit de clore son pré, après la première herbe levée, et de le mettre ainsi en défense.

Il arrivait quelquefois, dans les années où la rareté
du foin se faisait sentir, que le parlement permettait
de mettre les prés en *regain ;* mais alors la seconde
herbe appartenait aux communautés et devait être ven-
due à leur profit, au plus offrant et dernier enchérisseur. Les sommes provenant de cette vente étaient
distribuées entre les habitans, proportionnellement au
nombre de têtes de bétail que possédait chacun d'eux.
[Répertoire de jurisprudence, tom. 10, pag. 967](1).

____

(1) Des règlements analogues avaient été, à différentes
époques, publiés en *Lorraine.* Le regain devait être partagé
entre les habitants, dans les proportions ci-dessus indiquées,
après toutefois que le seigneur haut-justicier, *ayant troupeau
à part,* en avait prélevé le tiers. Il était défendu à chaque
co-partageant de vendre sa portion : il devait la faire consommer par les bestiaux.

Nous n'avons point rapporté ces règlements à l'article de

Cette jurisprudence n'était en vigueur que dans le ressort du parlement de *Dijon*, qui ne comprenait ni le *Mâconnais*, ni *l'Auxerrois*. (Voyez page 34.) Cette dernière contrée avait d'ailleurs une coutume particulière, dont voici l'extrait :

Art. 260. Habitans des villes et villages peuvent mener et faire mener leurs bêtes, grosses et menues, champoyer et pâturer ès lieux de vaine pâture *et finages et paroisses à eux contigus et joighants*, de clocher à autre.

261. Habitans des villes et villages, en général et particulier, ne peuvent prétendre avoir usages ou pâturages, outre la vaine pâture, s'ils n'en ont titre ou qu'ils n'en paient redevance ou s'ils n'en ont joui, franchement de tel et si long temps qu'il n'est mémoire du contraire.

263. Prés fauchés et dont l'herbe ou foin a été enlevé, sont incontinent réputés vaine pâture, si non qu'ils soient clos et fermés de hayes ou fossés, ou que d'ancienneté on ait accoutumé d'en faire regain. Toutefois si l'herbe et regain étaient délaissés ès dits prés, on n'y pourra entrer auparavant la Saint-Remy ; et dure la vaine pâture desdits prés depuis ledit temps jusqu'au premier jour de mars seulement. Après lequel temps

---

la *Province de Lorraine*, parce qu'il paraîtrait difficile d'en présenter les dispositions comme susceptibles de recevoir encore aujourd'hui leur exécution, à cause de la prérogative du *troupeau à part* que l'une d'elles avait pour objet de consacrer. Voyez au surplus le § 3 de la section 1ʳᵉ du chapitre 2.

ne pourront, sous aucun prétexte d'ancienne jouissance, mener leur bétail soit le jour de Pâques, Vendredi saint ou autres jours.

264. En quelque temps que ce soit, on ne peut mettre porcs en prés ni en terres, tant qu'elles sont emblavées.

On comprenait encore, dans la province de *Bourgogne*, la *Bresse* et le *Bugey*, cédés à la France par le traité du 17 janvier 1601, ainsi que le bailliage de *Gex*, et le *Val-Romey*. On ne trouve point, dans le Coutumier général, les coutumes qui pouvaient régir ces pays.

PROVINCE DE FRANCHE-COMTÉ.

Cette province se divisait communément en quatre grands bailliages, savoir : ceux de *Besançon*, *Dôle*, *Salins* et *Vesoul*. La coutume générale s'y exprimait, relativement à la vaine pâture, d'une manière aussi succincte qu'en Bourgogne ; en voici le texte :

Chapitre 16, art. 103. Sur ce qu'aucuns ont voulu prétendre, par coutume générale, pouvoir usager de vain pâturage de clocher à autre, s'il n'y a empêchement de rivières grandes, forêt ou montagnes, ladite coutume n'est point tenue ni réputée générale, et l'on n'entend, pour ce, aucunement préjudicier aux parcours (1) qu'aucuns particuliers dudit

____

(1) Ce mot doit être ici entendu dans le même sens que *Usages*. (*Note du Coutumier général*).

Comté de Bourgogne ont accoutumé avoir, les uns sur les territoires des autres.

A l'exemple du parlement de Dijon, le parlement de *Besançon* a publié, pour l'exercice de la vaine pâture, divers règlements qui ont beaucoup de similitude avec ceux dont nous avons précédemment indiqué l'objet. Toutefois il était d'usage que les secondes herbes, lorsqu'un arrêt autorisait à mettre les prés en *regain*, appartinssent aux propriétaires des prés, s'il n'y avait convention contraire entr'eux et leurs fermiers. Les communautés n'en jouissaient qu'autant qu'elles étaient fondées en titres ou possession.

Il paraît aussi qu'en *Franche-Comté* un propriétaire ne pouvait clorre son héritage, au préjudice de la vaine pâture, sans obtenir la permission de la communauté usagère. En cas de refus il s'adressait au juge qui la lui accordait, si d'un côté la communauté n'en souffrait pas un préjudice notable, et si de l'autre il y avait pour le demandeur nécessité ou grande convenance de clorre : voyez au reste le Répertoire de jurisprudence, tome 13, page 299.

PROVINCE D'AUNIS.

Cette petite province avait pour capitale *La Rochelle* dont la coutume ne renfermait aucune disposition concernant l'exercice du droit de vaine pâture.

On n'y trouve qu'un article concernant les dommages causés par les bestiaux ; c'est le suivant :

Chap. 5, art. 11. Un sergent bien famé ou autre personne digne de foi, qui aura trouvé bêtes en dommage, doit être cru par serment de son exploit ou rapport, pour l'amende de la cour jusqu'à *sept sols six deniers tournois* et au-dessous, et en plus grande amende, si le cas le requiert et y a preuve suffisante.

PROVINCE DE SAINTONGE.

Cette province comprenait la *Saintonge* proprement dite et l'*Angoumois*. La coutume de cette dernière contrée ne détermine point les règles auxquelles pouvait y être soumis le droit de vaine pâture.

Quant à la *Saintonge* proprement dite, elle se divisait en deux jurisdictions, l'une dont le siége était à *Saint-Jean-d'Angély*, l'autre dont le chef lieu était à *Saintes*. Chacune avait sa coutume propre.

La première, en ce qui concerne le droit de vaine pâture, s'exprimait ainsi.

Titre 4, art. 10. *Le Seigneur à qui appartiennent aucuns domaines assis en fief duquel ils sont, peut, par lui ou ses officiers hommes et serviteurs prendre et emprisonner les bêtes trouvées ès domaines, en temps prohibé, pour en avoir l'amende simple de chaque compagnie.*

Art. 11. *Et si le Seigneur châtelain prévient, sera tenu renvoyer devant son vassal ayant jurisdiction s'il le requiert ; et si le vassal n'a point de juris-*

diction , *la moitié de l'amende simple appartiendra au Seigneur justicier et l'autre au Seigneur foncier ;* et en outre lui fera résarci l'intérêt, si le dommage est donné en son domaine , et pourra le *vassal* Seigneur foncier faire l'exécution par vertu de la sentence donnée par le *Seigneur*, par vertu du simple extrait, sans payer aucune chose au greffier. *Et ne pourront composer les Seigneurs justiciers ou fonciers l'un en préjudice de l'autre* ; sans préjudice de ceux qui auraient titre particulier au contraire.

Art. 12. Et peuvent icelles bêtes être détenues , jusqu'à ce qu'elles aient trouvé advocateur , auquel on les doit délivrer en baillant caution ou dégagement de l'amende coutumière, s'il est étranger : et outre, l'advocateur est tenu résarcir le dommage que le bétail aura donné.

Art. 13. Par chacune compagnie est entendu tout ce qui appartient à un homme.

Art. 14. Prés en toutes saisons sont prohibés à pourceaux et oies : et quant aux ouailles et moutons jusqu'à la Saint-Michel. Et à toutes les bêtes, les prés champeaux dès le premier jour de février, et les prés en fonds de rivière dès le premier jour de mars, jusqu'à ce que l'herbe et foin d'iceux est cueillie et emmenée. Mais si lesdits prés champeaux ou chechillons sont clos , sont défensables en tout temps : aussi les gueymaux anciens et clos sont prohibés en tout temps.

Art. 16. Un chacun laboureur peut clorre et fermer *pour chacun bœuf* d'arée pour faire pâtis, un *journeau de terre.*

6 *

La coutume de la jurisdiction de *Saintes* ne fait nulle mention des règles relatives à l'exercice du droit de vaine pâture , qui probablement n'y avait lieu, comme en tout pays, de *droit écrit*, qu'à titre de servitude précaire. Elle ne contient que des dispositions analogues à celles des articles 10 , 11 , 12 , et 13 dont nous venons de citer le texte , et qui doivent recevoir leur application en cas de prise de bêtes trouvées en dommage.

PROVINCE DE LA MARCHE.

La coutume de cette province , en ce qui concerne la vaine pâture, était conçue en ces termes :

Art. 354. Tous prés clos sont défensables en tout temps , tant et si longuement que l'on les tient clos: mais quand ils ne sont clos, ne sont défensables depuis la Saint-Martin d'hiver jusqu'à mi-mars en suivant. Toutefois pour ce qu'en plusieurs lieux on a accoutumé faire paître les prés incontinent que le foin en est hors , l'on usera comme l'on a accoutumé.

357. Ès lieux et champs non-cultivés, jaçoit qu'ils soient propres à aucun, comme chaumes, bruyères , restoubles et autres semblables qui ne sont clos, n'y échet prise de bêtes entre ceux d'un même village et marchage ; mais si fait bien ès plants, ès buissons vifs servant à clôture de prés et terres, quand les chèvres, bœufs ou vaches y sont trouvés, pour en avoir la méfaite coutumière , ou le dommage donné.

359. Les champs communs, pâturages et marchages,

tant de champs que de bois, és lieux ou il y a bois communs, ou *vergers destinés à pâturages* se limitent par villages.

36o. Et ne peuvent les habitans d'un village, aller mener paître et pâturager leur bétail ès pâturages de l'autre village ; si non que les habitans desdits villages aient par commun entr'eux aucun droit de marchage.

.361. Aucun ne peut estiver ou tenir en aucun village et pâturages communs d'icelui, plus de bétail *qu'il n'en a hiverné, ou qu'il en eût pu hiverner des foins et pailles qu'il a recueillis des héritages qu'il tient de son propre ou par louage audit village*, ladite année, sur peine d'amende *arbitraire*.

352. Pacage seul, sans titre, n'attribue droit de possession ou propriété ès terres vacantes appartenant à autrui, par quelque laps de temps que ce soit, si non qu'il y ait jouissance, après le temps de contradiction, par l'espace de trente ans.

PROVINCE DU LIMOSIN.

La coutume de *Limoges*, la seule de cette province que rapporte le Coutumier général, ne renferme aucune disposition relative au droit de vaine pâture. Il paraît que ce droit était inusité dans le *Limosin*, à en juger du moins par les observations de la commission instituée à Limoges, en exécution du décret du 19 mai 1808 (1).

---

(1) Il faut voir ces observations textuellement rapportées au chapitre 3, ainsi que la note correspondante.

PROVINCE D'AUVERGNE.

Cette province se distinguait en *basse* et *haute*
Auvergne. La coutume générale qui la régissait
s'exprimait ainsi, en ce qui concerne la vaine pâture :

Chap. 28, art. 1er. Les pâturages sont limités en
la Limagne et bas pays d'Auvergne par *Justices* (1),
en manière qu'il n'est leu ni permis à aucun faire
pâturer en autrui *justice* ; et s'il le fait, et le bétail
y est trouvé et pris en pâturant, l'on est tenu envers
le Seigneur justicier en l'amende de *soixante sols*,
ou laisser le bétail pour le méfait ; si non que le
bétail fut trouvé paturant par cas fortuit, ou d'é-
chappée, et qu'il eut suite.

2. Toutefois en plusieurs lieux, les habitans en une
justice, peuvent faire pâturer par droit de marchage
en autrui *justice*.

3. Mais quant aux habitans d'une même *justice*,
il leur est leu et permis faire pâturer leur bétail
quelconque, ès pâturages communs et terres hermes

---

(1) On doit entendre par cette dénomination les circonscriptions territoriales qui composaient, avant la révolution,
le ressort des *jurisdictions seigneuriales*. Quoique ces jurisdictions n'existent plus, on pense qu'en vertu de l'art. 3,
section 2, titre 1er de la loi du 28 septembre -- 6 octobre 1791,
l'exercice du parcours doit continuer d'avoir lieu entre les
communes qui dépendaient autrefois d'une même circonscription.

et vacantes situées en ladite *justice* , en tout tems et saison de l'an.

4. Et ès héritages portant fruits , soient prés ou terres, iceux fruits levés, ou passé le tems qu'ils le doivent être , si ce n'est ès prés ou d'ancienneté l'on a accoutumé faire revivre.

5. Au haut pays d'Auvergne et ès montagnes du bas pays , lesdits pâturages se limitent par mas et villages : tellement qu'il n'est léu ni permis aux habitans en aucun village , jaçoit qu'il soit de même *justice*, faire pâturer leur bétail quel qu'il soit, dedans les appartenances d'autrui village , sur peine d'amende pour chacune garde.

6. Les habitans en même *justice* ou village , audit pays, peuvent destiner partie de leur fraulx et pâturages, et aussi de leurs prés en temps non-défensable, pour leur bétail arant et labourant , sans qu'autre bétail y puisse entrer , sur peine de clame envers le *Seigneur* , et intérêt envers la partie.

8. Si le bétail de plusieurs étrangers est trouvé pâturant en autrui *justice* et sous une garde , tous les Seigneurs dudit bétail , posé qu'ils soient plusieurs, ne doivent payer qu'une amende de *quarante sols* si la prise est faite de jour.

9. Mais si elle est faite de nuit et que ledit bétail soit trouvé pâturant, à garde faite, ledit bétail est *confisqué moitié au Seigneur justicier , et l'autre moitié à la partie qui aura souffert le dommage.* Et s'il n'y a garde faite , l'amende est *arbitraire.*

11. On ne peut faire pâturer bétail ès pâturages communs ou particuliers d'aucune *justice* , à plus grand

nombre que l'on n'a hiverné et nourri des foins et pailles *provenant des héritages que l'on tient en ladite justice,* *soient leurs ou par louage ou autrement.* Et a lieu ladite coutume, tant au pays coutumier que de droit écrit.

24. A été avisé par les états, pour le bien de la chose publique, que dorénavant ne sera permis faire pâturer ès prés situés audit pays, aucuns pourceaux; ni oies en quelque saison de l'an que ce soit, sur peine de clame quant auxdits pourceaux; et quant aux oies, s'il y en a nombre de vingt et au-dessus, est permis d'en tuer deux, en les laissant ès prés où auront été trouvées, sans les pouvoir approprier à son profit: et s'il y en a moins que le nombre de vingt, l'on n'en pourra tuer qu'une en la laissant comme dessus.

On voit que l'exercice de la vaine pâture reposait dans la *Basse-Auvergne*, sur d'autres principes que dans la *Haute-Auvergne* : ici le parcours était généralement interdit ; là au contraire, il était permis dans des circonscriptions territoriales déterminées.

Du reste la province d'*Auvergne* est une de celles où l'on comptait le plus grand nombre de coutumes locales. Il sera donc nécessaire de consulter le Coutumier général, d'autant plus que la plupart de ces coutumes admettaient souvent des dispositions qui reposaient sur des principes fort différents. Nous allons en indiquer approximativement la nomenclature.

Il faut remarquer, entr'autres, dans la *Basse-Auvergne*, celles qui régissaient les territoires ci-après indiqués, savoir :

(89)

1º. *Comtés* de *Brioude* et de *Montpensier*, et *Prévôtés* de *Brivadois* de *Langhadois*, etc, etc.

2º. *Chatellenies* d'*Alanches*, d'*Auvers*, de *Bois-bon-Parent*, de *Bourgonde-Saint-Pierre*, de *Bronent*, de *Cereys*, de *Chabrengol*, de *Chanonat*, de *Charaiz*, de *Chaz*, de *Combraille*, de *Coubladour* d'*Espinchal*, d'*Espirat*, de *Fromenthal*, de *la Faie*, de *Lamayron*, de *la Marade*, de *la Monghe-de-Jalanoux*, de *la Mothe-Canillac*, de *la Roche de Montpeloux*, du *Lugnet*, de *Léothing*, de *Loriat*, de *Malhargnes*, de *Menat*, de *Mezun*, de *Moissat*, de *Montagu*, du *Moutier*, de *Montmorin*, de *Montredon*, de *Montpeyroux*, de *Moriat*, de *Mozun*, d'*Oliergues*, de *Pinhols*, de *Polhac*, de *Prades*, de *Ravel*, de *Roche-Agude*, de *Roche-de Montpezout*, de *Roqculaire*, de *Saint-Amand*, de *Saint-Hérem*, de *Saint-Privat*, de *Saint-Romain*, de *Saint-Sandoux*, de *Saint-Saturnin*, de *Solezuit*, de *Talende*, de *Torciat*, de *Vaz-Deiz*, de *Vernet*, de *Vernox*, de *Vodable*, etc., etc.

3º. *Villes et paroisses* d'*Ambert*, d'*Arlenc*, de *Billon*, de *Clermont*, de *Saint-Germain*, etc.

4º. *Paroisses* d'*Agnon*, de *Botonnargnes*, de *la Chabasse*, de *la Chapelle*, de *Marat*, de *Monts*, d'*Olivet*, de *Saint-Martin-des-Olmes*, de *Vassiviere*, de *Vertholie*, etc., etc.

5º. *Localités* d'*Anglars*, de *Basfie*, de *Corpiere*, de *Courteserre*, des *deux Carpetaux*, de *Dorange*,

de *Grantif*, de *Lagarde*, de *Marsat*, de *Mé-
dérolles*, de *Rioux*, de *Roche-Savyne*, de *Saint-
Jean-doux-Brigoux*, de *Saint-Just*, de *Sar-
mentason*, de *Sauvessangnes*, de *Viverols*, etc.,
etc.

6°. *Villages d'Azerieres*, de *Barates*, de *Cha-
banes*, de *Cornol*, de *Dolere*, d'*Estables*, de
Fohet, de *Garrage*, de *la Grange*, du *Bouchet*,
des *Maiz*, du *Moulin*, du *Solier*, du *Verdier*,
de *Montprades*, de *Moranges*, de *Pincherandes-
en-Ravel*, de *Rochecilde*, de *Radannat*, de *Saint-
Genez*, de *Saint-Julien*, de *Sauzet*, de *Terrenoise*,
de *Vrolhes*, etc., etc.

Parmi ces coutumes, nous citerons seulement le
texte de celle de la **Chatellenie de Montmorin**, en
invitant le lecteur à consulter, au besoin, les autres
dans le Coutumier général ; celle-ci s'exprime ainsi :

1. Le premier quartier de ladite châtellenie est le
quartier appelé de la Limagne, où les habitans ont
coutume locale, qu'ils peuvent faire pâturer leur bétail
en tous les prés et terres dudit quartier, après les
premiers fruits levés ; et si lesdits fruits ne sont levés
à la fête Saint-Jean-Baptiste, les peuvent garder et défendre jusqu'à la fête Saint-Julien seulement : et leurs
dits héritages peuvent tenir clos, en laissant passage
d'ouverture, en temps et lieu défensable, pour y aller
pâturer.

2. Les habitans audit quartier peuvent élire partie
de leurs pâturages communs, pour les bœufs ou bêtes

àrans, où n'est permis mettre ni faire pâturer autre bétail jusqu'à la fête Sainte-Croix de septembre.

4. L'autre quartier de ladite châtellenie est appelé de la Montagne, où lesdits habitans ont coutume locale: c'est à savoir, que leurs héritages sont défensables depuis la fête de Notre-Dame de mars jusqu'à la fête Saint-Martin d'hiver; et durant ledit temps ne leur est permis y marcher ni pâturer, soit ès terres cultivées ou ès prés, bois et autres pâturages; et peuvent tenir clos iceux héritages, si bon leur semble, comme ceux dudit quartier de la Limagne.

5. L'autre et tiers quartier est appelé de la Bastice, où il y a semblables coutumes locales qu'ont ceux du précédent quartier de la Montagne.

7. Les pâturages sont limités par villages, et chacun village à son pâturage séparé, qui est seulement défensable depuis la Notre-Dame de mars jusqu'à la Saint-Martin d'hiver; mais depuis ladite fête Saint-Martin jusqu'à la Notre-Dame de mars, sont communs à tous les habitans en ladite châtellenie, et peuvent marcher et pâturer l'un dedans l'autre.

Il faut remarquer dans la *Haute-Auvergne*, entr'autres coutumes, celles qui régissaient les territoires ci-après indiqués, savoir :

1°. *Vicomtés de Cheillane* et de *Murat, Ville* et *Baronie de Pierrefort*, Ville de *Montsalvy*, etc.

2°. *Châtellenies de Cheillade*, de *Dyene*, de *Saint-Maurice*, etc., etc.

3°. *Paroisses de Cussat*, de *la Chapelle d'El-*

fraisse, de *Nove-Eglise*, de *Saint-Paul*, de *Roche-gonde*, de *Salern*, d'*Yde*, etc., etc.

4°. *Localités d'Apchon*, *d'Elfraisse*, de *Fon-tanges*, *de Léocamp*, de *Marcolez*, de *Marminhac*, de *Saint-Cirgue*, de *Saint-Martin*, de *Saint-Vinent*, de *Trizac*, de *Vic*, de *Vigam*, etc., etc.

Parmi ces différentes coutumes nous citerons celles de *Saint-Paul* et de *Trizac*, en invitant encore le lecteur à recourir, pour les autres, en cas de besoin, au Coutumier général.

Coutume de *Saint-Paul*.

Art. 1. Ceux qui veulent nourrir et estiver leur bétail ès montagnes communes de ladite paroisse de Saint-Paul, sont tenus avoir ledit bétail qu'ils veulent nourrir et estiver ès dites montagnes, les jours Saint-Martin d'hiver, autrement ne les y peuvent mettre ; et quand il advient que l'hiver passé ils vendent leur bétail, ils en peuvent subroger en tel nombre qu'ils en ont vendu, pour estiver ès dites montagnes communes.

2. Quand aucuns des habitans du village de la Navaste ote une bête des montagnes communes, ne lui est permis en subroger une autre, ains ledit droit de pâturage, pour ladite année, accroît aux autres habitans.

Coutume de *Trizac*

Art. 1. Chaque habitant dudit lieu, peut faire pâturer aux montagnes communes d'icelui, tant de bétail qu'il peut hiverner de ses foins et pailles excroissant ès héritages assis ès appartenances dudit lieu : et ne leur est permis en louer ni mettre d'autres ; mais quand vendent ou perdent aucunes de leurs bêtes, leur est permis subroger audit cas une autre.

Le lecteur n'aura point manqué d'observer que la coutume générale d'*Auvergne* ne fixait point les époques de l'année ou la vaine pâture était permise. Cette fixation avait lieu dans chaque localité, soit par la coutume qui lui était propre, soit par un usage que le temps avait consacré.

PROVINCE DU LYONNAIS.

Cette province comprenait le *Lyonnais* proprement dit, le *Beaujolais*, et le *Forez*.

On ne trouve, dans le Coutumier général, aucune trace des coutumes qui pouvaient régir ces trois contrées. Il est présumable, au reste, que l'usage de la vaine pâture n'y était point inconnu. Cette présomption a pour fondement les observations présentées sur le projet de code rural par la commission instituée à Lyon, en exécution du décret du 19 mai 1808.

Il serait permis de supposer que le *Beaujolais* et le *Forez* étaient soumis, à cet égard, à la coutume du *Bourbonnais* (*Voyez* page 76), s'il est vrai que cette province ait anciennement compris l'une et l'autre contrée. (*Voyez* le Dict. géogr. de Corneille, tom. 1er, page 397).

PROVINCE DE GUYENNE.

Cette province, la plus considérable de toutes

celles de France par son étendue, comprenait la
Guyenne proprement dite et la *Gascogne.*

La *Guyenne* proprement dite se composait du
Bordelais, du *Bazadois,* de l'*Agenois,* du *Périgord,*
du *Quercy* et du *Rouergne :*

BORDELAIS.

La coutume de *Bordeaux* ne renferme qu'une
disposition explicite relative à l'exercice de la vaine
pâture : après avoir déterminé, articles 108 et 109,
le mode d'estimation des dommages commis par les
bestiaux sur l'héritage d'autrui, et l'amende encourue,
elle ajoute ce qui suit :

Art. 110. Et l'on entrera aux prés depuis le premier
jour de mars, jusqu'à la Notre-Dame de septembre.

On ne trouve dans le *Coutumier général,* relativement à la Guyenne proprement dite, d'autre coutume que celle d'*Agen,* capitale de l'*Agenois,* et celle
de la ville de *Bergerac,* (autrefois *Bragerac*) située
dans le *Périgord.* La première ne renferme aucunes
dispositions concernant la vaine pâture ; la seconde
ne fait mention que des peines et amendes à l'application desquelles peuvent donner lieu les dommages causés par les bestiaux : elle porte expressément que *si l'on trouve un porc dans un pré,*
en quelque temps que ce soit, il est permis de le
tuer, auquel cas l'amende ni le dommage ne
pourront être demandés.

GASCOGNE.

Cette contrée avait dans sa circonscription les *Landes*, le *Condomois*, l'*Armagnac*, la *Chalosse*, le *pays Basque*, le *Bigorre*, le *Comminge* et le *Couserans*.

Le *pays des Landes* était régi presque généralement par la coutume de la prévôté d'*Acqs*. On y trouve les dispositions suivantes :

Tit. 11, art. 2. Où il y a terre ou lande commune à plusieurs, comme singuliers, c'est à savoir que chacun y a part certaine contiguë l'une à l'autre sans maison ou autre héritage parmi, que l'on appelle communément champ bésiale : il est permis, où il n'y a fruits autres que les pâturages de bétail, ou, s'il y en a, après qu'ils seront recueillis, à un chacun desdits voisins faire mener paître son bétail au champ de l'autre de bésiale, sans contradiction aucune, que l'on appelle vulgairement padouir l'un sur l'autre.

3. Et ce, tant que le champ demeure en la qualité de champ ; mais s'il est converti en vigne ou verger, jardin, pré ou bois clos, est gardé ce qu'est dit au précédent article.

4. En la cité et prévôté d'Acqs, et ès vicomtés de Tartas, de Marenne et d'Horte, et ès baronnies d'Aurivat Monfort, Sarde, Lafontan, Gosse, Senhans, Capbreton, Saubusse, Maiesc, Gamarde, Poyartin, Clarmont, Mimbaste, Terciis, Hastingues, la Lucque et de Pontons, et ès parcisses de Camet, Sames, de Leres et de Saint-Pey, il est permis entre voisins de l'un et de l'autre,

faire paître son bétail en l'héritage du voisin qui n'es‌ es
clos, et en temps qu'il n'y a point de fruits, sanem
aucune contradiction, posé qu'il ne soit champ bésiale.‌s

5. Ès baronnies d'Arrion, Brassent, Sabres, d'Albert,
Sore, Balade, Pissols, Mostey, d'Yschoz, Herbefavire,
Lafarie, l'Espéron et de Marensin, chacun peut garder
son héritage clos ou non-clos, en tout temps, y ait-il
fruits ou non.

6. C'est à savoir, que le seigneur de l'héritage peut
prohiber que autrui n'entre ou mène paître bétail en
son dit héritage ; et s'il l'y trouve le peut mettre dehors
gracieusement.

7. Mais si aucun voisin ès dits lieux, cessant la prohibition du seigneur de l'héritage, en temps que les
fruits sont amassés, met ou amène son bétail pour
paître en l'héritage dudit voisin, ne paye amende ni
dommage.

8 Et si ès dits héritages clos, soit en temps de fruits
ou non-fruits, ès autres héritages non-clos au temps
qu'il y a fruits, et en aubaredes, taillis et jeunes pin-
hadards, le bétail du voisin y est trouvé, le seigneur
du bétail paye le dommage au seigneur de l'héritage,
et *ne paye aucune amende.*

9. Si ce n'est que le ban du seigneur y eut été
apposé auparavant, auquel cas paye pour l'amende
audit seigneur *dix sols tournois*, et en aucuns lieux
moins ; ès quels lieux où il a été accoutumé en prendre
moins, l'ancienne coutume sera gardée.

10. Et laquelle coutume quant aux aubaredes, taillis
et pinhadars, n'a lieu ès baronnies de Sorde, de Lafontan,
paroisse de Saint-Crie ; car ès dits lieux les habitans

d'iceux respectivement mènent paître leur bétail par toutes aubaredes et taillis, *sans payer aucune amende ou dommage.*

11. En quelque temps ou lieu que soit, il n'est permis carnaler (1) le bétail entre voisins d'une paroisse.

12. Si n'est au temps de glandage et bois vetés, dits vulgairement bédats, ou quant il a été ainsi statué entre les seigneurs, ou Bailes, ou habitants d'une paroisse, au commencement des fruits.

13. Et ès dits cas et lieux *peuvent seulement carnaler* un pourceau de chacun troupeau chacun jour, et non d'autre bétail.

14. Et quand les pourceaux du voisin sont trouvés en vigne, verger, jardin, ou en un pré clos et fermé duement, en quelque temps que ce soit, le seigneur propriétaire peut pignorer lesdits pourceaux pour le dommage, ou *en tuer un* à son choix.

15. Mais s'il l'occit, n'a aucune réparation du dommage ; et néanmoins le pourceau tué demeure au seigneur à qu'il était auparavant.

16. Et si ès dites vignes, vergers, jardins et prés clos, est trouvé gros bétail mis à *garde faite,* ou avec cloche fermée ou bouchée, en temps de fruits, de nuit, le seigneur du bétail encourt l'amende de *vingt sous tournois* pour chacun chef ; et s'il est trouvé de jour, l'amende *de dix sous* pour chacun chef ; et en temps de non fruits, encourt *la moitié* desdites amendes respectivement.

17. Et au baillage de Tartas *est permis* au seigneur

---

(1) C'est-à-dire le tuer et le faire servir à son usage.

de l'héritage, en temps de fruits, et en tous héritages
clos autres que prés, s'il trouve pourceaux, chèvres ou
oies, et ès prés posé qu'ils ne soient clos en tous temps,
en tuer un de chaque troupeau et chaque jour.

24. En temps qu'il n'y a point de fruits, le seigneur
de l'héritage peut pignorer le bétail de l'étranger trouvé
en son héritage.

25. Et paye le seigneur du bétail, pour chacun chef
de bétail gros, *douze deniers tournois*; de pourceau
et de chèvres *six deniers tonrnois*; et pour chacun chef
de brebis, moutons et autre bétail menu *trois deniers
tournois.*

26. Et *même* amende paye le seigneur du bétail
étranger aux habitans d'une paroisse si son bétail est
trouvé au paduentage commun de ladite paroisse.

On lit ce qui suit dans la coutume du pays de
Marsan et *Gabardan.*

Rubrique 10, art. 2. Aux habitants des Vicomtés de
Marsan et Gabardan, tous herbages seront communs,
ès terres laissées et vacantes.

La coutume de la prévôté de *Saint-Sever* qui
s'étendait dans la *Chalosse*, était, relativement au
droit de vaine pâture, conçue en ces termes :

Titre 3, art. 1er. Les pâturages de ladite prévôté sont
divisés par jurisdictions, tellement qu'il n'est loisible
aux habitants d'une *jurisdiction* faire pâturer et herbager
leur bétail en autre *jurisdiction*, si de ce faire ils n'ont
droit de pâturage ou possession lointaine.

6. Il est toujours permis à un chacun, habitant des

bailliages et jurisdictions de ladite prévôté de pâturer leurs bétails ès terres communes et herbes de la jurisdiction dont ils sont habitants.

7. Et aussi, ès terres et héritages particuliers desdites jurisdictions, portant fruits ou non, en temps que le fruit est cueilli.

11. Pourceaux ne peuvent en aucun temps pâturer ès prés portant foin, et s'ils y sont trouvés *peuvent être tués.*

12. Et lesdits prés portant foin sont défendus depuis la Notre-Dame de mars, jusqu'à ce que le foin est cueilli.

13. Les habitants de chacune *jurisdiction* peuvent tenir et prendre bétail étranger en compagnie partiaire et vulgairement appelée gazaille, pourvu qu'elle soit vraie et non-feinte.

20. Chacune des villes d'Aire et du Mas peut défendre la dixième partie de son héritage, et prohiber d'y mettre le bétail des autres habitants en aucun temps.

Le *Pays Basque* se divisait en *Pays de Labour,* qui avait *Bayonne* pour capitale, et en *Vicomté de Soule.* Les extraits ci-après font connaître à quelles règles y était soumise la vaine pâture.

Pays de Labour.

Titre 3, art. 1er. En la terre de Labour chaque paroisse a et possède ses terres communes et voisines entre tous les paroissiens d'icelle par indivis, distinctes et séparées des autres paroisses, comme appert par bornes et limites.

2. Chaque paroissien, ès terres communes de la paroisse d'où il est paroissien, peut indifféremment tenir et pâturer son bétail, gros et menu, de quelque qualité et nombre qu'il soit, et en tout temps, de jour et de nuit.

3. Et peut aussi faire cabanes, loges et clôtures, pour retirer le bétail, pasteur et gardes, sans ce qu'il soit tenu en payer aucune chose aux paroissiens , réservé en temps de glandage ; auquel temps les paroissiens départent le glandage entr'eux, si bon leur semble, et baillent à chacun sa part et portion, selon qu'ils sont égalés et départis aux tailles et autres subsides de ladite paroisse (1).

7. Du jour et fête de Saint-Michel jusqu'à Saint-Martin d'hyver , les paroissiens d'une paroisse ne peuvent, ni doivent mener leur bétail pour pâturer en autre paroisse.

8. Et si les habitants d'une paroisse trouvent, durant icelui temps, le bétail d'autre paroisse prochaine et voisine, ils le peuvent prendre.

10. Et s'il est troupeau de pourceaux , lesdits habitants peuvent, si faire le veulent, *occire* un pourceau d'un an ou au-dessous vulgairement appelé *marso*; lequel celui qui l'aura *tué* le pourra porter à sa maison, et d'icelui *faire à son plaisir*, si le maître n'aime mieux lui payer *quinze* ou *trente arditz*, selon qu'il a été occis de jour ou de nuit, ce qu'il pourra faire avant qu'il soit dépecé.

____

(1) Ces trois articles semblent avoir plus particulièrement pour objet le mode de jouissance des pâturages communaux.

11. Et si le bétail qui est trouvé en une paroisse, est d'autre paroisse que de la prochaine voisine, posé qu'il ait été mené en la voisine pour paître du consentement des habitants d'icelle, peuvent iceux habitans le pignorer et retenir jusqu'à ce qu'ils soient satisfaits pour le dommage donné, de jour *trente arditz* et de *nuit soixante.*

16. Le bétail d'aucune paroisse, réservé cabanes de vaches, et en autre temps que depuis la fête de Saint-Michel jusqu'à la Saint-Martin, en tout temps peut pâturer aux padoens et pâturages de l'autre paroissse, soit joignante ou non, pourvu que l'on n'y fasse cabane ou loge, ou le pasteur feu ou gîte de nuit ès dits padoens.

17. Et si l'on y fait cabane ou loge, feu ou gîte de nuit, les habitans d'icelle les peuvent pignorer et faire payer pour chaque troupeau, et chaque fois, un *franc bourdelois.*

18. Toutefois ce que dit est n'a lieu en bœufs aratoires, lesquels ayent pasteur ou non, en tout temps, de jour et de nuit, y peuvent pâturer, réservé le temps de Saint Michel jusqu'à la Saint-Martin.

La coutume de *Bayonne*, capitale du *pays de Labour*, après avoir déterminé les peines et amendes applicables aux délits de pâturage, ajoute :

Titre 2, art. 13. Lesdites amendes et peines n'ont lieu, quand le bétail est trouvé en vignes, vergers ou autres héritages délaissés à cultiver, mais en ceux seulement que l'on entretient en culture.

14. Si en pâturant ou passant chemin, aucun bétail

entre en héritage d'autrui, et celui qui en a la garde suit diligemment le bétail pour le mettre hors l'héritage d'autrui auquel est entré et le met dehors, le seigneur du bétail n'en paye aucune amende, mais seulement le dommage.

15. Si aucun bétail entre en terre d'autrui non labourée, en laquelle n'a aucuns arbres, ou autres choses plantées portant fruits pour l'usage de l'homme, en tel cas n'y échet amende aucune, ni réparation de dommage.

Vicomté de Soule.

Titre 13, art. 4. Tots los manaus et habitans deu pays de Sole poden et los es permes et licit de far pasturar lors bestiars, quenhs et quoals que sien, en las padoences, communes terres et heremps vacans audeit pays, en tot temps et sason de lan ; et semblablement en las feugueres particulaus, de deffore los barralhs et estats de las campanhes, qui de anciennetat son estades franques. Et no es permes de barrar aqueres, ne de empechar la padoence à degun : mas la feuguere et sostre de lasdeites feugueres, es du senhor de lertadge et la padoence deus bestiars es commune et franque, à cascun deudeit pays per costume.

5. Empero degun no pot far pasturar bestiars auxdeits pasturadges, en lodeit pays, à plus grand nombre que lon no a ychebernat et neurit, deus feys et palhes provenients deus heretadges qui lon tient en lodeit pays, ne sons propris, ne autreis.

6. En las campanhes et heretadges portants fruts, sien prats ou autres, los fruts lhebats ou passat lo temps qui deben etre culhis, losdeits bestiars son franchs

saubant aux prats deu barralhs, vinhes, casaus et vergers qui lon pot barrar. Mas si los vergers son uberts, y poden pacher. (1)

Le Coutumier général ne comprend point les coutumes de l'*Armagnac*, du *Bigorre*, du *Comminge*, du *Condomois* et du *Couserans*. Il est présumable que le droit de vaine pâture y était régi par des dispositions assez analogues à celles que nous venons de citer. Cette opinion est du moins confirmée , quant au *Bigorre*, par les observations de la com-

____

(1) Voici la traduction de l'extrait que l'on vient de lire. Il nous a été assez difficile de nous procurer cette traduction , ainsi que celle de la coutume de *Béarn*, qui suit immédiatement ; nous l'avons due enfin à la complaisance de correspondants de *Bayonne*, qui ont bien voulu faire faire les démarches nécessaires jusqu'à *Pau* et *Orthez*.

Titre 13, art. 4. Tous les habitants du pays de Soule peuvent faire pacager leurs bestiaux, en tout temps et en toute saison, sur les pâturages communs, sur les terreins vacants et dans les fougeraies des particuliers qu'il n'est point permis de clorre, et dont la dépaissance ne peut être empêchée à personne. Il faut excepter celles qui sont encloses , ainsi que les champs défendus d'ancienneté. Toutefois la fougère et ses *ajoncs* appartiennent au propriétaire de l'héritage qui ne devient commun, suivant la coutume du pays, qu'en ce qui concerne la pâture.

5. Nul ne peut faire paître dans lesdits pâturages plus de bestiaux qu'il n'en a nourris pendant l'hiver, des foins et pailles récoltés sur les héritages qui lui appartiennent en propre.

6. Dans les champs et héritages divers, prés ou autres, on peut envoyer les bestiaux passé le temps que les fruits sont ou doivent avoir été récoltés, selon l'usage du pays. Toutefois, cette faculté ne s'étend pas aux prés clos, vignes, jardins et vergers qui peuvent l'être : mais en vergers ouverts, la pâture est permise.

mission instituée à *Pau*, en exécution du décret du 19 mai 1808, pour l'examen du projet de code rural. *(Voyez chap.* 3 *, paragraphe* 2. *)*

PROVINCE DE BÉARN.

Cette province comprenait le *Béarn* proprement dit et la *Basse-Navarre*; le *Béarn* était régi par la coutume dont l'extrait se trouve ci-après et qui, selon toute apparence, régissait aussi la *Basse-Navarre.*

Rubrique 50, art. 4. Permetut es cascun de aucidé las crabas, si las trobara en sous paicheraas, vinhes, vergiés, boscqs qui lompoble juentz, talhis ô casaus; et far paga lo damnage au maeste d'aqueras, tal que sera estimat per duz juratz, ô prod'homs ont tal dammage sera dat; et parelhamentz es permatut aucidé los porcs en los pratz, vinhes et casaus, sens en res ne esta tengut.

----

(1) Rubrique 50, art. 4. Il est permis à chacun de tuer les chèvres qu'il trouve en ses châtaigneraies, vignes, vergers, bois de jeunes plants, taillis ou jardins; et le maître d'icelles paiera le dommage tel que l'estimeront deux experts-jurés au lieu où il aura été commis. Il est pareillement permis de tuer les porcs dans les prés, vignes et jardins, sans encourir aucune responsabilité.

5. Quant aux droits de pâturage que les uns peuvent avoir sur les autres jusqu'au troisième clocher, il en sera usé comme par le passé.

6. Les animaux qui servent au transport des marchandises, ne peuvent être saisis ni carnalés pendant le voyage; mais le maître d'iceux paiera le dommage commis.

7. Il en sera de même du bétail qui va aux hivernages ou qui en revient, à moins qu'il n'ait demeuré au parc ou à la bergerie depuis onze heures du matin.

5. Togant las attentas et padoencas, qui los uns poyran havè suus los autres, entro à la terça vila, sera de si en avant servat ; et en usara cascun, aixi que es usat et acostumat.

6. Bestia qui carreya sau, vitualhas ni autres marchandissas, no pot esta carnalat so pendent que fé lo viage ; mes lo maeste d'aquet es quitis pagan la tala, et damnage qui fara.

7. Ny bestia qui va ny torna deus Exivernius, sino que despuxs passadas las onze horas de maitin, demoras au cuyala ô cledat.

8. Lo bestia qui es impedit de passa per inondation d'aiguas, no pot esta carnalat.

9. Bestia qui ha costúma demora cascuna noyet au parcq ô cuyala, si se escapa, no deu esta carnalat.

10. Carnau d'aolhas, es dotze aolhas et lo marro.

11. Qui passara per los camiis deus bedatz ab bestias, si mau no y fé, no deu esta carnalat ; et tals camiis deben esta affitatz et extermiatz.

12. Los qui han camps carnalcês, deben aquetz barra, et y metè tals senhaus que degun no y pusca esta decebut.

---

8. Le bétail qui est empêché de passer par quelqu'inondation, ne doit point être carnalé.

9. Non plus que le bétail qui, d'habitude, séjourne chaque nuit au parc ou à la bergerie, s'il vient à s'en échapper.

10. Le droit de carnal sur un troupeau ne s'étend qu'à douze brebis et un bélier.

11. N'est point soumis à ce droit celui qui traversera avec son troupeau les chemins ouverts dans un bois, pourvu qu'il n'y soit point commis de dommages. De tels chemins doivent être défendus par clôtures et bornes.

12. Ceux dans les champs de qui s'exerce le droit de carnal doivent les tenir fermés, et y placer tels signes apparents que personne ne puisse s'y tromper.

COMTÉ DE FOIX.

Les coutumes qui pouvaient être usitées en cette contrée de peu d'étendue, ne se trouvent point dans le Coutumier général.

PROVINCE DE ROUSSILLON.

L'observation précédente s'applique à cette province. Il est à supposer néanmoins que la vaine pâture était en usage dans le *Comté de Foix* et dans le *Roussillon*, ne fut-ce qu'à titre précaire. C'est encore le cas, si l'on veut se faire une idée des règles auxquelles elle pouvait être soumise, de consulter les coutumes voisines, ainsi que nous l'avons dit page 25.

PROVINCE DE LANGUEDOC.

Cette province se divisait en *Haut-Languedoc* et *Bas-Languedoc*.

Le *Haut-Languedoc* comprenait neuf diocèses ; savoir : ceux de *Toulouse*, de *Montauban*, d'*Alby*, de *Lavaur*, de *Castres*, de *Saint-Papoul*, de *Rieux*, de *Mirepoix* et de *Comminge*.

Le *Bas-Languedoc* en comprenait onze ; savoir : ceux d'*Alet*, de *Carcassonne*, de *Saint-Pons*, de *Narbonne*, de *Béziers*, d'*Agde*, de *Lodève*, de *Montpellier*, de *Nimes*, d'*Uzès* et d'*Alais*.

Le *Gévaudan*, le *Vivarais* et le *Vélay*, trois petits pays connus plus ordinairement sous la dénomination de *Cévenes* faisaient aussi partie du *Languedoc*.

On ne trouve dans le Coutumier général d'autre coutume propre à cette province que celle de *Toulouse* qui est muette concernant le droit de vaine pâture. Mais on sait que le *Languedoc* était généralement régi par le droit romain, et que nul ne pouvait envoyer ses bestiaux paître sur les héritages d'autrui sans le consentement du propriétaire.

Un arrêt du Conseil du 29 mai 1725, dont nous n'avons pu nous procurer le texte, avait fait défense, sous peine de 100 francs d'amende, à tous habitants du *Languedoc* de nourrir des chèvres, dans l'étendue de cette province, sans en avoir obtenu la permission spéciale de l'Intendant.

PROVINCE DE DAUPHINÉ.

Cette province se divisait en *Haut-Dauphiné* et en *Bas-Dauphiné*.

Le *Haut-Dauphiné* comprenait le *Grésivaudan*, le *Royanez*, les *Baronies*, le *Gapençais*, l'*Embrunois* et le *Briançonnais*.

Le *Viennois*, le *Diois*, le *Valentinois*, le *Tricastin* composaient le *Bas-Dauphiné*.

Aucune coutume propre à ces différentes contrées ne se trouve dans le Coutumier général; nous n'avons pu nous procurer d'autres règlements usités dans la province, concernant le pâturage des bestiaux, qu'un

arrêt du parlement de Grenoble , en date du 21 mai i
1718 , portant prohibition de nourrir des chèvres , (
en certaines localités. Il est ainsi conçu :

La cour...... fait très expresses inhibitions et défenses (
à toutes sortes de personnes de tenir, à l'avenir, des (
chèvres dans la plaine ni dans les montagnes ou il y a (
des lieux cultivés et des bois, soit qu'on les y tienne atta- -
chées dans les granges, maisons ou ailleurs; ordonne à tous (
ceux qui en ont présentement, dans les susdits lieux, de (
s'en défaire dans la quinzaine du jour de la publication du (
présent arrêt, à peine de quinze francs d'amende contre (
les contrevenants, et de trente francs d'amende contre (
chacun des préposés à la police desdites communes qui (
contreviendront aux dispositions dudit arrêt; enjoint à (
tous gardes forestiers, gardes champêtres et gendarmes, (
et permet à toutes sortes de personnes de tuer ou faire (
tuer lesdites chèvres dans tous les lieux ci-dessus prohibés et partout ou elles se trouveront, les susdites
amendes, de quinze à trente francs déclarées applicables à ceux qui tueront lesdites chèvres, sur le procès-verbal qui sera dressé sommairement par les gardes (
forestiers et gardes champêtres, auxquels la cour
ordonne de tenir la main à l'exécution du présent arrêt,
dans le susdit délai, et de faire à l'avenir, tous les
six mois et toutes les fois qu'ils en seront requis, la recherche et perquisition desdites chèvres dans les maisons
et granges des particuliers, pour l'entière exécution de
ce que dessus.

Un arrêt du 15 octobre 1731 ajoutait encore à la
rigueur de ces prohibitions.

(109)

PROVINCE DE PROVENCE.

Cette province se distinguait en *haute* et *basse*.

La *Haute-Provence* comprenait six diocèses ; savoir : ceux d'*Apt*, de *Sisteron*, de *Digne*, de *Riez*, de *Sénez*, et de *Glandèves* ; la *Basse-Provence* en comprenait sept ; savoir : ceux d'*Arles*, d'*Aix*, de *Marseille*, de *Toulon*, de *Fréjus*, de *Grasse* et de *Vence*.

La *Provence* était régie par le *droit écrit* ; aussi les héritages, quelle qu'en fût la nature, pouvaient-ils être mis en défends toute l'année, nonobstant tout usage contraire. Ce principe est textuellement exprimé dans l'un des articles de la coutume propre à cette Province et que rapporte le Coutumier général, sous la rubrique : *Statuta Provinciæ Forcalqueriique comitatum* (*Voyez* tome 2, page 1223).

Cette même coutume détermine les amendes encourues par les propriétaires de troupeaux trouvés dans les héritages d'autrui.

Un arrêt du parlement de *Provence*, qui remonte à l'année 1731, avait eu pour objet de prohiber les chèvres dans toutes les parties du territoire où l'on avait cru reconnaître qu'elles ne pouvaient être tolérées sans inconvénient.

§ 2. — *Edits concernant la clôture des héritages et l'abolition du parcours.*

Nous avons indiqué, page 6 , la date de plusieurs édits publiés à diverses époques pour favoriser le développement des améliorations agricoles, en permettant la clôture des héritages, dans le pays où les droits de vaine pâture et de parcours avaient plus particulièrement excité les justes plaintes des cultivateurs. Il nous reste à faire connaître le texte de ces édits que nous avons cru devoir rapporter séparément, à cause de la spécialité de leur objet, et parce que le lecteur sera plus à portée de comparer entr'elles les dispositions qu'ils renferment.

Il paraît que l'un des premiers édits dont il s'agit concerne la province de *Champagne*; sa date est du mois de mai 1769 ; en voici le dispositif :

Art. 1er. Nous permettons à tous propriétaires, cultivateurs , fermiers et autres nos sujets de la province de Champagne , de clorre les terres , prés , champs , et généralement tous les héritages de quelque nature qu'ils soient qui leur appartiennent ou qu'ils cultivent, en telle quantité qu'ils jugeront à propos , soit par des fossés , hayes vives ou sèches, ou de telle autre manière que ce soit.

2. Les terreins qui auront été ainsi enclos ne pourront être assujettis à l'avenir , et tant qu'ils resteront en état de clôture , au parcours , ni ouverts à la pâture d'autres bestiaux que de ceux à qui lesdits terreins appar-

tiendront, seront affermés ou acensés , interprétant à cet effet, et dérogeant même , en tant que de besoin à toutes lois , coutumes, usages et réglements à ce contraires.

3. La clôture des héritages ne pourra néanmoins avoir lieu au préjudice du passage des bestiaux pour aller sur les terreins qui resteront ouverts à la pâture , ni de celui des charrues et voitures pour la culture des terres et l'enlèvement des récoltes ; et à cet effet tout propriétaire ou fermier sera tenu de laisser ledit passage libre sur son terrein , s'il est assujetti , ou qu'il ne puisse le clorre sans intercepter le passage.

4. Les clôtures d'héritages se feront à frais communs entre les propriétaires d'iceux , s'ils y consentent ; et en cas de refus de la part des propriétaires voisins , l'emplacement de la clôture sera pris sur le terrein que l'on voudra clorre.

5. Les troupeaux de chaque communauté ne pourront plus à l'avenir être conduits sur le territoire des communautés voisines et adjacentes , sous prétexte du droit réciproque de parcours, lequel sera et demeurera aboli comme nous l'abolissons par notre présent édit (1).

Les quatre articles dont se compose cet édit sont

____

(1) Malgré diverses recherches , nous n'avons pu nous procurer l'édit qui autorise la clôture des héritages dans la *Lorraine*, non plus qu'un édit analogue concernant les *Trois Evéchés*. L'un et l'autre sont d'une date un peu antérieure à celui dont on vient de rapporter le texte ; ils renferment une disposition qu'on ne trouve point dans ce dernier, et qui

textuellement rapportés dans les édits publiés
subséquemment ,

1°. En date du mois d'août 1769, pour le duché
de *Bar*.

2°. En date du mois de février 1770 , pour le
Béarn.

3°. En date du mois de mai 1771, pour le *Hainaut*
et *la Flandre* française.

4°. En date du mois de mars 1780 , pour le territoire de *Nogent* et *Villiers-sur-Seine*.

On trouve dans l'édit du mois de février 1770 ,

---

paraissait cependant propre à prévenir bien des contestations. Elle est exprimée en ces termes :

« Celui qui veut clorre un héritage est tenu d'en informer
» l'officier de police ou le maire du lieu, qui doit se trans-
» porter sur le terrein au jour qu'il indique pour reconnaître
» en présence des voisins et des principaux laboureurs, si
» le terrein peut être clos en tout ou en partie, sans inter-
» cepter le passage nécessaire pour cultiver les terres, em-
» mener les récoltes et mener les bestiaux paître sur les ter-
» rains non-clos. »

» Le maire doit en dresser procès-verbal qui doit demeurer
» déposé au greffe pour y recourir, le cas échéant.

» Tant que la reconnaissance n'a pas été faite en règle,
» les terreins restent ouverts à la pâture commune, et leurs
» propriétaires peuvent envoyer leurs bestiaux en ces terreins
» sans encourir aucune amende. » (Répertoire de jurispru-
» dence, tome 2.)

Les édits publiés pour la Lorraine et les Trois Evêchés, ne
prononcent point l'abolition du droit de parcours.

deux articles accessoires à ceux dont le texte a été cité plus haut, et qui sont ainsi conçus :

Article 3. N'entendons préjudicier, en autorisant la clôture des héritages, au droit appelé *d'herbes mortes* (1) dont les *Seigneurs* seraient en possession et dont ils auraient droit de jouir sur les terres qui y seraient sujettes : permettons seulement aux propriétaires desdites terres de les clorre, et de s'affranchir dès-à-présent de cette servitude, en se soumettant à payer chaque année une redevance auxdits Seigneurs, que nous avons fixée à la moitié du cens dû pour raison de ces héritages, et que lesdits Seigneurs ne pourront refuser. De laquelle redevance tous censitaires pourront même se libérer toutes fois et quantes ils le jugeront à propos, en payant aux Seigneurs le capital de gré à gré sur le prix du denier vingt-cinq.

6. Voulons néanmoins, dans le cas où des communautés justifieraient avoir payé quelques sommes à des communautés voisines, ou s'être soumises au paiement annuel de quelques redevances pour jouir, sur leurs terreins, du droit de parcours, que cette servitude ne puisse cesser qu'à la charge par les communautés qui ont reçu les sommes, de les rendre, et par celles qui perçoivent des redevances annuelles, de renoncer au paiement desdites redevances (2).

L'édit du mois de mai 1771, se compose de neuf articles, dont les cinq derniers s'expriment ainsi :

______

(1) C'était un des droits féodaux, qui, depuis, ont été abolis sans indemnité par la loi du 13--20 avril 1791.

(2) La loi du 28 septembre--6 octobre 1791, n'admet plus cette restriction. (*Voyez* chapitre 2, section 2, § 2.)

Art. 5. Il ne sera néanmoins rien innové à l'usage où sont les habitants de nos susdits pays, d'employer les signes ordinaires et accoutumés pour garantir du vain pâturage les terres qu'ils auront mises en prairies artificielles, ou en toute autre espèce de culture : voulons que cette manière de défendre les héritages continue d'y avoir lieu, sans qu'aucuns autres que lesdits propriétaires ou fermiers y puissent introduire leurs bestiaux, sous prétexte que lesdits héritages ne seraient pas clos.

6. Dans les paroisses où l'universalité des prairies, comme dans celles ou parties seulement desdites prairies deviennent communes à tous les habitants, soit immédiatement après la récolte de la première herbe, soit dans tout autre temps limité, il sera libre à tous propriétaires ou fermiers de faire clorre le tout ou partie de celles qui leur appartiennent, pour les améliorer ou les changer de culture, en la forme et manière prescrites, par les articles 1 et 2 de notre présent édit ; mais lorsqu'ils feront usage de cette faculté, ils ne pourront plus envoyer paître leurs bestiaux dans d'autres prairies qui ne seraient pas closes, et qui ne leur appartiendraient pas.

7. N'entendons cependant pas les dispositions de l'article précédent, nuire ni préjudicier aux droits qu'aucunes desdites communautés pourraient avoir à la propriété desdites prairies, et qu'elles seraient en état de justifier par des titres valables ; à l'effet de quoi, les Mayeurs et Gens de loi desdites paroisses, seront tenus, dans le délai d'une année, à compter du jour de la publication de notre présent édit, de fournir

pardevant les juges des lieux, un état circonstancié des prairies que ces paroisses prétendront devoir être communes après la première ou seconde récolte, ensemble les titres et pièces justificatives des droits desdites communautés sur icelles, pour être lesdits titres avoués ou contestés par les propriétaires ; sinon, et à faute par lesdites communautés de faire ladite justification dans ledit délai, les déclarons pour toujours déchues de tous droits et prétentions sur les seconde et troisième herbes, et sur toute autre espèce de regain desdites prairies, nonobstant toute possession, usages locaux et coutumes à ce contraires, que nous avons abrogés et abrogeons, et auxquels nous avons expressément dérogé et dérogeons par notre présent édit.

8. Dans le cas où lesdites communautés justifieraient, par la représentation des titres, du droit qu'elles ont au regain desdites prairies, voulons pour procurer, autant qu'il est en nous, l'amélioration desdites prairies jusqu'à l'avenir, les Mayeurs et Gens de loi d'icelles seront tenus de traiter desdits regains avec les propriétaires de la première herbe, au prix le plus avantageux pour lesdites communautés, qu'il sera possible ; si mieux n'aiment lesdits propriétaires et communautés, faire procéder, de concert entr'eux, et à la manière accoutumée, à l'adjudication desdites prairies, pour être le prix en provenant distribué, savoir : les deux tiers à ceux qui ont droit à la première herbe, et l'autre tiers à ceux à qui le regain seulement appartient.

9. Interdisons tout parcours réciproque de bestiaux et de troupeaux entre les communautés voisines et

adjacentes de nosdits pays de Hainaut et pays y réunis, et de Flandre : voulons que ce droit de parcours, les uns sur les autres, soit et demeure aboli, comme nous l'abolissons par notre présent édit.

La clôture des héritages a été autorisée dans la *Bourgogne* par l'édit du mois d'août 1770, dont les quatre premiers articles sont littéralement semblables aux articles correspondants de l'édit du mois de mars 1769. Il ne prononce point l'abolition du parcours, mais il renferme une disposition extrêmement propre à favoriser, entre cultivateurs, les échanges des terreins contigus dont la position respective aurait pu mettre obstacle à l'exercice du droit de clôture : on doit s'étonner qu'elle n'ait point été reproduite dans les édits subséquemment publiés; elle est ainsi conçue :

Art. 5. Pendant l'espace de six années, à compter du jour de l'enregistrement du présent édit; les actes d'échanges des parties de terrein au-dessous de dix arpents, seront exempts des droits de centième denier et autres droits royaux et seigneuriaux, à l'exception du droit de contrôle qui demeurera fixé à la somme de dix sous, de quelque valeur que soient les héritages échangés, lesquels néanmoins resteront soumis aux charges *seigneuriales* et foncières dont ils étaient chargés avant l'échange.

L'édit du mois d'août 1771 concernant l'*Auxerrois*, le *Mâconnais* et le pays de *Bar-sur-Seine*, renferme des dispositions textuellement semblables à celui dont nous venons de citer le dernier article.

Comme le droit de parcours n'était point admis par la coutume du *Boulonnais*, ainsi qu'on l'a vu, page 27, l'édit du mois de septembre 1777 n'eut pour objet que d'autoriser chacun, dans cette contrée, à mettre en état de clôture la totalité de ses héritages, tandis que jusques-là il n'avait été permis d'en clorre que la cinquième partie.

CHAPITRE DEUXIÈME.

LÉGISLATION NOUVELLE.

SECTION PREMIÈRE.

De la vaine pâture sur les champs, prés et autres héritages ou terreins non-défendus.

§ Ier. OBSERVATIONS PRÉLIMINAIRES.

Les considérations que nous avons développées au commencement de cet ouvrage, en examinant les motifs qui, dans l'intérêt agricole, peuvent déterminer à faire restreindre ou supprimer définitivement la vaine pâture et le parcours, ont depuis long-temps frappé tous les bons esprits. L'ancien gouvernement les avait appréciées, et les édits dont la date et le texte ont été rapportés pages 109, 112, 114 et 116, en sont un témoignage non-équivoque.

Ces mêmes considérations ne pouvaient échapper à l'Assemblée constituante. Aussi la vaine pâture fut-elle un des premiers objets de sa sollicitude : d'abord, par une loi du 26—30 juin 1790, elle s'empressa de détruire la fausse interprétation que certains intérêts avaient donnée à quelques-uns de ses actes antérieurs, pour élever la prétention d'introduire généralement les bestiaux sur les prés, après la récolte de la première herbe ; elle appella ensuite les méditations des autorités administratives sur cette matière. Dans l'instruction qu'elle publia sous la date du 12--20 août de la même année, on lit, chapitre 6, le paragraphe suivant :

Les avantages et les inconvénients de la vaine pâture et du droit de parcours doivent aussi fixer l'attention des administrations ; il faut considérer les deux usages sous tous les rapports par lesquels ils peuvent influer sur la subsistance et la conservation des troupeaux ; il faut balancer, avec sagacité, l'intérêt qu'y attache le petit propriétaire de la campagne, l'abus que le riche fermier en fait trop souvent et l'obstacle qu'ils apportent à l'indépendance des propriétés.

Enfin la loi du 28 septembre--6 octobre 1791, titre 1er, section 4, vint établir, sur la vaine pâture et le parcours, une jurisprudence générale et qui parut propre, autant que le permettaient alors les circonstances, à remplir le but qu'avait indiqué l'extrait précité de l'instruction du 12--20 août 1790.

Il fallait se garder, en effet, de proscrire subitement un usage consacré par une durée immémoriale et qui avait dû influer, dans les provinces où il était en vigueur, sur le système de la culture,

sur le mode d'éducation des animaux, et en général li.
sur presque toutes les habitudes rurales. Là il était li
nécessaire de laisser au cultivateur le temps de se e
préparer des ressources réelles et suffisantes, pour 1
remplacer celles qu'il avait trouvées jusqu'alors dans a
l'exercice du parcours et de la vaine pâture.

Tel fut l'esprit de la loi que nous venons de rappeler; :
elle respecta tous les droits acquis, soit par *titres* :
privés, soit par les *coutumes*, en prononçant toutefois :
certaines restrictions que réclamait l'intérêt de l'agri— .
culture, et en réservant aux propriétaires les moyens :
de s'affranchir d'une servitude incommode, dont *
l'exercice s'opposait aux progrès de l'art agricole.

§. 2. — *Des héritages sujets à la vaine pâture.*

La loi du 28 septembre — 6 octobre 1791, ne
s'occupa point de définir les terres qui seraient ou
non-sujettes à la vaine pâture. Après avoir établi en
principe, titre 1er, section 4, article 1er, que tout
propriétaire était libre d'avoir chez lui telle quantité
et telle espèce de troupeaux qu'il croyait utile à la
culture et à l'exploitation de ses terres, et de les y
faire pâturer exclusivement, sauf ce qui allait être
réglé relativement à la vaine pâture, elle ajouta :

Le droit de vaine pâture dans une paroisse, accompagné ou non de la servitude du parcours, ne
pourra exister que dans les lieux où il est fondé sur
un titre particulier, ou autorisé par la loi ou par un
usage local immémorial, et à la charge que la vaine

pâture n'y sera exercée que conformément aux règles et usages locaux, qui ne contrarieront point *les réserves* portées dans les articles suivants de la présente section. (Titre 1er, section 4, art. 3.)

Il résulte de là que la vaine pâture, conformément aux diverses coutumes dont la nomenclature est indiquée dans le chapitre 1er, dut en général, et sauf les exceptions propres à certaines localités, continuer de s'exercer sur *les prés après la fauchaison*, sur *les guérets et terres en friches*, sur *les jachères*, et enfin sur tous *les héritages non-ensemencés* ou *dépouillés de leurs fruits*, et que l'usage jusque-là n'avait point mis en défends.

Voici, au surplus, qu'elles furent les réserves exprimées par la loi, quant à la nature des terreins susceptibles ou non d'être ouverts à la vaine pâture.

Dans aucun cas et dans aucun temps, le droit de parcours, ni celui de vaine pâture, ne pourront s'exercer *sur les prairies artificielles*, et ne pourront avoir lieu *sur aucune terre ensemencée ou couverte de quelques productions que ce soit, qu'après la récolte.* (Titre 1er, section 4, art. 9.)

Partout où les prairies naturelles sont sujettes au parcours et à la vaine pâture, ils n'auront lieu provisoirement que dans le temps autorisé par les lois et coutumes, et *jamais tant que la première herbe ne sera pas récoltée.* (Ibid, art. 10.)

Dans les lieux de parcours ou de vaine pâture, comme dans ceux où ces usages ne sont point établis, les pâtres et les bergers ne pourront mener les troupeaux d'aucune espèce dans les champs moissonnés et ouverts, que *deux jours après la récolte entière*, sous peine d'une amende de la valeur d'une journée de travail : l'amende sera double, si les bestiaux d'autrui ont pénétré dans un enclos rural. (Titre 2, art. 22.)

Il est défendu de mener sur le terrein d'autrui des bestiaux d'aucune espèce, et en aucun temps, dans *les prairies artificielles*, dans *les vignes, oseraies*, dans *les plants de capriers*, dans *ceux d'oliviers, de mûriers, de grenadiers, d'orangers, et arbres du même genre, dans tous les plants ou pépinières d'arbres fruitiers ou autres, faits de main d'homme.*

L'amende encourue pour le délit sera une somme de la valeur du dédommagement dû au propriétaire : l'amende sera double si le dommage a été fait dans un clos rural ; et suivant les circonstances, il pourra y avoir lieu à la détention de police municipale. (Ibid, art. 24.)

Les *prairies artificielles* sont les *luzernes, sainfoins, trèfles*, etc. , etc. , où l'on ne peut jamais envoyer pâturer les troupeaux. Quant aux *prairies naturelles* (1) , on a vu que la loi a conservé les

______

(1) On a pu faire la remarque, dans le chapitre premier, qu'en général les anciennes coutumes admettent une différence entre les *prés* et les *prairies*. On entendait par *prairies*, les prés non-susceptibles de regain et qui ne donnent qu'une herbe : les *prés*, au contraire, portent deux ou plusieurs herbes ; on les appelait communément *prés de regain, prés de revivre, prés gaineaux*, etc. , etc.

anciens usages, sous la condition expresse toutefois que, dans aucun cas, la vaine pâture ne s'exercerait qu'après la récolte de la première herbe. Cette restriction générale doit même recevoir une extension plus ou moins grande, selon les localités, ainsi qu'il résulte explicitement d'une loi antérieure à celle dont il s'agit ici ; elle est du 26 — 30 juin 1790, et porte ce qui suit :

Tous propriétaires de prés clos, ou qui, sans être clos, étaient ci-devant possédés *à deux ou plusieurs herbes*, continueront de jouir conformément aux lois, règlemens et usages observés dans chaque lieu, du droit de couper et récolter les *secondes*, *troisièmes* ou *quatrièmes herbes*, ainsi qu'ils l'ont fait par le passé. Il est défendu à toutes personnes de troubler lesdits propriétaires de prés dans leur possession et jouissance, sans rien innover aux usages des pays où la vaine pâture n'a pas lieu.

Dans les années humides, où souvent les foins sont en partie avariés par l'abondance ou la continuité des pluies, il est d'un haut intérêt de ménager la récolte des regains : on n'hésite point à penser qu'en pareille circonstance, l'administration publique ne soit autorisée à suspendre, là où il est en vigueur, l'exercice du droit d'envoyer paître les bestiaux dans les prés, immédiatement après la première fauchaison. Cette mesure d'intérêt public paraît d'autant plus susceptible d'être prescrite, que la récolte des regains s'opère dans un court inter-

valle de temps, et que les bestiaux des non-propriétaires peuvent trouver en général une nourriture suffisante , pendant cet intervalle , dans les champs
moissonnés , ou dans les forêts défensables et
ouvertes à la vaine pâture.

Telles furent les considérations qui déterminèrent
un arrêté du Comité de salut public , en date du 12
août 1795 (25 thermidor an 3), et dont voici le
dispositif:

L'usage de la vaine pâture dans les prés , quoique
non-clos , sera suspendu jusqu'à la seconde faulx ,
et la levée des regains , au profit des propriétaires ;
et si pendant le court intervalle de la crue des regains ,
la dépouille des moissons et l'ouverture des forêts
défensables n'offraient point des pâtures suffisantes
pour, de la part des indigents, pouvoir attendre la
rentrée de la récolte des regains , les administrations
forestières, sur les représentations des municipalités
délibérées en bonne forme , leur indiqueront d'autres lieux susceptibles de pâturage, dans les parties
de forêts nationales ou communales défensables.

Un arrêté du Directoire du 6 août 1796 (19 thermidor an 4), autorisa les administrations centrales
à maintenir les dispositions de celui-ci, autant que
besoin serait ; et une instruction émanée peu de
temps après du ministère de l'intérieur , enseigna
que cette faculté restrictive ne devait être exercée
qu'autant que la modicité des récoltes en fourrages
exigerait qu'on profitât de toutes les végétations

postérieures, pour satisfaire aux besoins de la consommation ordinaire.

Nous n'avons point, au reste, prétendu rappeler ici l'arrêté du Comité de salut public, celui du Directoire et l'instruction ministérielle y relative, comme fondant un principe de législation en fait de vaine pâture, mais comme indiquant seulement quelles restrictions les autorités administratives pourraient apporter à ces usages, en certaines circonstances : il serait facile d'ailleurs d'étayer l'opinion que nous ne faisons qu'indiquer ici, de quelques exemples puisés dans l'ancienne jurisprudence de certains parlements. Nous nous bornerons à rappeler ceux du Parlement de Dijon, dont nous avons indiqué l'objet, page 78.

De tout ce que nous avons dit jusqu'à présent, il résulte que les usages anciens doivent être maintenus, sauf les réserves déterminées par la législation actuelle, quant à la distinction des terreins sujets ou non à la vaine pâture ; mais comme ces anciens usages variaient souvent dans chaque localité, quelles règles doit-on suivre dans le cas où deux paroisses ayant des usages différents, se trouveraient réunies en une seule commune ? L'article 18 de la section 4, titre 2 de la loi du 28 septembre — 6 octobre 1791, résout cette question ; il s'exprime ainsi :

Par la nouvelle division du Royaume, si quelques sections de paroisse se trouvent réunies à des paroisses soumises à des usages différents des leurs, soit rela-

tivement au parcours ou à la vaine pâture, soit relativement au troupeau commun, la plus petite partie
dans la réunion, suivra la loi de la plus grande, e
les corps administratifs décideront des contestation
qui naîtraient à ce sujet. Cependant, si une propriéto
n'était point enclavée dans les autres, et qu'elle ne
gênât point le droit provisoire du parcours, ou de la
vaine pâture auquel elle n'était point soumise, elle
sera exceptée de cette règle.

On voit que cet article tranche ainsi toutes les
autres difficultés relatives à l'exercice de la vaine
pâture, auxquelles donnerait lieu une disparité
d'usages entre deux territoires réunis.

Nous terminerons le présent paragraphe en examinant cette question : *Est-il permis à un propriétaire de mettre les bestiaux en dépaissance sur ses
propres héritages, avant l'ouverture de la vaine
pâture ?*

Dans les pays où le droit de vaine pâture n'est
que précaire, la question se résout affirmativement ;
mais il n'en saurait être ainsi dans ceux où ce droit
est fondé sur les anciennes coutumes qu'a maintenues
la nouvelle législation. Là, en effet, chaque héritage
est grevé après la récolte, au profit de la communauté, d'une espèce de servitude dont, aux termes
de l'art. 701 du Code civil, il n'est point permis d
diminuer l'usage. Or, cette condition serait évidemment éludée de la part du propriétaire qui livrerait par anticipation, à ses propres bestiaux, une

pâture à laquelle doivent participer tous ceux des autres habitans.

L'opinion que nous émettons ici est d'ailleurs fondée, à cause de l'analogie, sur un arrêt rendu par la Cour royale de Rouen, le 28 avril 1803 (8 floréal an 11), et confirmé par arrêt de la Cour de cassation, du 21 novembre 1804 (30 brumaire an 13). Il fut par ces deux arrêts, dont le texte est rapporté dans l'appendice de ce chapitre, défendu à un particulier de faire paître ses moutons sur ses propres prairies, par la seule raison que l'usage local en réservait exclusivement la pâture aux vaches et autres bestiaux.

Jurisprudence (1).

I. Le simple usage adopté dans une localité fixant l'ouverture de la vaine pâture à une autre époque que celle qu'a déterminée la coutume générale, ne saurait être invoqué en vertu de l'art. 3, section 4, titre 1er de la loi du 28 septembre -- 6 octobre 1771. (*Arrêt de la Cour royale de Rouen, du 27 novembre 1806. Col*-lection, tome 5, page 16.)

II. Les troupeaux ne peuvent être conduits en vaine pâture, dans un champ, qu'autant que la récolte est achevée depuis deux jours *dans toute l'étendue de ce champ.* (*Arrêt de la Cour de cassation, du 10 novembre 1799 -- 19 brumaire an 8. Recueil de Sirey.*)

______

(1) Voyez *Avant-Propos*, page 13.

§ 3. — *Des usagers de la vaine pâture et des règles relatives au mode de jouissance de ce droit.*

L'auteur du Répertoire de jurisprudence, au mot vaine pâture, tome 13, page 311, examine et discute soigneusement cette question : *quels sont ceux auxquels appartenait, selon l'ancienne jurisprudence, le droit de vaine pâture, soit sur les chemins, soit sur les terres dépouillées de leurs fruits ?* Après avoir fait un rapprochement étudié des dispositions exprimées dans diverses coutumes anciennes ou arrêts de parlement, il en conclut que tous les habitants d'une commune, sans distinction, devaient être considérés selon les anciennes coutumes, comme *usagers exclusifs* de ce droit, sauf les exceptions qui pouvaient avoir lieu en certains cas particuliers.

Il cite quelques exemples de ces exceptions, entr'autres un arrêt du 20 janvier 1769 du conseil provincial d'Artois, et un arrêt du parlement de Paris, rendu le 3 mars 1694, qui avaient jugé qu'en certaines circonstances le pâturage sur le territoire d'une paroisse pouvait être acquis à un habitant d'une autre paroisse.

La loi du 28 septembre—6 octobre 1791 a spécifié, ainsi qu'on va le voir dans les articles ci-après, quels sont les usagers de la vaine pâture, et posé les règles générales propres à déterminer les bases du mode de leur jouissance :

Dans les pays de parcours ou de vaine pâture soumis à l'usage du troupeau commun, *tout propriétaire* ou *fermier* pourra renoncer à cette communauté, et faire garder par troupeau séparé, un nombre de têtes de bétail *proportionné à l'étendue des terres qu'il exploitera dans la paroisse.* (*Titre* 2, *section* 4, *art.* 12.)

La quantité de bétail, proportionnellement à l'étendue du terrein, sera fixée dans chaque paroisse à tant de bêtes par arpent d'après les réglements et usages locaux ; et à défaut de documents positifs à cet égard, il y sera pourvu *par le conseil général de la commune.* (*Ibid, art.* 13.)

Néanmoins *tout chef de famille domicilié* qui ne sera ni propriétaire, ni fermier d'aucun des terreins sujets au parcours ou à la vaine pâture, et le *propropriétaire ou fermier à qui la modicité de son exploitation n'assurerait pas l'avantage qui va être déterminé,* pourront mettre sur lesdits terreins, soit par troupeau séparé, soit en troupeau commun, jusqu'au nombre de *six bêtes à laine* et *d'une vache avec son veau,* sans préjudicier aux droits desdites personnes sur les terres communales, s'il y en a dans la paroisse, et sans entendre rien innover aux lois, coutumes ou usages locaux et de temps immémorial, qui leur accorderaient un plus grand avantage. (*Ibid, art.* 14.)

Les *propriétaires* ou *fermiers exploitant des terres* sur les paroisses sujettes au parcours ou à la vaine pâture, et dans lesquelles ils ne seraient pas domiciliés, auront le même droit de mettre dans le troupeau commun, ou de faire garder par troupeau séparé, une quantité de têtes de bétail proportionnée à l'étendue de leur exploitation, et suivant les dispositions de l'article 12 de la présente section; mais, dans aucun cas, ces propriétaires ou fermiers ne pourront céder leurs droits à d'autres. (*Ibid, art.* 15.)

Dans plusieurs provinces du royaume, avant la révolution, le seigneur d'un territoire avait le droit exclusif de faire paître son troupeau sous la garde d'un pâtre particulier : tous les autres habitants étaient tenus de réunir leurs bestiaux en troupeau commun. (*Voy.* les coutumes de *Sedan*, de *Saint-Mihiel*, etc., L'abolition de ce *droit seigneurial* avait été prononcée par la loi du 13—20 avril 1791 (1). L'article 12 de celle du 18 septembre—6 octobre l'attribua indistinctement à tous les habitants, en abrogeant l'usage obligé du troupeau commun que la précédente avait maintenu, là où il se trouvait établi par la coutume.

Il faut convenir que l'exercice de la faculté accordée à tous les habitans d'une commune de mettre sur les terres de la vaine pâture un troupeau séparé, n'est pas sans quelques inconvénients. Les dommages commis sur les propriétés *défendues* sont nécessairement plus fréquents, sans qu'il soit possible la plupart

---

(1) Il sera bon de consulter cette loi, en rapprochant du texte de l'article 6 celui de l'article 1er de la loi du 17 juillet 1793.

du temps d'en obtenir la réparation , à défaut de connaître les délinquants, tandis que , si les bestiaux sont réunis en troupeau commun , le pâtre est toujours garant et responsable. C'est cette considération qui avait motivé un arrêt du parlement de Paris en date du 28 février 1785 , et portant que « dans les » paroisses où il y a un pâtre commun, les habitants et » cultivateurs seraient tenus de mettre leurs bestiaux » sous la garde dudit pâtre , sans pouvoir les faire » conduire à garde séparée. »

L'article 12 que nous venons de citer consacre un principe juste , en proportionnant le nombre de bestiaux que chacun peut envoyer sur la vaine pâture à l'étendue des terres qu'il exploite. Il est naturel en effet que celui qui apporte un contingent plus considérable à la mise en communauté, ait aussi une plus forte part aux avantages qu'elle procure. Toutefois il serait à désirer que la rédaction eût été conçue de manière à prévenir une objection qui se présente. Un propriétaire, par exemple , possède le quart du territoire d'une commune : il convertit ses propriétés en prairies artificielles, ou en vignes qui sont interdites, ainsi qu'on l'a vu plus haut, aux bestiaux pendant toute l'année ; conserve-t-il le droit d'entretenir un troupeau où le nombre des têtes de bétail soit à celui des troupeaux de toute la communauté, dans le rapport de *un* à *quatre* ?...

Cette question au surplus paraît facile à résoudre; on verra plus bas que celui qui clot une partie de ses héritages restreint, par-là même, le nombre des bestiaux qu'il a droit d'envoyer sur les terres de la vaine pâture. Or, qu'une propriété soit soustraite au vain pâturage par la clôture ou par le fait d'un changement d'exploitation qui la met virtuellement en *défends*, la conséquence doit être la même.

Aux termes de l'article 13 de la loi, la quantité de bétail à conduire sur les terres de vaine pâture, doit être fixée à *tant* de têtes par arpent, d'après les règlements et usages locaux, qui du reste variaient relativement à cette fixation. Un arrêt du parlement de Rouen, du 26 octobre 1670 (*Basnage*, tome 1er, page 127), l'a limitée dans un cas particulier à *un mouton par chaque arpent* de terre labourable ; l'arrêt du parlement de Paris, du 9 mai 1777 rapporté page 61, ordonnait que tous habitants des paroisses de la sénéchaussée de Saumur, ne pussent avoir qu'*une bête à laine et son suivant, en raison de la même contenance.* Il était d'ailleurs indifférent, comme il l'est aujourd'hui sous l'empire de la législation nouvelle, que les bestiaux envoyés en vaine pâture fussent possédés en propre ou à titre de *cheptel.* Nous avons indiqué dans la note de la page 33, un arrêt du parlement de Paris, qui avait généralement établi cette jurisprudence.

Plus libérale que la plupart des coutumes, usages ou règlements locaux anciens, la loi du 28 septembre — 6 octobre 1791, a voulu que dans toute les communes où ils seraient domiciliés, les pauvres pussent participer aux avantages de la vaine pâture. C'est dans cette intention qu'a été rédigé l'article 14, rapporté précédemment. Il consacre une disposition formellement contraire à celle de l'arrêt du parlement de Paris, que nous venons de rappeler, et qui faisait défense aux habitants, non-propriétaires ou fermiers, d'envoyer paître aucune bête à laine dans la campagne, sous quelque prétexte que ce pût être.

L'article 15 de la loi a résolu une question qu'avait encore laissée indécise l'ancienne jurisprudence, c'est celle-ci : *Un propriétaire forain peut-il envoyer ses bestiaux en vaine pâture sur les terres qu'il possède dans une commune voisine ?*

Deux arrêts du parlement de Paris, en date du 27 mars 1741 et 19 avril 1766, cités dans le Répertoire de jurisprudence, tome 9, page 21, avaient décidé que pour user du droit de vaine pâture, sur un territoire, il fallait être membre de la communauté qui était en possession de ce droit ; qu'ainsi un propriétaire qui avait des bestiaux dans une commune ne pouvait les conduire dans une autre, même sur ses propres héritages (1). Un arrêt du parlement

____

(1) Tout en refusant aux forains l'exercice du droit de vaine pâture sur leur terrein, le parlement de Paris avait reconnu qu'ils pouvaient du moins y faire parquer leurs troupeaux ; c'est ce qui résulte d'un arrêt du 4 septembre 1782, dont voici les motifs : « Attendu que le droit de faire parquer

de Flandre , portant règlement en fait de vaine pâture pour le Cambrésis, défendait aux propriétaires,
fermiers et cultivateurs, de faire paître leurs troupeaux
autre part que dans l'étendue du terroir où se trouvait la totalité ou la plus grande partie des terres qu'ils
exploitaient.

Cependant deux autres arrêts du même parlement,
du 24 novembre 1760, et 16 juin 1761, cités pages
20 et 23, établissaient une jurisprudence contraire.
Il en était de même d'un arrêt du parlement de
Rouen, du 16 juin 1647, rapporté par Basnage,
dans son Commentaire sur la coutume de Normandie,
tome 1er, page 127. Il résultait de cette jurisprudence que le propriétaire forain pouvait envoyer ses
bestiaux sur la vaine pâture des terres d'une commune, en nombre proportionnel à l'étendue des terres
qu'il possédait en cette commune. La loi du 28 septembre -- 6 octobre 1791 a consacré ce principe ,
en disposant toutefois que les forains ne pourraient

» n'est point un droit de commune, mais au contraire une
» suite du droit de propriété; qu'il n'est donc pas néces-
» saire d'être habitant de la paroisse sur laquelle on veut
» faire parquer ses bestiaux ; qu'il suffit d'en être proprié-
» taire ou fermier; que personne n'a droit d'empêcher un
» autre de jouir de sa chose comme il le juge à propos ; qu'il
» entre même dans le plan et l'utilité d'une exploitation bien
» conduite de faire parquer les bestiaux pour communiquer
» aux terres l'engrais dont elles ont besoin, etc., etc. » (Répertoire de jurisprudence, tome 13, page 315.)

jamais céder à d'autres les droits dont ils ne jugeraient point à propos d'user.

L'article de la loi dont nous venons de nous occuper en dernier lieu, a laissé indécise une question qui peut se présenter fréquemment, c'est la suivante :

Dans le cas où plusieurs propriétaires ou fermiers de terreins, situés sur le territoire d'une commune ne posséderaient point de troupeaux, la vaine pâture à laquelle ils auraient droit, et qu'ils laissent vacante, doit-elle profiter indistinctement aux habitants et aux forains ? Nous pensons que la solution doit être négative quoique la loi semble au premier coup d'œil accorder des droits égaux aux uns et aux autres. En effet, les communautés d'habitants ayant leurs charges particulières auxquelles ne contribuent point les forains, il paraît naturel que les avantages qui peuvent résulter de circonstances accidentelles leur soient exclusivement réservés. Cette opinion est d'ailleurs fondée sur quelques règlements particuliers, antérieurs à la loi du 28 septembre — 6 octobre 1791. Nous en indiquerons, entr'autres, un émané du conseil d'Artois du 11 octobre 1707. Au reste, c'est encore le cas de se reporter aux usages et règlements locaux.

Il résulte de tout ce que nous avons dit dans le cours de ce paragraphe, que nul n'a droit, sous aucun prétexte, de mener paître des bestiaux sur le territoire d'une commune, s'il n'y est domicilié ou s'il n'y fait valoir une exploitation. Cette prohibition que portent implicitement les articles cités précédemment , a été spécifiée par l'art. 25 du titre 2 de la même loi , relativement au cas où elle pourrait être plus habituellement enfreinte ; il est ainsi conçu :

Les conducteurs des bestiaux revenant des foires ou les menant d'un lieu à un autre , même dans les pays de parcours ou de vaine pâture, ne pourront les laisser pacager sur les terres des particuliers ni sur les communaux , sous peine d'une amende de la valeur de deux journées de travail , en outre du dédommagement. L'amende sera égale à la somme du dédommagement si le dommage est fait sur un terrein ensemencé ou qui n'a pas été dépouillé de sa récolte , ou dans un enclos rural (1).

A défaut de paiement, les bestiaux pourront être saisis et vendus , jusqu'à concurrence de ce qui sera dû pour l'indemnité, l'amende et autres frais y relatifs; il pourra même y avoir lieu, envers les conducteurs, à la détention de police municipale , selon les cas.

Les contraventions au présent article , et en général à toutes les règles concernant l'usage de la vaine pâture doivent être poursuivies , soit à la diligence des particuliers intéressés , soit à la diligence de l'autorité locale , devant les tribunaux de police simple ou devant les tribunaux de police correctionnelle , selon les cas.

----

(1) Cet article a abrogé les dispositions contraires de l'arrêt du parlement de Paris, du 9 mai 1783, rendu pour le ressort des coutumes du *Vermandois* et de *Vitry-le-Français*, etc.

Jurisprudence.

Les conseils municipaux ont droit de déterminer le nombre et l'espèce de bestiaux que les usagers peuvent envoyer sur les terres de vaine pâture , ainsi que les règles relatives à l'exercice de cet usage. (*Arrêt de la Cour de cassation, du 2 janvier* 1808. -- Recueil de Sirey. *Arrêt de la Cour royale de Paris, du* 27 août 1812. -- Journal du Palais.)

§ 4. *De la clôture des héritages.*

Le propriétaire dont les héritages sont sujets à la vaine pâture, et qui désire les y soustraire, atteint ce but en usant de la faculté que lui réserve l'article 4, section 4, titre 2 de la loi du 28 septembre -- 6 octobre 1791 : voici le texte de cet article et de tous ceux compris dans la même loi, qui concernent la clôture :

Le droit de clorre et de déclorre ses héritages, résulte essentiellement de celui de propriété , et ne peut être contesté à aucun propriétaire. Sont abrogées toutes lois et coutumes qui peuvent contrarier ce droit. (*Titre 2, section 4, art.* 4).

Le droit de parcours et le droit simple de vaine pâture ne pourront, en aucun cas, empêcher les propriétaires de clorre leurs héritages: tout le temps qu'un héritage sera clos de la manière déterminée par l'article ci-après, il ne pourra être assujetti à l'un ni à l'autre droit (*Ibid, art.* 5).

L'héritage sera réputé clos, lorsqu'il sera entouré d'un mur de quatre pieds de hauteur , avec barrière ou porte, ou lorsqu'il sera exactement fermé et entouré de palissades ou de treillages, ou d'une haie vive, ou d'une haie sèche faite avec des pieux, ou cordelée avec des branches, ou de toute autre manière de faire les haies en usage dans chaque localité, ou enfin d'un fossé de quatre pieds au moins de large à l'ouverture et de deux pieds de profondeur. [*Ibid*, *art.* 6.] (1).

La clôture affranchira de même du droit de *vaine pâture* réciproque ou non réciproque entre particuliers, si ce droit n'est pas fondé sur un titre : toutes lois et usages contraires sont abolis. (*Ibid*, *art.* 7).

Le droit dont jouit tout propriétaire de clorre ses héritages a lieu, même par rapport aux prairies, dans les paroisses où, sans titre de propriété et seulement par l'usage, elles deviennent communes à tous les habitants, soit immédiatement après la récolte de la première herbe, soit dans tout autre temps déterminé. (*Ibid*, *art.* 11).

Quand un propriétaire, dans un pays de parcours ou de vaine pâture, aura clos une partie de sa propriété, le nombre de têtes de bétail qu'il pourra continuer d'envoyer dans le troupeau commun, ou par troupeau séparé sur les terres particulières des habitants de la communauté, sera restreint proportionnellement et suivant les dispositions de l'art. 13 de la présente section. (*Ibid*, *art.* 16).

---

(1) Il y a quelque différence entre cette définition de la clôture et celle qui résulte de l'article 391 du Code pénal ; mais dans la matière qui nous occupe, on doit s'en tenir à la première.

Les dispositions qui résultent des articles 4 et 16 précités sont consacrées de nouveau par le code civil, qui s'exprime ainsi :

Tout propriétaire peut clorre son héritage, sauf l'exception portée en l'article 682. [*Art.* 647]. (1).

Le propriétaire qui veut se clorre, perd son droit au parcours et à la vaine pâture en proportion du terrein qu'il y soustrait. (*Art.* 648.)

Nous avons vu dans le paragraphe 3 du chapitre 1er qu'en plusieurs provinces de la France le droit de vaine pâture avait le caractère de *servitude légale*, à laquelle dans aucun cas, il n'était permis de le soustraire. La loi du 28 septembre — 6 octobre 1791, en spécifiant que ce droit ne pourrait plus empêcher un propriétaire de clorre ses héritages, a eu évidemment pour but de faire disparaître ce caractère : tout le monde est d'accord là-dessus.

Mais lorsque le droit de vaine pâture est fondé sur un titre, lorsqu'il a le caractère de *servitude conventionnelle*, le propriétaire qui s'y trouve soumis peut-il, sans autre formalité, exciper pour se clorre des articles 4 et 5 de la loi sus-mentionnée ? Les opinions ne sont point aussi unanimes relativement à cette question.

---

(1) Elle est exprimée en ces termes : « Le propriétaire dont les fonds sont enclavés et qui n'a aucune issue sur la voie publique, peut réclamer un passage sur les fonds de son voisin, pour l'exploitation de ses héritages, à la charge d'une indemnité proportionnée au dommage qu'il peut occasionner. »

Quelques jurisconsultes penchent pour l'affirmative, et parmi eux on doit ranger l'auteur du Répertoire de jurisprudence (1) dont l'autorité est sans doute d'un grand poids. Il faut considérer, disent-ils, que la concession d'un droit de vaine pâture faite par un propriétaire sur ses héritages ouverts, n'a eu lieu que parce qu'ils ne lui étaient d'aucune utilité, dans les saisons où elle devait s'exercer : il ne prévoyait point alors qu'un jour l'agriculture lui enseignerait l'art de rendre ces héritages féconds pendant le temps où à l'époque de sa concession, il les regardait comme absolument improductifs. Le titre où cette concession est écrite renferme donc aussi la convention *tacite* que le droit de vaine pâture cessera d'être exigible, du moment où le propriétaire du fonds asservi serait privé de quelques-uns des avantages inhérents à sa propriété. Cette doctrine qu'ils appuient sur des arguments tirés du texte même de la loi, avait été déjà adoptée par d'anciens auteurs. Le président *Bouhier*, entr'autres, qui a écrit sur la coutume de *Bourgogne*, enseigne, pour tous les cas, que le droit de vaine pâture dans une forêt n'empêche pas le propriétaire de la défricher. L'édit de 1771 dont il a été fait mention page 114, renferme une disposition qui semble fondée sur le même principe. Il déclare aboli tout droit de vaine pâture, nonobstant

---

(1) Voyez *Répertoire de Jurisprudence*, tome 13, page 306, et *Questions de Droit*, tome 6, page 617 (3ᵉ édition).

(41)

les *lois, coutumes, usages* et *règlements au contraire*, et n'excepte que les cas où ce droit serait fondé sur un titre de co-propriété, c'est-à-dire « lorsqu'il résulte de ce que les communautés d'ha- » bitants sont *co-propriétaires du fonds même des* » *prairies*, conjointement avec les particuliers qui » en récoltent les premières herbes. »

D'un autre côté, pour soutenir que le bénéfice des articles 4 et 5, cités au commencement de de ce paragraphe ne saurait être revendiqué par les propriétaires qui ont concédé un droit de vaine pâture sur leurs héritages, on objecte le respect dû aux conventions écrites ; et cette objection a d'autant plus de force que la loi semble avoir réservé à ces propriétaires la faculté de se délivrer par d'autres moyens, de la servitude à laquelle ils se trouvent assujettis. On verra en quoi consiste cette faculté dans le paragraphe suivant. Au surplus, la Cour de cassation a, jusqu'à ce jour, adopté une jurisprudence conforme à ces dernières observations (1).

____

(1) On trouvera encore dans l'ouvrage intitulé *Questions de droit*, tome 6, page 628, une dissertation intéressante sur cette matière, et qu'il est essentiel de consulter ; l'auteur s'est attaché à examiner ces quatre questions :

1° *Peut-on considérer comme un droit de vaine pâture, le droit de faire pacager la seconde herbe d'un pré ?*

2.° *Le peut-on lorsque le pré sur la seconde herbe duquel s'exerce le droit de pacage, a été clos de temps immémorial ?*

3° *La loi du 28 septembre — 6 octobre 1791 abolit-elle le*

On a pu remarquer, page 49 et suivantes, que diverses coutumes de la province de *Lorraine* laissaient aux communautés et aux particuliers la

---

droit de partager la seconde herbe d'un pré qui, depuis un temps immémorial, est en état de clôture ?

4° Les habitants d'une commune à qui appartient un pareil droit peuvent-ils individuellement le réclamer en justice ? La commune en corps n'a-t-elle pas seule qualité pour intenter ou soutenir une action de cette nature par l'organe de son maire ?

Un arrêt de la Cour de cassation du 6 janvier 1805 (16 nivôse an 13), n'a prononcé que relativement à cette dernière question et a jugé qu'en effet, aux termes de la loi du 20 octobre 1796 (29 vendémiaire an 5), les communes ou sections de communes avaient seules qualité pour revendiquer un droit de vaine pâture.

Cet arrêt n'implique-t-il point contradiction avec un autre arrêt émané de la même cour, sous la date du 2 février 1820, et duquel il résulte qu'un droit de passage sur les terres d'un particulier appartient aux habitants d'une commune *ut singuli*, et non pas *ut universi*; qu'en conséquence, il peut être individuellement réclamé ou défendu par chacun d'eux ?

Il faut considérer que, dans ce cas, l'espèce n'est pas précisément la même que dans le précédent. Un droit de vaine pâture appartient à une commune et ne peut être exercé que par les habitants, et en leur qualité d'habitants. Il est donc essentiellement communal; et, à ce titre, ne peut être revendiqué ou défendu que par le maire. Il en est tout autrement du droit de passage qu'aurait acquis une commune sur un terrein particulier. En acquérant ce droit, elle a stipulé non-seulement pour ses propres habitants, mais encore pour tous ceux des communes voisines ou éloignées qui ont

(143)

faculté d'*embannir*, c'est-à-dire en mettre en réserve,
une partie des terreins sujets à la vaine pâture. Il en
résultait une espèce de clôture *fictive* et *temporaire*.
Aux termes de l'article de la section 4, titre 1er
de la loi du 28 septembre — 6 octobre 1791, cette
faculté doit être maintenue.

Jurisprudence.

I. Le propriétaire d'un fonds asservi, par titre, à un
droit de vaine pâture, ne peut s'en affranchir en le
faisant clorre. (*Arrêt de la Cour de cassation, du* 1er
septembre 1801 [14 *fructidor an* 9;] Idem, *du* 13 *déc.*
1808. Recueil de Sirey.)

II. Le propriétaire d'une prairie peut s'affranchir, par
la clôture, du droit dont une commune est en possés-
sion immémoriale de vendre, à son profit, les secondes
herbes d'un pré, lorsque d'ailleurs cette possession
n'est point fondée sur un titre. (*Arrêt de la Cour d'appel
de Bruxelles, du* 29 *juillet* 1807. Recueil de Sirey.)

---

des relations avec eux et qui fréquentent son territoire. Il
ne s'agit donc plus d'un droit *communal*, mais d'un droit
public; et dès-lors le premier venu à qui l'on en conteste
l'exercice, peut le réclamer devant les Tribunaux.

Un arrêt de la Cour de cassation, du 16 août 1822, a résolu
la quatrième des questions ci-dessus indiquées, dans le même
sens que celui du 16 janvier 1805.

§ 5. *Du rachat de la servitude de vaine pâture.*

Lorsque le droit de vaine pâture qui s'exerce sur un héritage quelconque, n'est point l'effet d'une tolérance commune et essentiellement précaire, lorsqu'il dérive d'un titre formel, d'un contrat, ou d'un jugement non-susceptible de révision, ce droit ne saurait être restreint par la clôture. Le paragraphe précédent enseigne quelle jurisprudence s'est établie à cet égard. Toutefois le propriétaire peut encore se soustraire à l'exercice d'une servitude essentiellement contraire aux améliorations qu'il serait tenté d'introduire dans le mode d'exploitation de ses héritages. L'article 8, section 4, titre 1er de la loi du 28 septembre — 6 octobre 1791 lui en donne les moyens. Il est ainsi conçu :

Entre particuliers tout droit de vaine pâture fondé sur un titre, même dans les bois, sera rachetable à dire d'experts, selon l'avantage que pouvait en retirer celui qui avait ce droit s'il n'était pas réciproque, ou eu égard au désavantage qu'un des propriétaires aurait à perdre la réciprocité si elle existait; le tout sans préjudice au droit de cantonnement, tant pour les particuliers que pour les communautés, confirmé par l'article 8 de la loi du 20 — 27 septembre 1790.

On doit reconnaître dans cette disposition qui détermine une espèce d'expropriation pour cause d'utilité publique, l'intention bien prononcée du législateur de restreindre, autant que possible, l'exercice de la vaine pâture et d'arriver progressivement à l'entière abolition de cet usage.

Jurisprudence.

Le propriétaire d'un pré grevé de la servitude de pacage, après les premières et secondes herbes, peut toujours se rédimer de cette servitude, conformément à l'article 8, section 4 de la loi du 28 septembre - 6 octobre 1791, quand bien même ledit pré aurait été clos, Cette dernière circonstance n'empêche pas que le droit de pacage ne soit réputé vaine pâture. (*Arrêt de la Cour de Cassation, du 26 janvier* 1813. -- Recueil de Sirey.)

§ 6. -- *Des dommages causés par les bestiaux.*

Il arrive quelquefois que les bestiaux conduits à la vaine pâture, soit en troupeau commun, soit en troupeau séparé ; trompent la surveillance du berger et s'échappent sur les terres qui se trouvent en défends. Quoique, dans ce cas, le préjudice causé soit indépendant de la volonté des propriétaires desdits bestiaux et de celle de leur gardien, la loi du 28 septembre – 6 octobre 1791, a voulu néanmoins qu'ils fussent appelés à pourvoir à la réparation des dommages. L'article 12, titre 2, de cette loi est ainsi conçu :

Les dégâts que les bestiaux de toute espèce ; laissés à l'abandon, feront sur les propriétés d'autrui, soit dans l'enceinte des habitations, soit dans un enclos rural, soit dans les champs ouverts, seront payés par les personnes qui ont la jouissance des bestiaux ; si elles sont insolvables, ces dégâts seront payés par celles qui en ont la propriété. Le propriétaire qui éprouvera les dommages, aura le droit de saisir les bestiaux, sous l'obligation de les faire conduire, dans les vingt-quatre heures, au lieu du dépôt qui sera désigné à cet effet par la municipalité.

Il sera satisfait aux dégâts par la vente des bestiaux, s'ils ne sont pas réclamés ou si le dommage n'a point été payé dans la huitaine du jour du délit.

Si ce sont des volailles, de quelqu'espèce que ce soit, qui causent le dommage, le propriétaire, le détenteur ou le fermier qui l'éprouvera pourra les tuer, mais seulement sur le lieu au moment du dégât.

Nous ferons observer, avant tout, que la responsabilité directe des personnes ayant la jouissance ou la propriété des bestiaux pris en dommage, ne doit avoir lieu, aux termes de l'article précité, maintenu par l'art. 1385 du Code civil, que lorsque ces bestiaux sont conduits en troupeau séparé. Dans le cas du troupeau commun, c'est le pâtre auquel en a été confiée la garde qui demeure seul responsable. Ainsi l'a jugé un arrêt de la cour de cassation du 2 décembre 1805 (11 frimaire an 14), dont le texte se trouve dans *l'appendice* de cette section : mais si le pâtre communal est insolvable, et c'est ce qui arrivera presque toujours, comment doit-il être pourvu au paiement des dommages ? L'article 7 du titre 2 de la loi résout cette question : il porte que les maîtres sont responsables des délits ruraux commis par leurs ouvriers, serviteurs ou domestiques. Or le pâtre communal est incontestablement le serviteur de la communauté : c'est donc elle qui devient responsable des domĐmages qu'il a laissé commettre par imprudence ou négligence. Cette doctrine résulte d'aĐleurs d'un autre arrêt de la Cour de cassation du 22 février 1811, également rapporté ci-après.

Si les détenteurs ou propriétaires des bestiaux qui ont causé des dommages en doivent le dédom-magement, les bergers auxquels était confiée la surveillance desdits bestiaux sont à leur tour responsables envers leurs maîtres aux termes de l'art. 8 du même titre de la loi ; mais on sent qu'en général une pareille responsabilité est tout-à-fait illusoire. Il est donc fort important que le berger chargé de la garde d'un troupeau, réunisse l'habitude d'une vigilance active aux autres qualités propres à bien remplir ce soin.

Nous ne nous arrêterons point ici à examiner , en détail, en quoi consistent ces autres qualités qui sont , pour la plupart , le fruit de l'expérience , et qu'une étude spéciale pourrait développer de la manière la plus utile , dans l'intérêt de l'économie rurale. Nous nous bornerons à rappeler que le gou-nement, dans la vue de mettre les cultivateurs à portée de former des bergers instruits , admet chaque année un certain nombre d'élèves dans les fermes expé-rimentales dont il dirige l'exploitation. Peut-être ne s'est-on point en général assez empressé de profiter de cet avantage, signalé d'ailleurs par les administrations départementales et par toutes les sociétés d'agriculture.

La classe des bergers a été depuis long-temps l'objet de diverses dispositions règlementaires que l'on doit considérer comme étant encore en vigueur, aux termes de l'article 484 du Code pénal, et qui ont été publiées dans l'intérêt des cultivateurs ; les principales résultent de l'arrêt du conseil d'état du 14 septembre 1731. Il existe aussi un arrêt du parlement de Paris du 4 avril 1669 relatif au même objet. C'est cet arrêt qui , pour empêcher les dommages à la responsabilité desquels il deviendrait plus facile d'échapper , renferme, ainsi que les coutumes du *Bassigny*, art. 135, du *Bourbonnais*, art. 534, du *comté de Dunois* , art. 53 , et autres , la prohibition de faire paître les bestiaux *avant le lever* ou *après le coucher* du soleil ; il est généralement convenable, en effet, de déterminer les limites du temps pendant lequel les troupeaux peuvent être laissés sur les terres de vaine pâture : mais peut-être conviendrait-il d'étendre ces limites *entre la durée des deux crépuscules*. Le règlement qu'adopterait à cet égard un conseil municipal, ayant pour objet une mesure d'ordre et de police, semble rentrer tout-à-fait dans ses attributions.

C'est principalement dans le pays où subsiste l'usage du troupeau commun, qu'il est essentiel de n'en confier la garde qu'à un berger expérimenté : il n'est pas besoin d'en déduire ici les raisons. Le choix de ce serviteur de la communauté semble devoir appartenir aux conseils municipaux, et peut avoir lieu selon les formes déterminées par l'ordonnance royale du 29 novembre 1820, relative aux gardes champêtres, sous cette restriction toutefois que l'autorité supérieure n'a point à intervenir en pareil cas.

Le salaire du berger auquel est confiée la garde du troupeau commun, ne saurait faire partie intégrante des dépenses communales, non plus que tous autres frais accessoires, au nombre desquels il faut compter le montant des condamnations prononcées en cas de dommage, ainsi qu'il a été précédemment indiqué. La répartition de ces dépenses doit s'opérer entre tous les propriétaires des bestiaux dont se compose le troupeau, et conformément au règlement que peut faire à cet égard l'administration municipale. (Art. 6 de la loi du 1er décembre 1798 (11 frimaire an 7).

On a vu que la loi attribue à l'autorité municipale le soin de désigner le lieu du dépôt où doivent être conduits les bestiaux saisis en délit, et où ils doivent demeurer en fourrière comme garantie du remboursement des dommages. Afin que le taux des frais de fourrière ne puisse jamais donner lieu à contestation, et qu'il soit en même temps le plus modéré possible, il semble convenable qu'en général les maires procèdent, chaque année, à une adjudication au rabais et à l'extinction des feux, qui détermine invariablement les prix d'après lesquels serait calculée la quotité de ces frais.

L'article 12 du titre 2 de la loi, cité au commencement de ce paragraphe, suppose que les dommages causés par les bestiaux saisis, ont été indépendants de la volonté des propriétaires ou du gardien desdits bestiaux. Dans le cas contraire, cet article ne doit plus recevoir son application ; voici la disposition relative à l'espèce :

Quiconque sera trouvé gardant à vue ses bestiaux dans les récoltes d'autrui sera condamné, en outre du paiement du dommage, à une amende égale à la somme du dédommagement et pourra l'être, suivant les circonstances, à une détention qui n'excèdera pas une année. (*Art. 26, titre 2 de la loi.*)

Cette distinction est absolument conforme à ce que prescrivaient à cet égard les anciennes coutumes : mais que les dommages aient été commis à *garde faite* ou *par échappée*, ils doivent toujours, quelque modique qu'en soit le montant, être estimés par le juge de paix ou par des experts à ce commis.

Selon plusieurs des anciennes coutumes, ainsi qu'on a pu le remarquer dans le chapitre 1er, il était facultatif à tout propriétaire de tuer les chèvres et les porcs qu'il trouvait endommageant ses héritages. La loi du 28 septembre – 6 octobre 1791 a restreint cette faculté aux volailles seulement.

Jurisprudence.

I. Le fait de pâturage dans un champ de blé par des vaches doit être rangé dans la classe des délits, et non dans celle des contraventions. (*Arrêt de la Cour de cassation du 13 août 1812. — Recueil de Sirey.*)

II. Le fait de pâturage des bestiaux dans les champs d'autrui est toujours un délit punissable. Vainement le prévenu demanderait-il à prouver, par forme de question préjudicielle, que le propriétaire du terrein où les bestiaux se sont introduits est en tort de ne l'avoir point fermé; le tort qu'aurait ce propriétaire d'avoir manqué à exécuter une convention ne saurait autoriser le fait prohibé par la loi de pâturage sur le terrein d'autrui (*Arrêt de la cour de cassation du 27 avril* 1819 -- Recueil de Sirey.)

III. Le pâtre auquel est confiée la garde du troupeau commun est seul responsable des dégâts commis par les bestiaux dont il se compose. Nulle action ne peut être intentée au propriétaire de ces bestiaux. (*Arrêt de la Cour de cassation du 2 décembre* 1805 [14 *frimaire an* 14]. -- Recueil de Sirey.)

IV. Les communes sont responsables des délits ruraux commis par la négligence du pâtre préposé à la garde du troupeau commun. (*Arrêt de la Cour de cassation du 22 février* 1811. -- Recueil de Sirey.)

V. Les propriétaires qui font garder leurs bestiaux à troupeau séparé, ne sont point tenus de contribuer aux frais du troupeau commun. (*Arrêt de la Cour de cassation du 4 juillet* 1821. -- Recueil de Sirey.)

§ 7. *-- Des animaux considérés comme nuisibles sur les terres de la vaine pâture.*

Il est certains animaux qui ne peuvent être, sans inconvénient, envoyés indistinctement sur toutes les terres de vaine pâture ; ainsi par exemple on a vu que presque toutes les coutumes défendaient de conduire les pourceaux dans les prés, parce que ces animaux, en fouillant la terre, attaquent la racine des herbes. (*Voyez* coutume de Mons, page 22.) Un arrêt du parlement de Rouen, rapporté par *Basnage* (1er volume du *Commentaire de la Coutume de Normandie*, page 130), avait même défendu de les conduire dans les marais communs, à moins qu'ils ne fussent *annelés*.

Quelques coutumes considérant l'haleine et la dent des moutons comme venimeuses et préjudiciables, soit à la croissance, soit à la qualité des herbes, avaient aussi interdit à ces animaux l'accès des prés. (*Voir les Coutumes d'Amiens et de la province d'Artois.*) L'arrêt du parlement de Rouen, que l'on vient de citer, offre encore un exemple de cette prohibition, mais dans un cas particulier ; d'un autre côté, on peut citer divers arrêts de ce même parlement, qui déterminent, sans faire aucune distinction entre les terres et les prés, le nombre de moutons que chaque propriétaire a droit d'envoyer en vaine pâture, à proportion de l'étendue des héritages qu'il exploite. *Basnage* en rapporte deux qui furent rendus en 1654 et 1670. (1er volume du *Commentaire*, page 127.)

Enfin, on a pu remarquer que dans diverses localités, les pies, par la coutume, étaient formellement exclues des prairies dont il paraît que leur fiente corrompt les herbes. Un arrêt du parlement de Paris, du 20 juin 1785, avait aussi prononcé cette exclusion.

(153)

La loi du 28 septembre - 6 octobre 1791, est muette
à l'égard de ces divers animaux; mais il résulte implicitement de l'article 3, titre 1er, section 4 de cette loi,
cité au § 1er du présent chapitre, qu'ils doivent continuer à être rangés dans les exceptions déterminées
par les anciens règlements et usages.

La même loi a rangé au nombre des animaux nuisibles, les chèvres dont la dent est surtout fatale aux
vignes, arbustes, haies...., etc. En cela elle est
d'accord avec la plupart des coutumes; mais elle a,
d'un autre côté, abrogé les règlements mentionnés
pages 107, 108 et 109, en ce qu'ils défendaient de
nourrir des chèvres dans le *Languedoc*, le *Dauphiné*
et la *Provence*. En effet, cette loi a consacré en
principe, ainsi que nous avons déjà eu occasion de
le dire, que *chacun est libre d'avoir chez lui tel
nombre et telle espèce d'animaux qu'il juge convenable*. (Art. 1er, sect. 4, tit. 1er.)

Voici au reste en quels termes elle s'exprime relativement aux chèvres;

Dans les lieux qui ne sont sujets ni au parcours, ni
à la vaine pâture, pour toute chèvre qui sera trouvée
sur l'héritage d'autrui contre le gré du propriétaire,
il sera payé une amende de la valeur d'une journée de
travail par le propriétaire de la chèvre.

Dans les pays de parcours ou de vaine pâture, où
les chèvres ne sont pas rassemblées en troupeau commun, celui qui aura des animaux de cette espèce ne
pourra les mener aux champs qu'attachées, sous peine

d'une amende de la valeur d'une journée de travail par
tête d'animal.

En quelque circonstance que ce soit , lorsqu'elles
auront fait des dommages aux arbres fruitiers ou autres,
haies , vignes , jardins , l'amende sera double , sans
préjudice du dédommagement attribué au propriétaire.
(*Titre* 2 , *art.* 18.)

Jurisprudence.

I. Dans les localités où l'usage interdisait aux moutons
l'entrée des prairies , un propriétaire ne peut conduire
ces animaux en pâturage , même sur celles qui lui appartiennent en propre. (*Arrêt de la Cour de Cassation ,
du 20 novembre* 1804. 3o *Brumaire an* 13. -- Recueil
de Sirey.*)

II. Il entre dans les attributions de l'autorité municipale, appelée à régler l'exercice du droit de vaine pâture,
de défendre de conduire des oies dans les terreins sujets
au parcours des bestiaux. Les règlements relatifs à cet
objet sont obligatoires pour les tribunaux. (*Arrêt de la
Cour de Cassation , du* 11 *octobre* 1821. -- Recueil de
Sirey.*)

§ 8. — *Des mesures propres à empêcher le développement des maladies contagieuses parmi les
bestiaux envoyés en vaine pâture.*

La réunion des bestiaux en troupeau commun ou
la fréquentation des troupeaux séparés sur les terres
de la vaine pâture, peut donner lieu , si quelques-uns
d'entr'eux se trouvent atteints de maladies contagieuses , au développement de funestes épizooties qui

exercent souvent les plus cruels ravages. La loi du 28 septembre – 6 octobre 1791, a prescrit des mesures de précaution propres à prévenir de semblables désastres. Voici en quoi elles consistent :

Aussitôt qu'un propriétaire aura un troupeau malade, il sera tenu d'en faire la déclaration à la Municipalité ; elle assignera sur le territoire du parcours ou de la vaine pâture, si l'un ou l'autre existe dans la commune, un espace où le troupeau malade pourra pâturer exclusivement, et le chemin qu'il devra suivre pour se rendre au pâturage. Si ce n'est point un pays de parcours ou de vaine pâture, le propriétaire sera tenu de ne point faire sortir de ses héritages son troupeau malade. (*Titre 2, art.* 19.)

Les infractions à cette disposition étaient punies, ainsi qu'il est indiqué ci-après :

Un troupeau atteint de maladie contagieuse et rencontré au pâturage sur les terres du parcours ou de la vaine pâture, autres que celles qui auront été désignées pour lui seul, pourra être saisi par les gardes-champêtres, et même par toutes personnes ; il sera ensuite mené au lieu du dépôt indiqué à cet effet par la Municipalité.

Le maître de ce troupeau sera condamné à une amende de la valeur d'une journée de travail par tête de bête à laine, et à une amende triple par tête d'autre bétail.

Il *pourra* en outre, suivant la gravité des circonstances, *être* rendu responsable du dommage que son troupeau aurait occasionné, sans que cette responsabilité puisse s'étendre au-delà des limites de la Municipalité.

A plus forte raison, cette amende et cette responsabilité auront lieu si le troupeau a été saisi sur les terres
qui ne sont point sujettes au parcours ou à la vaine
pâture. (*Titre* 2, *art.* 23.)

Le troisième paragraphe de cet article semble peu
en harmonie avec un principe généralement reconnu,
et qui veut que tout auteur d'un dommage causé
sciemment, soit tenu à dédommager celui qui l'a
éprouvé. Au reste, les articles suivants du Code
pénal, plus conformes à ce principe, semblent-ils
seuls applicables aujourd'hui aux contraventions que
peuvent commettre les propriétaires d'animaux suspects de contagion.

Tout détenteur ou gardien d'animaux ou de bestiaux, soupçonnés d'être infectés de maladie contagieuse, qui n'aura pas averti sur le champ le maire de
la commune où ils se trouvent, et qui, même avant que
le maire ait répondu à l'avertissement, ne les aura pas
tenus renfermés, sera puni d'un emprisonnement de
six jours à deux mois, et d'une amende de seize francs
à deux cents francs. (*Art.* 459.)

Seront également punis d'un emprisonnement de deux
mois à six mois, et d'une amende de cent francs à cinq
cents francs ceux qui, au mépris des défenses de l'administration, auront laissé leurs animaux ou bestiaux
infectés communiquer avec d'autres. (*Art.* 460.)

Si, de la communication mentionnée au précédent
article, il est résulté une contagion parmi les autres
animaux, ceux qui auront contrevenu aux défenses de
l'autorité administrative, seront punis d'un emprison-

nement de deux ans à cinq ans , et d'une amende de cent francs à mille francs ; le tout, sans préjudice de l'exécution des lois et règlements relatifs aux maladies épizootiques et des peines y portées.

Il a été publié à diverses époques un grand nombre de règlements concernant les précautions à prendre contre les animaux atteints de maladies épizootiques. La législation sur cette matière se compose principalement des arrêts du Conseil des 19 juin 1746, 31 janvier 1771, 18 décembre 1774, 1er novembre 1775, et 16 juillet 1784, ainsi que de l'arrêté du Directoire, du 15 juillet 1796 [27 messidor an 5].

Lorsqu'un troupeau, atteint de maladie contagieuse, est mis en cantonnement sur les terres de la vaine pâture, en conformité de l'article cité au commencement de ce paragraphe, il est bien important que le berger ne laisse pas divaguer ses chiens, dont le poil est susceptible de receler les germes de la contagion, et qui peuvent ainsi le communiquer aux troupeaux sains. En pareille circonstance, ces animaux doivent être tenus soigneusement en laisse. Ceux que l'on rencontrerait errants peuvent être tués conformément au paragraphe 6 de l'article 2, titre 2 de la loi du 16 — 24 août 1790.

Jurisprudence.

I. Un règlement municipal qui prescrit au propriétaire d'un troupeau atteint, ou même seulement suspect d'une maladie contagieuse, d'exercer son droit de

vaine pâture sur un cantonnement séparé, et d'y conduire ledit troupeau par des chemins déterminés, rentrent
essentiellement dans les attributions de l'autorité municipale , et est, par conséquent, obligatoire pour
les tribunaux. Les réclamations qui seraient portées
contre un semblable règlement devant l'autorité
administrative supérieure n'en suspendent point l'effet , tant qu'il n'a pas été réformé. (*Arrêt de la
Cour de cassation , du* 1er *février* 1822. — Recueil de
Sirey.*)

§ 9. *Du mode de cantonnement.*

On trouvera au paragraphe 9, section 3 de ce chapitre , la définition du droit de cantonnement avec
divers développements propres à faire bien connaître
quelle en est l'origine et en quoi il consiste : nous
n'entrerons donc ici dans aucun détail à cet égard,
parce qu'il s'agit moins du droit dont nous venons
de parler, que d'un usage communément connu sous
la même dénomination.

Dans les pays de vaine pâture, où les habitants,
avant la loi du 28 septembre — 6 octobre 1791, avaient
la faculté d'envoyer paître leurs bestiaux par troupeau
séparé, il arrivait souvent que pour éviter la confusion et les querelles qu'elle occasionne nécessairement entre les bergers , comme aussi pour ne laisser
aucun doute sur les personnes responsables des dégâts
ruraux qui pouvaient être commis , on divisait, selon
des proportions déterminées, le territoire de la vaine

(159)

pâture en cantonnements exclusivement attribués à chacun des usagers.

L'arrêt du parlement de Flandre du 24 novembre 1760, que nous avons rapporté, page 20, indique, article 1er, que l'usage des cantonnements existait dans cette province.

Dans une note placée au bas de la page 73, de la *coutume de Normandie* commentée par *Pesnel*, on lit :

« Il y a encore un usage particulier dans le pays
» de Caux ; car après la récolte faite, si les proprié-
» taires des terres labourables n'ont point de trou-
» peau, les voisins qui en ont se cantonnent, ensorte
» que les bergers des uns et des autres ne peuvent
» entrepasser leur canton, quoiqu'ils ne soient point
» propriétaires des terres sur lesquelles ils envoient
» leur troupeau, quand elles ne sont pas récoltées. »

Enfin le mode de cantonnement était aussi en usage en certaines localités de la province de Champagne, ainsi que l'indique un arrêt du parlement de Paris que nous rapporterons ici, à cause de la singularité de l'espèce dans laquelle il a été rendu.

« Le syndic et les habitants du village de *Thuisy*, régulièrement assemblés, avaient assigné à un sieur *Hurault*, fermier en cette paroisse, un cantonne-ment pour le pâturage de ses bestiaux avec la clause expresse qu'aucuns autres habitants ne pourraient conduire de bestiaux en pâturage, sur les terres incluses audit cantonnement. Le sieur *Hurault*

jouissait tranquillement du pâturage des terres qui
lui avaient été assignées, lorsqu'un nommé *Philippe*,
laboureur au même lieu, s'avisa d'y conduire des
dindons. Le sieur *Hurault* le toléra pendant quelque
temps : mais *Philippe* ayant joint à ses dindons ceux
de son père, habitant d'un village voisin, *Hurault*
crut s'apercevoir que la voracité de ces animaux
et la mauvaise qualité de leur fiente gâtaient ses
pâturages, en privaient ses bêtes à laine, et causaient
la mortalité dans son troupeau ; en conséquence
le 22 octobre 1782, il fit assigner *Philippe* au
bailliage de *Reims* pour qu'il lui fût défendu d'envoyer des dindons en pâture sur les terres de son
cantonnement. Le 17 décembre suivant, sur les défenses de *Philippe*, les juges ordonnèrent que par
experts, convenus ou nommés d'office, il serait constaté si cent cinquante ou deux cents dindons pouvaient nuire au pâturage du sieur *Hurault*. L'expert
de *Philippe* décida en sa faveur; celui du sieur *Hu-*
rault pensa au contraire qu'une bande de dindons
un peu nombreuse pouvait nuire aux pâturages. Le
25 février 1783, intervint une sentence définitive
qui, attendu que les dindons mangent l'herbe et que
Hurault a pour la pâture de son troupeau un cantonnement qui n'appartient qu'à lui seul, défend
à *Philippe* d'y envoyer son troupeau de dindons
en pâture et le condamne aux dépens. *Philippe*
interjette appel de ce jugement. La cause portée
à la chambre des vacations, il prétendit que le

cantonnement assigné au sieur *Hurault* n'était que pour le gros bétail ; que les dindons vivaient du grain tombé à terre ; que leur fiente n'était pas nuisible, etc. ; mais par arrêt du 23 septembre 1823, la sentence fut confirmée avec amende et dépens. » (Répertoire de jurisprudence, tome 9, page 125.)

On pourrait citer plusieurs autres exemples desquels il résulte que l'usage du cantonnement était communément adopté dans diverses localités, où les habitants avaient la faculté de faire paître leurs bestiaux en troupeau séparé. Aujourd'hui que cette faculté est rendue générale à tous les pays, en vertu de l'article 12, cité plus haut, de la loi du 28 septembre – 6 octobre 1791, titre 1er, section 4, il semble que le droit de cantonnement en doive être une conséquence nécessaire pour tout habitant qui le réclame : on peut, du moins jusqu'à un certain point, tirer cette induction du rapprochement de l'article précité avec l'article 8 de la même loi dont le texte a aussi été rapporté page 144, quoiqu'à dire le vrai, la disposition qui termine ce dernier article paraisse plutôt concerner le droit de cantonnement pris dans l'acception que nous avons d'abord considérée au commencement de ce chapitre.

De leur côté, les administrations départementales et municipales doivent, à ce qu'il semble, favoriser, autant qu'il est en elles, l'introduction d'un pareil système qui, sous le rapport de l'ordre public et dans l'intérêt de l'agriculture, a d'incontestables avantages.

En effet, lorsque les troupeaux de divers habitants
vont à garde séparée sur les terres de la vaine pâture,
il arrive que les bergers les conduisent, à l'envi, dans
les lieux où ils doivent trouver une nourriture meil-
leure ou plus abondante ; de là naissent des querelles
fréquentes et des rixes pour ainsi dire inévitables.
S'il n'en est pas ainsi, les conducteurs se réunissent
ensemble et s'occupent de toute autre chose que de
la surveillance qui leur est confiée ; les troupeaux
se mêlent, s'échappent sur les terreins ensemencés
et y causent des dommages, sans qu'on sache la plupart
du temps quels sont les gardiens ou propriétaires
qui doivent en être rendus responsables. Ce double
inconvénient ne saurait avoir lieu lorsque les troupeaux paissent isolément sur des cantonnements dont
les limites sont déterminées.

D'un autre côté, le système des cantonnements a
cela d'avantageux qu'il offre les moyens de soustraire
à la servitude de la vaine pâture des terreins que sait
exploiter avec succès un propriétaire industrieux.
Que ce propriétaire se fasse en effet assigner, sur son
propre territoire, un cantonnement proportionné au
nombre de ses bestiaux, il les nourrira à l'étable,
tandis que ses héritages, devenus inaccessibles à
tous les autres troupeaux, recevront dans le cours
de l'année les différentes cultures dont ils sont
susceptibles. C'est ainsi peut-être que l'on arriverait
progressivement, en attendant qu'elle soit légalement
prononcée, vers la suppression d'un usage qui,

s'oppose véritablement au développement de plusieurs améliorations agricoles.

Comme les moutons, en paissant, rasent l'herbe de beaucoup plus près que les autres bestiaux, il était d'usage, en diverses localités, de les cantonner exclu-sivement sur certaines terres de vaine pâture, en réservant le reste à la dépaissance des grands troupeaux qui, sans cette précaution, risquaient de ne point trouver une nourriture suffisante. Les communes ainsi que les particuliers peuvent demander le maintien de cet usage partout où il existait.

Jurisprudence.

Un conseil municipal, après avoir déterminé le nombre de bêtes que chaque habitant, en cette qualité, a droit d'envoyer sur les terres de vaine pâture, peut assigner des cantonnements séparés à certains animaux, selon les coutumes locales. (*Arrêt de la Cour royale de Paris, du 27 août 1812. —*Journal du Palais.)

APPENDICE A LA SECTION Ire.

§ 2. I. La coutume de Normandie défend, article 882, aux propriétaires d'envoyer leurs bestiaux dans les prairies non-closes, depuis la mi-mars, jusqu'à la mi-septembre, époque à laquelle depuis la faulx, l'herbe a eu le temps de pousser assez pour fournir une abondante pâture.

Il paraît que dans la commune de *Gasny*, près les

Andelys, il était d'usage d'envoyer les bestiaux dans les prairies, immédiatement après l'enlèvement des foins. Un sieur *Legoux*, l'un des habitans de cette commune, ayant suivi à cet égard l'ancienne pratique, pour quatre vaches qu'il herbageait dans une prairie commune à lui et à beaucoup de propriétaires, du nombre desquels était un sieur *Lenfant*, celui-ci forma contre lui une action en dommages-intérêts, motivée sur ce que le parcours était exercé avant l'époque marquée par la coutume.

Legoux produisit un certificat des maires, adjoint, et membres du conseil municipal de *Gasny*, constatant l'usage auquel il s'était conformé. Un jugement du tribunal civil des Andelys, rendu le 3 mars 1806, le renvoya de la demande, sauf à *Lenfant* à s'affranchir du parcours en faisant clorre sa portion de prairie.

Le sieur Lenfant s'étant pourvu contre ce jugement devant la cour d'appel de Rouen, il est intervenu, le 27 novembre 1806, un arrêt conçu en ces termes :

« La Cour..... vu les articles 1 et 2 du code rural ;
» et l'aticle 82 de la ci-devant coutume de normandie,

« ATTENDU que, dans le fait particulier, *Legoux*
» a usé du droit de banon, sur la prairie du sieur
» *Lenfant*, avant l'époque déterminée par la coutume
» pour l'ouverture du banon ; Qu'à cette époque, la
» prairie du sieur *Lenfant* était défendue par la loi
» même ; Que le banon a été exercé avant la mi-
» septembre, et au mépris de la proclamation formelle
» de la loi. Sans s'arrêter aux conclusions subsidiaires
» du sieur *Legoux*, dont il est débouté ; faisant droit sur
» l'appel, dit que, par le jugement dont est appel, il

» a été mal jugé, bien appelé d'icelui ; corrigeant et
» réformant, dit à bonne cause l'action du sieur *Lenfant*;
» fait défense à *Legoux* d'empêcher ledit *Lenfant*
» d'approfiter et améliorer la pièce de terre dont il
» s'agit, de telle manière qu'il le juge à-propos ; fait
» pareillement défense audit *Legoux* et à tous autres,
» d'envoyer leurs bestiaux pâturer sur la pièce de
» prairie, sise au terroir de *Gasny*, triage entre les
» deux planchés, ou sur toute autre pièce de prairie
» appartenante audit *Lenfant*, hors le temps du
» banon, etc. »

II. Divers individus prévenus d'avoir introduit des troupeaux dans des champs dont la récolte n'était pas achevée, avaient été traduits devant le tribunal de police du canton de *Gondreville*. Ils furent acquittés quoique le fait à eux imputé eût été reconnu constant, par le jugement même qui les renvoyait de la plainte.

Le procureur, général s'étant pourvu en cassation contre ce jugement, pour contravention à l'article 22, titre 2 de la loi du 28 septembre -- 6 octobre 1791, il intervint le 10 novembre 1799 (19 brumaire an 8), un arrêt ainsi conçu :

« La Cour..... Vu l'article 22 du titre 2 de la loi du 6 octobre 1791,

« ATTENDU que, pour pouvoir conduire les trou-
» peaux dans les champs, il faut que la récolte soit
» entièrement achevée depuis deux jours ; Que, dans
» l'espèce, il est reconnu par le jugement que la
» récolte n'était pas même achevée, là où il est avoué
» qu'on avait introduit des troupeaux ; Qu'y ayant eu
» ainsi contravention à la loi, le tribunal ne pouvait

» se dispenser de prononcer la peine encourue par
» les contrevenants.

» D'après ces motifs, CASSE et ANNULLE, etc. »

§ 3. I. Une délibération du Conseil municipal de la
commune de *Planèzes*, dûment homologuée, publiée
et affichée, avait déterminé le nombre de têtes de bétail, à envoyer sur les *vacans* de la commune pour
chaque habitant, d'après l'étendue de ses propriétés.

Un sieur *Girone* s'obstina à y faire pacager un plus grand
nombre de bestiaux qu'il n'y était autorisé par ladite
délibération, ce qui donna lieu aux gardes-champêtres
de dresser contre lui deux procès-verbaux de contravention.

Cité à l'audience du tribunal de police du canton de
la Tour, à la requête de l'adjoint de la commune, sur
ces procès-verbaux, *Girone* prétendit qu'aucune loi
n'autorisait les communes à prendre de semblables délibérations ; d'où il conclut à son renvoi de la demande.

Ces moyens de défense furent accueillis par le tribunal de police, qui jugea en faveur de *Girone*. L'adjoint se pourvut en cassation contre ce jugement, sur
quoi est intervenu l'arrêt suivant :

« La Cour..... ATTENDU qu'en déclarant que le
» conseil municipal de la commune de *Planèzes* n'avait
» pas été en droit de déterminer le nombre des têtes de
» bétail que *Girone* pouvait envoyer au pâturage ; à
» raison de l'étendue de ses propriétés, sur les vacants
» de ladite commune, le tribunal de police du canton
» de *la Tour*, a ouvertement violé l'article 13 de la loi
» du 28 septembre - 6 octobre 1791, qui autorise, en

» termes exprès, les conseils généraux des communes à
» prendre des délibérations à cet égard ;

 » ATTENDU qu'en le déclarant de la sorte, le tribunal
» de police s'est mis en opposition à des actes émanés
» de l'autorité administrative, et notamment à la déli-
» bération du 12 mars, homologuée le 12 mai, publiée
» et affichée le 9 août; et que, par ce moyen, il s'est
» immiscé, contre le vœu de la loi, dans la connais-
» sance des actes de l'administration ; ce qui a été, de
» sa part, une violation manifeste des lois de 1789, et
» de l'an 3, ci-devant rappelées ;

 » CASSE et ANNULLE, etc. »

II. La commune de *Boissire-le-Bértrand*, dûment autorisée, intente, devant le tribunal de Melun, contre le
sieur *Duclos*, une action tendante à ce que les habitants
fussent maintenus dans le droit exclusif dont ils jouissaient de temps immémorial, d'envoyer leurs bêtes sur
les vaines pâtures et *uselles* de cette commune, avec
défense au sieur *Duclos* d'en user en sa qualité de fermier de *la ferme des Joies*, sauf à lui à continuer de
jouir exclusivement, comme l'avaient fait ses prédé-
cesseurs, du droit de pâturage, pour les vaches et bêtes
à laines, sur les terres dépendantes de cette ferme. La
commune prétendait que de tout temps les habitants
avaient joui exclusivement de la vaine pâture ; que les
fermiers des *Joies* n'y avaient jamais participé, comme
ils n'avaient jamais offert la vaine pâture sur les terres
de la ferme qui était close de tous les côtés par des
haies et des fossés ; elle soutenait d'ailleurs que les
terres suffisaient à peine pour les bêtes des habitants,
et se plaignait que le sieur *Duclos* consommât tous les

pâturages par la quantité de troupeaux qu'il y envoyait.

De son côté, le sieur *Duclos* articulait que, de temps immémorial, les propriétaires ou fermiers de la ferme des *Joies*, avaient joui du droit de vaine pâture ; il observait, en outre, qu'il devait participer à ce droit, en sa qualité d'habitant, qu'on ne pourrait le lui contester qu'autant qu'il serait clos ; mais qu'il ne l'était pas ; que les terres de la ferme étaient ouvertes depuis long-temps ; et qu'en conséquence, comme les autres habitants pouvaient pacager sur lui, il avait la faculté de pâturer sur les autres, parce que le droit de vaine pâture est réciproque.

Le 9 janvier 1812, le tribunal de Melun, sans s'arrêter ni avoir égard à la preuve offerte par *Duclos*, maintient et garde la commune dans le droit exclusif de pâturage.

Le sieur *Duclos* a interjeté appel de ce jugement devant la Cour royale de Paris, qui, le 27 août 1812, a rendu un arrêt ainsi conçu :

« La Cour..... attendu que, selon l'usage des lieux,
» bien constaté par l'article 303 de la ci-devant cou-
» tume de Melun, et auquel nous renvoie le Code
» rural, contenu dans la loi du 28 septembre — 6 oc-
» tobre 1791, *Duclos* peut, sans doute, comme tout
» autre habitant de *Boissire-le-Bertrand*, faire pâturer
» ses bêtes, grosses et menues, ès-lieux de vaine pâ-
» ture du finage de ladite commune ; mais que, suivant
» le même article, cette faculté a des bornes détermi-
» nées par le besoin de chaque habitant, et que,
» d'après les règlements intervenus sur la matière, le

» nombre de bêtes à laine que chacun peut envoyer
» dans les pâturages communs, est fixé à une bête,
» et son suivant, par arpent de terre labourable que le
» particulier exploite dans la commune; que ces mêmes
» règlements, pour la conservation des pâturages aux-
» quels les moutons pourraient porter préjudice, en
» ce qu'ils rasent l'herbe de beaucoup plus près que les
» autres bestiaux, ont autorisé à déterminer certains
» cantons qui seraient destinés à la pâture des bêtes à
» laine; faisant droit sur l'appel interjeté par *Duclos*,
» du jugement rendu au tribunal civil de Melun, le
» 9 janvier 1812, met l'appellation et ce dont est appel
» au néant, émendant, ayant aucunement égard à la
» demande du maire de *Boissire-le-Bertrand*, ordonne
» que, par le juge de paix du lieu, que la cour com-
» met, et qui prendra préalablement l'avis du conseil
» général de la commune, fixation sera faite de la
» quantité de bêtes à laine à laquelle *Duclos* sera tenu
» de réduire son troupeau, à raison d'une bête et
» son suivant, par arpent de terre labourable que
» ledit *Duclos* exploite, et tient en culture dans l'éten-
» due de la commune de *Boissire-le-Bertrand*, comme
» aussi indiquera, ledit juge commis, le canton où
» *Duclos* pourra mener paître ses bêtes à laine, et déter-
» minera si les *uselles* peuvent être comprises en tout
» ou en partie dans ledit cantonnement (1) ».

§ 4. I. Par contrat du 30 juin 1796 (12 messidor an 4),

---

(1) Il est à remarquer que cet arrêt n'a pu recevoir son
exécution sans l'intervention de l'autorité administrative.

Madeleine Boulet, femme *Dupuy*, acquiert de l'Etat la propriété de deux prairies dites de *Chéne-Hûte*, et de *St.-Florent*. Il est expressément stipulé dans ce contrat que les biens sont vendus avec leurs servitudes actives et passives. Quelque temps après, la femme *Dupuy* fait clorre de fossés les deux prairies qu'elle venait d'acqué-- rir, et manifeste l'intention de les affranchir ainsi de la vaine pâture qu'y exerçaient les bestiaux des habitants de la commune de *Saint-Martin-de-la-Place* ; ceux-ci lui intentent une action judiciaire à l'effet d'être main- tenus dans leur droit de vaine pâture, après la fauchai-- son de la première herbe. A l'appui de leur demande, ils produisent une sentence de la prévôté de Saumur, du 9 juillet 1688 ; une autre de la sénéchaussée de la même ville, du 10 du même mois ; une troisième de cette même sénéchaussée, du 21 février 1761 ; enfin un arrêt du Parlement de Paris du 9 août 1762, par lesquels les habitants avaient été maintenus dans le droit et possession de faire paître leurs bestiaux dans les prairies de *Chéne-Hûte* et de *Saint-Florent*, après l'enlèvement de la première herbe. -- Défense de la femme *Dupuy*, tirée de la 4ᵉ section du titre 1ᵉʳ de la loi du 28 septembre -- 6 octobre 1791, sur la police rurale. -- Jugement du tribunal civil de Maine et Loire, du 21 août 1799 (26 thermidor an 7), qui déclare les habitants non-recevables dans leur demande. -- Appel de leur part au tribunal civil d'Indre et Loire, qui, le 27 mai 1799 (7 prairial an 8), infirme ce jugement et maintient les habitants dans le droit et possession de faire pacager leurs bestiaux dans les prairies de *Chéne-Hûte* et de *Saint-Florent*, après l'enlèvement de la première herbe, conformément aux titres précités ;

fait défenses à la femme *Dupuy* de les y troubler ; ordonne qu'elle sera tenue de rabattre et combler une
partie des fossés qu'elle a fait creuser pour se clorre ,
et de pratiquer des passages à chacune des issues des
prairies, pour y introduire les bestiaux des habitants
aux susdites époques. -- Pourvoi en cassation de la part
de la femme *Dupuy*, pour contravention à l'article 11 ,
sect. 4 de la loi du 28 septembre -- 6 octobre 1791.

Le pourvoi fut admis par la section des requêtes ,
sur les conclusions du procureur général , dont l'opinion était favorable à la femme *Dupuy*. (Voyez *questions
de droit* , tome 6 , page 616) ; mais l'affaire ayant été
plaidée devant la section civile, il intervint, le 1ᵉʳ août
1801 (14 fructidor an 9) , l'arrêt ci-après :

« ATTENDU , 1° que les sentences et arrêts produits
» sont des titres contradictoires entre les habitants de la
» commune de *Saint-Martin-de-la-Place* , canton des
» Rosiers , d'une part , et les ci-devant religieux Bé-
» nédictins de l'abbaye de *Saint-Florent* , de l'autre ;
» qu'ils sont suffisants pour justifier légalement de la
» propriété du droit de parcours , exercé depuis un
» temps immémorial par lesdits habitants ; que ce
» droit de parcours ainsi qualifié , ne peut être consi-
» déré comme un simple droit facultatif de vaine pâ-
» ture , seul abrogé par la loi du 28 septembre -- 6
» octobre 1791 , puisqu'il réunit , au contraire , tous
» les caractères d'une servitude réelle proprement dite ;
» d'où il suit que lesdits habitants se trouvent dans
» l'exception portée par l'article 11 de la 4ᵉ section
» de ladite loi , qui maintient les droits de parcours
» fondés sur titres , et qu'en leur appliquant ladite

» exception , le tribunal d'appel n'a pu contrevenir à
» aucune loi.

» ATTENDU, 2° que toutes les servitudes actives et
» passives , dont peuvent être affectés les domaines
» nationaux, sont maintenues par la loi du 25 août
1796 (6 floréal an 4).

» REJETTE le pourvoi (1). »

II. Depuis un temps immémorial la commune de
Hainin vendait tous les ans, à son profit, la seconde
herbe d'une prairie enclavée dans son territoire , et
appartenant au sieur *Durozoir* ; toutefois cette possession n'était fondée sur aucun titre.

Le sieur *Durozoir* se fondant sur cette circonstance, aussi bien que sur le texte de l'article 11, section
4 , titre 1er de la loi du 28 septembre -- 6 octobre
1791 , fit clorre son pré. De là, procès entre les habitants et le sieur *Durozoir*.

Les habitants prétendirent que la loi du 28 septembre-
6 octobre 1791 , n'avait eu pour objet que d'autoriser
les propriétaires à soustraire leurs héritages au parcours et à la vaine pâture ; mais que le droit qu'a-
vait la commune de vendre la seconde herbe à
son profit, était un droit d'une nature bien différente ;
que c'était un véritable droit de copropriété, droit
qui leur était acquis par une possession immémoriale, et que la loi du 6 octobre 1791 avait respecté.

Le sieur *Durozoir* répliquait , qu'un titre particu-

____

(1) L'espèce de l'arrêt du 13 décembre 1808 étant absolument la même, on n'a pas cru nécessaire d'en rapporter le
texte.

lier pouvait seul être opposé au propriétaire, et
l'empêcher de clorre son héritage ; que tel était le vœu
formel de la loi du 6 octobre 1791, et principalement
de l'art. 1 de cette loi ; -- qu'inutilement la commune
prétendait être copropriétaire, puisque son droit était
limité à la jouissance des secondes herbes.

« Peu importe, ajoutait-il, que la commune mette en
réserve les secondes herbes et les vende annuellement à
son profit, ou qu'elle les fasse consommer sur pied par
ses bestiaux, le fond du droit ne change point, quoique le mode de jouissance ne soit pas le même. »

« Quel droit avait la commune ? Celui de vaine pâture. Eh bien ! la vente, ou le partage n'était que la
représentation de ce droit. »

Cette défense du sieur *Durozoir* fut accueillie par le
jugement du tribunal civil de *Mons*. Sur l'appel, la
Cour de *Bruxelles* confirma ce jugement par un arrêt
conçu en ces termes :

« ATTENDU que la réclamation de la commune n'est
» fondée que sur un usage immémorial, dénué de tout
» autre titre ; Que cet usage est présumé dériver du
» droit de vaine pâture ; Qu'il se trouve soumis à
» la disposition de l'article 11, section 4, de la loi des
» 2 et 28 septembre 1791, sur les biens et usages
» ruraux, et la police rurale ; Qu'ainsi l'intimé, en
» faisant clorre les prairies dont il s'agit, les a affranchies
» du droit de la deuxième herbe, que la commune
» de *Hainin* veut exercer d'après le mode dans lequel
» elle a converti le pâturage à elle concédé primitive-
» ment :

» La Cour ADJUGE au sieur *Durozoir* les fins et con-
» clusions introductives d'instance, etc. »

§ 5. I. Les sieurs *Chanteloup* et *Bodricier* avaient assigné *François Fertray* devant le tribunal de *Château-
Gontier*, pour voir ordonner le rachat d'un droit de
pacage qu'il avait sur la terre de *Labasserie*, dont ils
étaient propriétaires ; et ce, conformément à l'art. 8,
section 4, titre 1er de la loi du 28 septembre — 6
octobre 1791, etc.

Fertray soutenait que cet article n'était pas applicable à l'espèce, parce qu'il ne permettait le rachat
que des droits de vaine pâture.

« Le droit que j'exerce sur la terre de *Labasserie*,
disait-il, n'est point un droit de vaine pâture, mais
un droit de pacage ; c'est une servitude établie sur
le fonds, inhérente au fonds, un droit de copropriété :
en effet il s'exerce sur un terrein clos et environné
de haies. Voilà bien ce qui empêche de le confondre
avec un droit de vaine pâture. »

« Chacun sait, et les auteurs et les coutumes ont
établi ce point de doctrine, que l'usage de conduire
ses bestiaux paître sur le terrein d'autrui, n'est réputé
vaine pâture que lorsque les terres ne sont pas closes,
et en général lorsqu'elles ne sont pas susceptibles d'être
cultivées avec avantage. »

« Le droit de pacage, au contraire, appelé aussi
pâture vive ou grasse, est toujours établi sur un
terrein clos, et suppose que ce terrein a de la fertilité. »

« En un mot, ce qu'on appelle vaine pâture n'est
qu'un usage, ce qu'on appelle pacage est un droit
qui a dû naître d'une convention expresse. »

« Le premier peut-être réglé, modifié, même
détruit par la loi, selon que l'exige l'intérêt de l'agri-

culture. C'est ainsi que la loi du 28 septembre — 6 octobre 1791, pour favoriser la clôture des héritages , a déclaré que la clôture affranchirait du droit de vaine pâture, réciproque ou non-réciproque , entre particuliers, dans le cas où ce droit ne serait pas fondé sur un titre, et a déclaré ce droit rachetable , lorsqu'il serait fondé sur un titre ; ici, encore une fois , le législateur ne fait que régler un usage rural. »

« Mais le droit de pacage établi sur un terrein clos, ne peut pas être ainsi supprimé. Puisque la clôture existe , le motif qui a déterminé les dispositions sur l'usage de vaine pâture ne milite pas contre ce droit. Il ne faut donc pas appliquer à l'un les dispositions législatives qui ne concernent que l'autre. »

« D'ailleurs le droit , dont il s'agit au procès , fût-il véritablement un droit de vaine pâture , dans cette hypothèse même , on ne pourrait pas dire qu'il est susceptible d'être racheté , aux termes de l'article invoqué par les demandeurs , par la raison même qu'il existe sur un terrein clos même avant la publication de la loi du 28 septembre 1791 , et qu'il a été dans l'intention de cette loi de ne faire cesser le droit de vaine pâture qu'en faveur de la clôture des héritages. »

Les sieurs *Chanteloup* et *Bodricier* répliquaient que le droit de leur adversaire se bornait à faire pacager ses bestiaux sur leurs terres après la première et la deuxième herbe enlevée, que ce n'était-là qu'un droit de vaine pâture ; qu'au surplus *Fertray* ne justifiait par aucun titre que ce fût un droit de copropriété ; que dès-lors il importait peu que ce droit fût établi sur des terres closes ou non-closes , lors de la publication de la loi qui en avait autorisé le rachat; que cette loi atteignait, dans la généralité de ses dispositions, tous les droits de vaine pâture, entre particuliers, indistinctement.

Le 13 juillet 1811, jugement du tribunal de *Château-Gontier* prononçant qu'il n'y a pas lieu au rachat. — Appel. — Et le 31 août suivant arrêt de la cour *d'Angers* qui autorise le rachat, « attendu qu'il n'est point justifié » par *Fertray* que le droit qu'il exerce sur les prés » de Chanteloup soit un droit de copropriété ; que » ce droit, étant limité à faire pacager ses bestiaux » après la première et la deuxième herbe enlevée, » ne peut être considéré que comme un droit de vaine » pâture. » — Recours en cassation.

Entre tous les arguments qu'il avait déjà fait valoir, *Fertray* s'attacha particulièrement à développer, devant la cour, celui qu'il tirait du motif de la loi sur la faculté de racheter les droits de vaine pâture ; ce motif, selon lui, étant uniquement fondé sur l'intention du législateur d'encourager la clôture des héritages, ne pouvait autoriser le rachat de son droit, dès lors que les terres qui en étaient grevées se trouvaient en état de clôture, non-seulement à l'époque de l'action des sieurs *Chanteloup* et *Bodricier*, mais même à l'époque de la publication de la loi qu'ils invoquaient à l'appui.

Le 26 janvier 1813, intervint un arrêt ainsi conçu :

« La Cour, vu l'art. 8, section 4 de la loi du 28 » septembre - 6 octobre 1791 ;

» ATTENDU qu'aux termes de cet article, tout droit » de vaine pâture est déclaré rachetable sans distinction;

» REJETTE, etc. »

§ 6. I. Un sieur *Guillemin* avait été traduit devant le tribunal de police de Poligny, comme civilement responsable de la contravention de son fils, surpris par le garde-champêtre de la commune d'*Aumont*, faisant paître deux vaches dans un champ de blé : le jugement a été annulé par un arrêt de la Cour de cassation, en date du 13 août 1812, et qui est ainsi conçu :

» Attendu que Nicolas *Guillemin* a été traduit
» au tribunal de police du canton de Poligny, comme
» civilement responsable du fait de son fils, que le
» garde-champêtre de la commune d'*Aumont* avait
» surpris, le 15 mai, faisant paître deux vaches dans
» un champ de blé ; Que le fait imputé au mineur
» *Guillemin* est prévu par l'art. 26, titre 2 du Code
» rural, qui le punit d'une amende égale à la somme
» adjugée pour dédommagement au propriétaire, et
» autorise les tribunaux à ajouter à cette amende ,
» selon les circonstances, une détention dont la durée
» peut être d'une année ; Qu'un fait auquel la loi inflige
» de semblables peines, est, non une simple con-
» travention, mais un délit dont la répression est hors
» des attributions des tribunaux de police, puisque
» ces tribunaux ne peuvent prononcer , ni une amende
» de plus de 15 francs, ni une détention de plus
» de cinq jours ; Que c'était donc au tribunal cor-
» rectionnel que devaient être traduits les prévenus ,
» et qu'en retenant la connaissance de la plainte portée
» contre eux par le commissaire de police, et en se
» permettant de la juger , le tribunal de police de
» Poligny a manifestement violé les règles de com-
» pétence établies par la loi ;

» La Cour casse et annule, etc. »

II. Un sieur *Heudebourg* était poursuivi devant le tribunal de police du canton de Louviers, pour délit de pâturage commis par ses vaches sur le terrein d'un sieur *Helot*, son voisin ; il prétendit qu'il n'était point en délit, parce que, disait-il, il existait entre lui et le sieur *Helot* une convention qui obligeait ce dernier de clorre son terrein, de manière qu'aucun bétail ne pût s'y introduire ; et que, n'ayant point satisfait à cette obligation, *Helot* ne devait s'imputer qu'à lui-même les dégâts que les vaches auraient pu y commettre.

Le tribunal de police, considérant qu'il était prouvé, par les dépositions des témoins, que le terrein du sieur *Helot* n'était pas suffisamment clos, prononça le sursis aux poursuites, jusqu'à ce qu'il eût été statué, par le tribunal compétent, sur l'exécution de la convention qui servait de base à la défense du prévenu.

Ce jugement a été annulé par l'arrêt de la Cour de cassation du 27 avril 1819, fondé sur les motifs ci-après développés ;

« La Cour...... CONSIDÉRANT que, d'après l'article
» 3, du titre 2 de la loi du 28 septembre - 6 octobre
» 1791, tout délit rural mentionné dans les articles
» subséquents, doit être puni d'une peine correctionnelle
» ou de police, suivant les circonstances de la gravité
» du délit de la même loi ; Que l'article 12 déclare
» délit les dégâts que les bestiaux de toute espèce,
» laissés à l'abandon, feront sur les propriétés d'autrui,
» soit dans l'enceinte des habitations, soit dans un enclos
» rural, soit dans les champs ouverts ; Que cet article
» n'ayant point déterminé de peine spéciale pour cette
» espèce de délit, il résulte de sa combinaison avec ledit

» article 3, qu'il doit être puni de peines de simple
» police, et que conséquemment les tribunaux de
» police sont compétents pour en connaître, et le punir
» en cas de conviction ; Que, dans l'espèce, il a été
» constaté, par un procès-verbal du garde-champêtre
» et par l'aveu du prévenu, que deux vaches ap-
» partenant à celui-ci, et laissées à l'abandon, ont
» ont été trouvées pâturant dans une propriété rurale
» appartenant au sieur *Helot* ; Que, poursuivi pour ce
» fait par le ministère public, devant le tribunal de
» police de Louviers, le prévenu a opposé pour toute
» défense une prétendue convention faite entre lui et
» ledit *Helot*, d'après laquelle celui-ci se serait engagé
» de clorre son héritage, de manière que des bestiaux
» ne pussent s'y introduire ; mais que le prévenu n'a
» produit aucun acte de cette convention, et que,
» en eût-il produit la preuve légale, elle ne pouvait
» point ôter au fait de la prévention le caractère
» de délit, puisque ledit article 12 qualifie délit le
» fait de pâturage dans les propriétés d'autrui, lors
» même que ces propriétés sont ouvertes ; et que, de
» l'inexécution de la prétendue convention, si elle
» a existé, il n'aurait pu, dans aucun cas, résulter
» qu'une action civile en dommages et intérêts ; Que
» la défense du prévenu, fondée uniquement sur
» ladite convention, ne pouvant ainsi donner lieu à
» une question préjudicielle, le tribunal de police de
» Louviers devait procéder de suite au jugement sur
» l'action du ministère public ; d'où il suit qu'en
» ordonnant un sursis jusqu'à ce qu'il fût statué par
» juge compétent sur l'exécution de ladite convention,
» ledit tribunal a violé les règles de sa compétence,

12.⁺

» ainsi que les articles 3 et 12 du titre 2 de la loi
» rurale du 28 septembre - 6 octobre 1791 ;

» D'après ces motifs , CASSE et ANNULLE , etc. (1)

III. Un sieur *Richi* avait confié à *Collin* , pâtre de
la commune , la garde de deux poulains qui causèrent
des dommages : *Richi* fut assigné , pour indemniser le
particulier lésé ; il soutint que c'était au pâtre *Collin*
de supporter le dommage ; - Et , par jugement du 5
vendémiaire an 14 , le tribunal de police du canton
de Stenay déchargea *Richi* , et condamna *Collin* , en
lui appliquant l'article 1385 du code Civil.

Collin s'est pourvu en cassation , pour contravention
à l'article 12 du titre 2 de la loi du 28 septembre
- 6 octobre 1791 , et fausse application de l'article
1385 du Code civil , prétendant que la responsabilité
ne portait que sur le propriétaire , ou sur celui qui
a la jouissance de l'animal , ou sur celui qui s'en sert.

Il est à remarquer que le jugement dénoncé ne cons-
tatait pas que le dommage eût été causé indépendamment
de toute négligence du pâtre.

Le 5 décembre 1805 (14 frimaire an 14) intervint
l'arrêt suivant :

« La Cour...... ATTENDU que les poulains qui ont
» fait les dégâts ayant été confiés par *Richi* , leur pro-
» priétaire , à la garde du pâtre établi pour la garde
» des bestiaux de la commune , le jugement attaqué
» a dû condamner celui-ci plutôt que le propriétaire

____

(1) Cet arrêt semble établir une jurisprudence contraire
aux dispositions de la coutume de Berry , article 19 , et
autres semblables.

» qui naturellement a dû se reposer sur les faits du
» garde ; Qu'en procédant ainsi, il n'est point con-
» trevenu à l'art. 12 de la loi citée ; et que l'article
» 1385 du Code civil rendant responsable du dommage
» causé par un animal , celui sous la garde duquel
» il était , le jugement attaqué n'a pas fait une fausse
» application de cet article , en condamnant le garde
» à l'amende encourue pour le dommage causé par
» sa négligence ;

REJETTE , etc. »

IV. Le maire de *Rollingen* , département des *Forêts* ,
avait été condamné par la cour de justice criminelle ,
en sa qualité de maire , à payer le montant des amendes et indemnités auxquelles avait donné lieu le pâtre
de la commune , en raison des dégâts commis par le
troupeau commun. Ce fonctionnaire s'étant pourvu en
cassation , la cour rendit l'arrêt suivant sous la date du
22 février 1811 ;

« ATTENDU que , d'après les actes produits au pro-
» cès , et les faits déclarés constants par l'arrêt attaqué ,
» *Schmitt* a dû être considéré comme pâtre du trou-
» peau communal de *Rollingen* , d'où il suit que la
» commune de *Rollingen* a pu et dû être condamnée
» au paiement des amendes applicables au délit léga-
» lement constaté , commis par ce pâtre , sauf à être
» fait administrativement , et conformément à la loi du
» 11 frimaire an 7 , une répartition ultérieure desdi-
» tes amendes entre les propriétaires des bestiaux trou-
» vés en délit.

» La Cour REJETTE , etc. »

V. Un sieur *Billot* , cultivateur dans la commune

de *Samercy*, sollicite du Préfet de son département, l'autorisation de faire paître dans le parcours communal un troupeau séparé, sous la garde d'un pâtre particulier, et par suite, il demande à être dispensé de contribuer au salaire du pâtre, chargé de la garde du troupeau commun.

Un arrêté du 6 novembre 1819, accorde au sieur *Billot* le double objet de sa demande.

Ultérieurement, *Jean Creuse*, pâtre communal, assigne le sieur *Billot*, devant le juge de paix, pour se voir condamner à lui payer la moitié de ce qu'il lui aurait dû, s'il avait confié son troupeau à sa garde; il se fonde sur ce que telle est la disposition relative aux propriétaires qui ont un garde-champêtre particulier, autre que celui de la commune.

Le 16 février 1821, jugement du juge de paix de *Saint-Jean-de-Losne*, qui condamne le sieur *Billot* à payer au sieur *Creuse*, la moitié de sa portion contributive dans le salaire dudit *Creuse*. — Pourvoi en cassation de la part du procureur général, qui demande, dans l'intérêt de la loi, l'annulation du jugement dénoncé, en fondant son réquisitoire sur les motifs ci-après :

« Aux termes de l'article 12, section 4 de la loi du 28 septembre - 6 octobre 1791, dans les pays de parcours, soumis à l'usage du troupeau commun, tout propriétaire ou fermier peut renoncer à cette communauté, et faire garder, par troupeau séparé, un nombre de têtes de bétail proportionné à l'étendue des terres qu'il exploite dans la commune.

» En autorisant les particuliers à faire garder séparé-

ment leurs troupeaux, cette loi ne les a pas soumis
à contribuer en tout ou en partie au salaire du pâtre
commun ; elle a reconnu le principe que ceux qui profitent des avantages doivent seuls en supporter les
charges ; si elle eût entendu le contraire, elle aurait
dérogé à cette règle générale par une disposition expresse, comme elle a eu soin de le faire à l'égard des
gardes-champêtres. L'exception pour les gardes-champêtres est juste, et n'a rien qui doive étonner ; ce n'est
pas même, à proprement parler, une exception ; car
le garde-champêtre étant établi pour toute une commune, tous les habitants en profitent. Le garde particulier n'est qu'un surveillant de plus que la loi a permis
au propriétaire de se donner. »

» Le juge de paix de *Saint-Jean-de-Losne* a méconnu
le principe général consacré par la loi du 11 frimaire
an 7, dont l'article 6 dispose que les dépenses relatives
au pâtre et au troupeau commun, ne pourront être
comprises dans les dépenses communales ; mais qu'elles
seront supportées proportionnellement par ceux qui en
profiteront, et conformément au règlement que les administrations municipales feront sur ce sujet. »

Sur ce réquisitoire, il intervint, en date du 4
juillet 1821, l'arrêt ci-après :

» La Cour...., vu l'art. 13, titre 2 de la loi du 24
» août 1790, portant : Les fonctions judiciaires sont
» distinctes et demeureront toujours séparées des fonc-
» tions administratives : les juges ne pourront, à peine
» de forfaiture, troubler de quelque manière que ce
» soit les opérations des corps administratifs, ni citer
» devant eux les administrateurs pour raison de leurs
» fonctions.

» Attendu , 1° que , par un arrêté du Préfet du
» département de la Côte-d'Or , *Pierre Billot* avait été
» autorisé à faire paître un troupeau de vaches séparé ,
» dans l'étendue de la commune de *Samercy* ; - 2° que
» le même arrêté , en date du 6 novembre 1819 , le
» dispensait de contribuer au salaire du pâtre de ladite
» commune ; d'où résulte que le juge de paix qui a
» rendu le jugement attaqué le 16 février de la pré-
» sente année , en condamnant ledit *Pierre Billot* à
» payer une moitié de ce salaire , a contrevenu audit
» arrêté , et en conséquence commis l'excès de pouvoir
» prévu par la loi ci-dessus citée.

» Casse et annule , etc. »

§ 7. I. Un sieur *Mulot* , propriétaire en la commune de Sotteville , près Rouen , est traduit à la diligence de plusieurs habitants de la même commune
devant le tribunal de première instance pour entendre
dire qu'il lui est défendu de mener paître à l'avenir ses
moutons dans leur prairie , ni même dans celles qui
lui appartiennent , aux époques où la vaine pâture est
ouverte. Le 24 août 1802 (6 fructidor an 10) , jugement
du tribunal de première instance , qui accueille les prétentions des demandeurs ; *Mulot* interjette appel de ce
jugement qui est confirmé le 28 avril 1803 (8 floréal an
11). Pourvoi en cassation , à la suite duquel intervient
l'arrêt suivant , le 21 novembre 1804 (30 brumaire
an 13).

« Attendu que l'article 82 de la coutume de Nor-
» mandie porte expressément que , dans le temps
» indiqué , les prairies et terres vides seront commu-
» nes à tous si elles ne sont closes ou *défendues d'an-*

» *cienneté*; Que cette défense *d'ancienneté*, relativement
» à l'introduction des moutons sur les prairies , *dans*
» *le territoire de Sotteville* , est déclaré par le tribunal
» de première instance et par la cour d'appel d'un usage
» général et constant : -- ATTENDU que , si l'article 1er
» section 4, titre 2 de la loi du 28 septembre -- 6
» octobre 1791 , donne à *tout propriétaire la faculté*
» *d'entretenir telle espèce et telle quantité de bestiaux*
» *qu'il juge nécessaire à la culture et exploitation de*
» *ses terres, et celle de les y faire pâturer exclusivement,*
» le même article ajoute *sauf ce qui en sera réglé ci-*
» *après, relativement au parcours et à la vaine pâture;* -
» ATTENDU que la défense même , faite au propriétaire
» réclamant, de faire pâturer ses moutons sur ses propres
» prairies , sort du contrat de société établi entre tous
» les propriétaires de cette commune ; société attestée
» par l'usage général et constant , et qui consistait à
» réserver le pâturage des prairies à la nourriture des
» vaches et autres bestiaux , à l'exclusion des moutons ;
» de manière que si le réclamant pouvait faire consom-
» mer le pâturage de ses prairies par ses moutons et
» participer pour les autres bestiaux au pâturage des
» autres prairies , sans mise de sa part dans la société ,
» il jouirait de celle des autres ; ce qui violerait la loi
» de l'égalité qui est la base de toute société ;

» La Cour REJETTE , etc. , etc. (1) »

____

(1) On voit que, dans cette circonstance, la Cour de cassation a pris pour base de son arrêt, ainsi que l'avait fait la
Cour d'appel de Rouen, l'usage local de la commune de *Sotte-*
ville. N'y a-t-il point contradiction entre cet arrêt et celui

II. Un arrêté de police municipale du maire de la *Villeparisis*, avait défendu à tous les propriétaires d'oies de la commune de les envoyer paître dans les champs sujets au parcours des bestiaux.

Le garde-champêtre surprend les sieurs *Noël* et *Charton* en contravention à cet arrêté.

Procès-verbal est dressé et un jugement du tribunal de police du canton de Claie, condamne les sieurs *Charton* et *Noël* à une amende de deux francs.

M. le procureur général près la Cour de cassation, sur l'ordre à lui transmis par M. le Garde des sceaux, a dénoncé ce jugement à la Cour suprême.

Voici les termes du réquisitoire :

« Le fait dont il s'agit ne constitue ni délit ni contravention, et le tribunal devait alors annuler la citation, conformément aux dispositions de l'article 159 du Code d'instruction criminelle. Ce fait ne constitue ni délit ni contravention, parce qu'en effet il ne rentre

---

dont le texte est rapporté page 163, qui n'a eu aucun égard à l'usage local de la commune de *Gasny* ?

Pour résoudre cette question, il suffit de réfléchir que la coutume de *Normandie* qui, article 84, déclare en défends, en tout temps, les *chèvres, porcs* et *autres bêtes malfaisantes*, ne dénomme point positivement les moutons; il fallait donc consulter l'usage du lieu pour savoir s'ils y étaient considérés comme bêtes malfaisantes : au contraire, la coutume fixe, d'une manière très-expresse, article 82, l'époque de l'ouverture du *banon*; c'est la loi de la province qui doit continuer d'être observée; aucun usage particulier, à moins de conventions réciproques, ne saurait donc y être dérogatoire.

point dans les objets de police sur lesquels les corps municipaux sont autorisés à faire des règlements par l'art. 3, titre 11 de la loi du 16.- 24 août 1790, confirmé par l'article 46, titre 2 de la loi du 19 - 22 juillet 1791, et qu'il n'est prévu ni par le Code rural de 1791, ni par le Code pénal de 1810. C'est un principe consacré par un avis du conseil d'état du 18 février 1812, que, toutes les fois qu'une disposition de la loi antérieure se rattache à une matière qui depuis a été réglée par un système complet de législation, cette disposition doit être considérée comme abrogée, si elle n'est pas reproduite par la nouvelle loi. Or, le fait dont il s'agit serait de nature à constituer un délit rural, et cependant il n'est pas prévu par la loi de 1791, qui forme pourtant un corps complet de législation sur cette matière, comme l'indique son titre : on peut donc conclure de son silence sur tous les objets des lois antérieures qui ne sont point rappelés, qu'elle n'a pas entendu les ranger au nombre des délits ni les rendre passibles d'aucune peine. Toutefois il faut observer que la fiente des oies corrompt les pâturages, et qu'elle est pernicieuse, particulièrement aux bêtes à laine ; que leur introduction dans les pâturages avait été prohibée par un arrêt de règlement du parlement de Paris, du 20 juin 1785. D'ailleurs, on doit regarder comme fort délicat le point de savoir si la loi du 28 septembre - 6 octobre 1791, sur la police rurale, présente un code tellement général exclusif sur cette matière, qu'il ait aboli les plus sages règlements émanés des Cours souveraines. On doit en outre remarquer que l'arrêté du maire de *Villeparisis* est un règlement de salubrité, tel qu'il est possible peut-être de le faire rentrer dans la

disposition de l'article 3, n°. 5, du titre 11 de la loi
du 16 - 24 août 1790.

Le ministère public ajoutait, en terminant, qu'au
surplus il s'agissait, dans l'espèce, d'une question qui,
indépendamment de l'opinion vers laquelle le Chef
de la justice paraissait incliner, méritait d'être soumise
aux lumières de la Cour régulatrice et d'être résolue
par elle. »

Sur ce réquisitoire, et après en avoir mûrement
délibéré, la Cour rendit, le 11 octobre 1821, l'arrêt
suivant :

« La Cour... -- ATTENDU que, d'après l'article 3,
» titre 11 de la loi du 12 -- 24 août 1790, et l'article
» 46 de celle du 19 -- 22 juillet 1791, les corps mu-
» nicipaux ont le pouvoir de faire des arrêtés en
» matière de police, et qu'il résulte des articles 1,
» 2 et 5 de la première de ces lois, que les tribunaux
» de police qui remplacent lesdits corps municipaux
» pour le jugement du contentieux en cette partie,
» sont chargés aujourd'hui de la répression des con-
» traventions à ces arrêtés, lorsque ceux-ci sont relatifs
» à l'exécution des lois prononçant des peines de
» police, ou qu'ils portent sur des objets confiés à
» l'autorité municipale, soit par l'article 3, titre
» 11 de la loi du 12 -- 24 août 1790, soit par les lois
» postérieures ; Que la loi du 28 septembre - 6 octobre
» 1791, sur la police rurale, et celle du 18 février 1800
» (28 pluviose an 8) ont donné aux administrations
» municipales le pouvoir de régler, dans chaque
» commune où le droit de parcours a lieu, l'exercice
» de ce droit, par conséquent d'ordonner les mesures

» propres à en prévenir ou à en réprimer l'abus, ainsi
» que toute entreprise tendante à détériorer les pâ-
» turages, et à priver ainsi les communes de l'a-
» vantage qu'elles doivent retirer de la jouissance du
» droit dont il s'agit pour la nourriture de leurs trou-
» peaux; Que les arrêtés pris à cet effet par le pouvoir
» municipal sont donc dans l'ordre légal de ses attri-
» butions; Que ce sont des règlements de police qui
» doivent recevoir toute leur exécution, tant qu'ils ne
» sont pas réformés ou modifiés par l'autorité admi-
» nistrative supérieure; Que les contraventions qui y
» sont commises sont, d'après la disposition de l'article
» 5, du titre 11 de la loi du 24 août 1790, punissables
» de peines de police, et que c'est un devoir rigoureux
» pour les tribunaux de prononcer ces peines contre
» les contrevenants.

» ATTENDU que, par un arrêté du maire de *Ville-*
» *parisis*, du 26 juillet dernier, il est défendu à
» tous propriétaires d'oies de les envoyer paître dans
» aucun temps et dans aucuns champs sujets au parcours
» des troupeaux et des vaches; Que *Pierre-François*
» *Noël* et *Pierre Charton*, traduits à la requête du
» ministère public, au tribunal de police du canton
» de Claye, comme prévenus de contraventions à cet
» arrêté, ont été déclarés coupables, et condamnés en
» conséquence à deux francs d'amende, et aux frais
» de l'instance; Que, s'il est des habitants de la com-
» mune de *Villeparisis* qui se croient fondés à se
» plaindre dudit arrêté, le recours à l'autorité supérieure
» leur est ouvert, et qu'ils ont sans doute le droit
» de porter leurs réclamations devant le Préfet du

(190)

» département, à qui il appartient de les apprécier et
» de les juger ; mais qu'aussi long-temps qu'il subsiste,
» il est obligatoire pour tous les individus qui en sont
» l'objet, et que ces infracteurs sont soumis à des
» peines de police ; Qu'en prononçant contre *Noël* et
» *Charton*, reconnus coupables de la contravention
» dénoncée par le ministère public, une condamnation
» de *deux francs* d'amende, loin de commettre un
» excès de pouvoir et de méconnaître les bornes de
» sa compétence, le tribunal de police du canton de
» Claye s'est parfaitement conformé aux principes et
» aux lois de la matière ;

» La Cour DIT qu'il n'y a lieu de faire droit, etc. »

§ 8. I. Un troupeau de moutons appartenant à la
veuve *Dejames*, marchande bouchère dans la commune
de *Comblaville*, avait été trouvé pâturant hors du cantonnement désigné à cette veuve par un arrêté du maire,
dûment homologué.

Traduite au tribunal de police de Brie-Comte-Robert,
pour être, à raison de sa contravention, condamnée
aux peines de droit, la veuve *Dejames* avait comparu,
et sans élever aucune contestation sur la réalité du fait
dénoncé, elle avait déclaré s'en rapporter à justice.

Le tribunal, prétendant que ce fait n'était prévu par
aucune loi, avait renvoyé la prévenue de l'action qui lui
était intentée. Le recours en cassation ayant eu lieu,
la Cour a rendu, le premier février 1822, un arrêt
conçu en ces termes :

« La Cour..... VU le paragraphe 5 de l'article 3, titre
» 11 de la loi du 16 -- 24 août 1790, qui met au rang
» des objets confiés à la vigilance et à l'autorité des

» corps municipaux, *le soin de prévenir par les précau-*
» *tions convenables, et celui de faire cesser, par la dis-*
» *tribution des secours nécessaires, les accidents et fléaux*
» *calamiteux, tels que les incendies, les épidémies, les*
» *épizooties, etc., etc.;*

» L'article 46, titre 1ᵉʳ de la loi du 19 - 22
» juillet 1791 , qui autorise les corps municipaux,
» remplacés aujourd'hui par les maires, à faire des
» arrêtés pour ordonner les précautions locales sur les
» objets confiés à leur vigilance et à leur autorité, par
» les articles 3 et 4, titre 11 , de la loi du 16 - 24
» août 1790 ;

» L'article 5, même titre, de la même loi ;

» Les articles 600 et 606 du Code, du 25 novembre
» 1795 (3 brumaire an 4) ;

» Attendu qu'un arrêté du maire de *Comblaville* ,
» revêtu de l'approbation du Préfet du département ,
» a déterminé un cantonnement dans l'étendue duquel
» la veuve *Dejames* pourrait exercer son droit de vaine
» pâture, et a fixé les chemins qu'elle serait tenue de
» faire prendre à ses moutons pour se rendre sur le
» cantonnement désigné; Que l'objet de cette mesure ,
» conforme à l'article 19, section 4, titre 1ᵉʳ du Code
» rural, a été, aux termes de l'arrêté du Préfet, appro-
» batif de celui du maire, de prévenir les dangers qui
» auraient pu résulter de la communication des bêtes à
» laine de la veuve *Dejames*, avec les troupeaux du
» lieu ;

» Attendu que le danger de la communication d'un
» troupeau avec d'autres, ne peut être que le danger
» que fait courir à des animaux sains leur communi-

» cation avec des animaux parmi lesquels règne une
» maladie contagieuse ; Qu'une mesure qui empêche
» cette communication peut donc, sinon prévenir, du
» moins diminuer les ravages du fléau de l'épizootie ;
» Qu'elle se rattache donc nécessairement au n° 5 de
» l'art. 3, titre 11 de la loi du 16 - 24 août 1790 ; Qu'elle
» s'y rattacherait également, lors même qu'elle ne se
» trouverait pas fondée sur un fait constaté de maladie,
» et qu'elle le serait seulement sur des appréhensions
» qui auraient paru à l'autorité administrative, mériter
» d'être prises en considération, et exiger d'elle des
» mesures préventives ; Que l'arrêté qui prescrit de
» semblables mesures est donc fait dans l'exercice légal
» des fonctions municipales ; Qu'il est obligatoire pour
» l'individu qu'il concerne, et qu'il est du devoir
» rigoureux du tribunal de police d'en assurer l'exécu-
» tion, par la condamnation du contrevenant à la peine
» déterminée par les articles combinés 5, titre 11 de
» la loi du 24 août 1790, 600 et 606 du Code, du 3
» brumaire an 4 ;

» ATTENDU qu'en réclamant, devant l'autorité ad-
» ministrative supérieure, contre l'arrêté du 10 novem-
» bre, la veuve *Dejames* a usé d'un droit qui ne saurait
» lui être contesté ; mais que sa réclamation n'a pu
» suspendre l'effet de cet arrêté, qui a conservé toute
» sa force, et a dû recevoir son exécution, tant qu'il n'a
» été ni réformé ni modifié ; Que le jugement dénoncé
» reconnaît qu'il n'était ni l'un ni l'autre, lors des rap-
» ports du garde-champêtre, des 4, 5 et 6 décembre,
» puisqu'il se borne à parler de la réclamation de la
» veuve *Dejames* ; Que le fait de la contravention de

» cette veuve audit arrêté , est constant dans la cause ;
» que le tribunal de police n'a donc pas pu la renvoyer
» de l'action qui lui était intentée par le ministère pu-
» blic , sans méconnaître les principes et les lois de la
» matière , sans violer les règles de compétence et faire
» une fausse application de l'article 159 du Code d'ins-
» truction criminelle ;

» D'après ces motifs , CASSE et ANNULE. (1) »

§ 9. I. Le texte de l'arrêt indiqué à la fin du paragraphe 9, est rapporté page 167.

---

(1) Il résulte évidemment de cet arrêt et de ceux dont le
texte a été cité dans cet Appendice, en date des 2 janvier
1808 , 27 août 1812 , 11 octobre 1821 et 1er février 1822 , correspondants aux paragraphes 1, 7 et 8, pages 166, 167, 186,
et 190 , qu'il appartient aux conseils municipaux de déterminer le nombre de têtes de bétail que chacun peut mettre sur
les terres de vaine pâture, comme aussi de leur assigner des
cantonnements séparés, et que l'autorité municipale peut
prescrire toutes mesures d'ordre et de police qu'elle juge
convenables pour l'exercice de la vaine pâture.
C'est devant les autorités administratives supérieures que
doivent être portées les réclamations auxquelles ces règlements pourraient donner lieu ; mais tant qu'ils ne sont pas
réformés, ils sont obligatoires pour les tribunaux.

SECTION DEUXIÈME.

Du Parcours.

§ 1er. OBSERVATIONS PRÉLIMINAIRES.

Il résulte de la définition que nous avons donnée, page 2, du droit de parcours, que ce droit n'est autre chose que celui de vaine pâture rendu commun aux habitants de deux ou plusieurs communes limitrophes sur leurs territoires respectifs. Si donc l'exercice du droit de vaine pâture est nuisible aux véritables intérêts de l'art agricole, et la question aujourd'hui ne saurait être douteuse, à plus forte raison le parcours est-il un obstacle aux améliorations qu'il serait désirable de voir introduire dans les exploitations rurales. L'assemblée constituante paraît avoir envisagé les choses sous ce point de vue. En effet, les restrictions auxquelles la loi du 28 septembre — 6 octobre 1791 a soumis ce droit, sont encore plus rigoureuses que celles qui concernent la vaine pâture. Pour s'en convaincre, il suffit de comparer la rédaction des articles 2 et 3 de la section 4 du titre 2. Celui-ci maintient le droit de vaine pâture là où il existait en vertu d'un *usage local immémorial* ; celui-là ne permet *provisoirement* l'exercice du droit de parcours qu'autant qu'il serait fondé sur *une possession autorisée par les lois et coutumes.*

(195)

§ 2. *Des règles concernant l'exercice du droit de parcours.*

La loi du 28 septembre – 6 octobre 1791, s'exprime relativement au droit de parcours de la manière suivante :

La servitude réciproque de paroisse à paroisse, connue sous le nom de *parcours*, et qui entraîne avec elle le droit de vaine pâture, continuera provisoirement d'avoir lieu avec les *restrictions* déterminées à la présente section, lorsque cette servitude sera fondée sur un titre, ou sur une possession autorisée par les lois et par les coutumes : à tous autres égards, elle est abolie. (*Art. 2, sect. 4, titre 1ᵉʳ.*)

Ces restrictions sont exprimées dans les articles 9, 10, 12, 13, 14, 15, 16, 18 et 19, dont nous avons cité le texte, et qui déterminent :

La mise en défends absolue des prairies artificielles ;

La mise en défends des prairies naturelles, tant que la première herbe n'est pas récoltée ;

La faculté attribuée à chaque usager de faire garder ses bestiaux par troupeau séparé ;

Le nombre des têtes de bétail qui peuvent composer le troupeau, et la compétence des conseils municipaux en fait de règlements sur cette matière ;

La règle à suivre dans le cas de réunion des territoires de deux communes ou sections de communes soumises à des usages différens, relativement aux droits de parcours ou de vaine pâture ;

Enfin, les mesures qui doivent être prises pour empêcher le développement des épizooties par la fréquentation de troupeaux suspects de quelque maladie contagieuse.

Ainsi le droit de parcours est, de même que celui de vaine pâture, soumis aux anciens usages qui le régissaient là où il n'a point été aboli par un édit émané de la puissance royale, comme ceux dont les dispositions ont été rapportées dans le paragraphe 2 du chapitre 1er.

On a vu, chapitre 2, paragraphe 4, que tout droit de vaine pâture fondé sur un titre, ne pouvait être aboli par la clôture des héritages sur lesquels il s'exerçait. Il n'en est pas de même du droit de parcours; voici les règles qu'a établies la loi à cet égard :

La commune dont le droit de parcours sur une paroisse voisine sera restreint par des clôtures faites de la manière déterminée en l'article 6 de cette section, ne pourra prétendre à cet égard à aucune espèce d'indemnité, même dans le cas où son droit serait fondé sur un titre. Mais cette communauté aura le droit de renoncer à la faculté réciproque qui résultait de celui de parcours entr'elle et la paroisse voisine : ce qui aura également lieu si le droit de parcours s'exerçait sur la propriété d'un particulier. (*Art.* 17, *sect.* 4, *tit.* 1er.)

C'était surtout l'exercice du parcours qui, dans plusieurs localités, ne pouvait avoir lieu d'après la

plupart des anciennes coutumes qu'en troupeau commun. Avant la révolution, les seigneurs *hauts-justiciers* pouvaient seuls envoyer des troupeaux séparés
sur les terres soumises à ce droit. Cette faculté a été
rendue commune à tous par les articles 2 et 12 de la
section 4, titre 2 de la loi du 28 septembre – 6
octobre 1791.

Jurisprudence.

I. Le droit de parcours doit toujours être réciproque
entre les communes sur le territoire desquelles il
s'exerce. Il ne saurait subsister sans cette réciprocité.
(*Avis du conseil-d'état, du 22 décembre* 1803, 30 *frimaire an* 12.) (1)

II. Lorsque des communes limitrophes jouissent réciproquement, sur leurs territoires respectifs, de droits
de parcours fondés en titres, les contestations que peut
occasionner une atteinte quelconque portée à l'exercice
de ces droits, sont du ressort des tribunaux ; mais s'il
s'agit d'apporter au mode de jouissance quelques
changements que réclament de nouvelles circonstances,
c'est à l'autorité administrative qu'il appartient de statuer, comme étant chargée par les lois fondamentales de
l'état, de tout ce qui concerne les intérêts communaux.
(*Ordonnance du Roi du 22 juillet* 1818.)

----

(1) On a pu remarquer dans le chapitre 1er que tel était
l'esprit de toutes les anciennes coutumes qui admettaient le
parcours.

APPENDICE A LA SECTION IIme.

§ 2. I. Les bouchers de Paris étaient, de temps immémorial, dans l'usage d'envoyer sur les jachères de la banlieue les bestiaux destinés à l'approvisionnement de la capitale. Des lettres patentes et arrêts de règlement, en date des 28 septembre 1778, 1er juin 1782, et 3 septembre 1784 les avaient en quelque sorte mis en possession de ce droit, qui paraît cependant leur avoir toujours été contesté.

Dans le courant de l'année 1803, ils furent traduits devant le tribunal correctionnel de la Seine, à la requête de divers propriétaires sur les terreins desquels ils avaient fait pâturer leurs bestiaux ; le tribunal les renvoya de la plainte. Ce jugement fut réformé par un arrêt de la cour criminelle : mais avant la réformation, le Conseil d'état, à qui la question fut soumise, avait à cet égard émis un avis conçu en ces termes :

« Le Conseil d'état qui, d'après le renvoi du gouver-
» nement, a entendu le rapport de la section de l'intérieur,
» sur celui du ministre de ce département, tendant à
» rendre aux bouchers l'exercice du droit de parcours
» sur les terres en jachères de la ci-devant banlieue de
» Paris ;

» CONSIDÉRANT qu'il résulte du texte de la loi du 28
» septembre - 6 octobre 1791 , que l'exercice du droit
» de parcours de la part d'une commune suppose néces-
» sairement la réciprocité en faveur de la commune sur
» laquelle il a lieu ;

» Que la ville de Paris n'offrant pas cette juste réci-

» procité, le parcours ne serait pour les communes
» environnantes qu'une servitude gratuite, une atteinte
» réelle au droit de propriété, dont les bouchers retire-
» raient seuls tout l'avantage, et que par conséquent
» l'exercice de ce droit est évidemment de la nature de
» ceux que la loi précitée a eu l'intention d'abolir ;

» Que si quelque considération d'un ordre supérieur
» pouvait déterminer le gouvernement à faire révoquer
» cette loi en faveur des bouchers de Paris, ce serait
» sans doute l'impossibilité bien reconnue d'assurer l'ap-
» provisionnement de la capitale sans l'adoption d'une
» mesure extraordinaire, et la certitude d'obtenir une
» diminution sensible sur le prix de la viande ; mais ces
» motifs n'existent pas ;

» Qu'en effet, depuis plusieurs années, l'état de l'a-
» griculture, dans la banlieue de Paris, a éprouvé, rela-
» tivement à la multiplication des bestiaux, des change-
» ments tels que les cultivateurs ont besoin de toute
» l'étendue de leurs communes respectives pour le
» pâturage des troupeaux nombreux qu'ils élèvent, et
» qui sont exclusivement destinés à l'approvisionnement
» de Paris ;

» Qu'en supposant que l'exercice du droit de parcours
» pût avoir tous les avantages qu'on lui attribue, le
» résultat de ces avantages serait uniquement de favori-
» ser la multiplication des troupeaux appartenants aux
» bouchers, en diminuant celle des troupeaux qui sont
» aujourd'hui la juste récompense des travaux des
» cultivateurs ;

» Que ce serait par conséquent arrêter les progrès de
» l'agriculture, sans augmenter réellement les moyens
» d'approvisionnement de la capitale, et faire renaître,

» sans aucune utilité pour la chose publique, une servi-
» tude proscrite par la loi, et qui aurait très-certaine-
» ment le double et grave inconvénient de compro-
» mettre la salubrité des troupeaux communaux, par
» leur communication avec les troupeaux forains dans
» les temps de contagion, et d'être une source intaris-
» sable de procès dispendieux entre les bouchers et les
» cultivateurs,

» Est d'avis qu'il n'y a pas lieu de rendre aux bou-
» chers de Paris l'exercice du droit de parcours. » (1)

____

(1) Un arrêt du parlement de Paris, du 15 octobre 1779,
avait « autorisé, par provision, les bouchers de *Troies* à mener
» paître leurs moutons et brebis destinés pour l'approvision-
» nement de cette ville, dans les prairies situées aux environs,
» et qui n'auraient pas été mises en *réserve*, ni en *défense*
» par les propriétaires ou fermiers, depuis la récolte de la
» première herbe jusques au mois de mars de chaque année. »
L'usage qu'a introduit cet arrêt paraît susceptible d'être attaqué, s'il existe encore, par les motifs développés dans l'avis
du Conseil-d'état rapporté ci-dessus.

Il faut en dire autant d'un autre arrêt du même parlement,
en date du 23 juillet 1721, concernant la ville de *Nogént-sur-
Seine*, et paroisses circonvoisines. Il faisait défense aux habitants qui n'avaient point de terres labourables de nourrir
des bêtes à laine, à l'exception des bouchers de ladite ville,
auxquels il devait être assigné un certain canton pour la
dépaissance des bestiaux nécessaires à leur commerce. Ceux
qui avaient droit à entretenir des moutons ne pouvaient les
conduire au pâturage que de jour, et devaient en réduire
le nombre proportionnellement à leur exploitation. Il leur
était d'ailleurs enjoint d'ensemencer leurs champs une
année en blé, la seconde en orge ou autres menus grains,
et de les laisser en jachères la troisième année.

II. Le Préfet du département du Gard avait crû devoir prononcer dans une contestation qui s'était élevée entre les communes de *Dionisy* et *de Langlade*, relativement au parcours que la première prétendait avoir le droit d'exercer sur le territoire de la seconde, en vertu d'anciens arrêts du parlement de Toulouse. La décision de cet administrateur ayant été l'objet d'un recours au conseil-d'état, il est intervenu, à ce sujet, l'ordonnance royale ci-après :

LOUIS, etc.; — sur le rapport du comité du contentieux;

VU la requête à nous présentée au nom des sieurs *Jacques Castan*, *Henri Castan*, *Jean Picard*, *Antoine Serviers* et *Salomon Castan*, tous propriétaires, fermiers et habitants de la commune de *Saint-Dionisy*, département du Gard, ladite requête tendante à ce qu'il nous plaise, en ce qui touche l'incompétence et le fond, annuler les arrêtés du Préfet du département du Gard, des 10 septembre 1816 et 26 avril 1817, qui privent les requérants d'un droit de parcours sur les terres communales de la commune de *Langlade*; ordonner que les arrêts du parlement de Toulouse, des années 1673 et 1739, seront exécutés selon leur forme et teneur; ce faisant, rétablir les habitants des communes de *Saint-Dionisy* et de *Langlade*, dans leurs droits primitifs, et condamner le maire de *Langlade* aux dépens, sous toutes réserves de droits, même de rectifier ou amplifier les présentes conclusions;

VU l'ordonnance de soit communiqué, du 23 août 1817, et la signification faite le 19 novembre suivant, par ministère d'huissier, au maire de la commune de

Langlade, qui a visé l'exploit, et qui n'a pas encore répondu à cette signification ;

Vu les arrêtés du Préfet du département du Gard, des 10 septembre 1816 et 26 avril 1817 ;

Vu les autres pièces produites ;

Considérant que le droit mutuel de parcours des communes de *Saint-Dionisy* et de *Langlade*, a été réglé par les arrêts du parlement de Toulouse, des années 1673 et 1739, et qu'en ce qui concerne les atteintes portées à l'exercice de ce droit, les contestations doivent être portées à la connaissance des tribunaux ordinaires ;

Considérant qu'en ce qui concerne les modifications ou changements dont ledit droit de parcours aurait pu devenir susceptible, il ne peut être prononcé que par nous dans les formes prescrites par le décret du 9 brumaire an 13, et par l'avis du conseil d'état, du 7 mai 1808 ;

Considérant que lors même que ces changements seraient le résultat d'une transaction entre les deux communes, cette transaction, aux termes de l'article 2045 du Code civil ne pourrait avoir lieu qu'avec notre autorisation expresse ;

Notre conseil d'état entendu,

Nous avons ordonné et ordonnons ce qui suit :

Article 1er. Les arrêtés du Préfet du département du Gard, des 10 septembre 1816, et 26 avril 1817, sont annulés pour cause d'incompétence (1).

---

(1) Le principe consacré par cette ordonnance est tout-à-

SECTION TROISIÈME.

De la vaine Pâture dans les forêts.

§ Ier. OBSERVATIONS PRÉLIMINAIRES.

La vaine pâture dans les forêts a toujours été soumise à des règles particulières qu'avaient déterminées les différentes coutumes, dont l'extrait a été rapporté dans le chapitre Ier. La plupart de ces règles ont été depuis rendues communes à tout le royaume, par l'ordonnance donnée à Saint-Germain-en-Laye au mois d'août 1669, et dont les principales dispositions subsistent encore aujourd'hui. En effet, la loi du 15-29 septembre 1791 sur l'administration forestière s'exprime ainsi, article 4, titre 14 :

---

fait applicable dans les contestations auxquelles peut donner lieu le droit simple de *vaine pâture* ; est-il question de décider si les héritages d'un particulier, si le territoire d'une commune sont assujétis à ce droit, et à quelles époques de l'année il doit s'exercer ? C'est aux tribunaux à prononcer, en consultant la coutume, les anciens règlements locaux et les titres qui seraient représentés. S'agit-il de déterminer le mode d'exercice de la vaine pâture ? L'autorité administrative devient compétente, conformément aux articles 13 et 19 de la section 4, titre 1er de la loi du 28 septembre -- 6 octobre 1791, dont l'esprit a été développé par les arrêts de la Cour de cassation, cités pages 166, 167 et 168.

Il sera incessamment fait une loi sur les aménagements, ainsi que pour fixer les règles de l'administration forestière ; et jusqu'à ce, l'ordonnance de 1669 et les autres règlements en vigueur continueront d'être exécutés, en tout ce à quoi il n'est pas dérogé par les décrets de l'assemblée nationale. (1)

Or, cette loi, dont la promulgation devait avoir lieu prochainement, n'a point encore été publiée ; quant aux peines déterminées par l'ordonnance précitée, elles doivent aussi continuer à recevoir leur application, soit en vertu de l'article 609 du Code des délits et des peines, du 25 octobre 1795 (3 brumaire an 4), soit en vertu de l'article 484 du livre 4 du Code pénal de 1810, qui nous régit aujourd'hui. (2)

----

(1) Au nombre de ces actes de la législation nouvelle, portant dérogation à l'ordonnance de 1669, il faut ranger celui du 25 septembre -- 6 octobre 1791, dont l'article 35, titre 1er, s'exprime ainsi :

« Toutes les peines actuellement usitées, autres que celles » qui sont établies ci-dessus, sont abrogées. »

(2) Cet article est ainsi conçu : « Dans toutes les matières » qui n'ont pas été réglées par le présent Code, et qui sont » régies par des lois et règlements particuliers, les cours et » tribunaux continueront de les observer. »

Un avis du conseil-d'état, du 8 février 1812, inséré au bulletin des lois, enseigne que les dispositions de l'article précité, s'appliquent à l'ordonnance de 1669. Il ne sera pas inutile de rapporter ici les considérations qui l'ont motivé :

« Considérant....... qu'on ne peut pas regarder comme

Nous allons donc successivement passer en revue les divers articles des titres 18 et 19 de l'ordonnance de 1669, disposés dans un ordre analogue à celui que nous avons adopté jusqu'à présent ; nous observerons seulement d'indiquer les modifications que doit subir la rédaction de quelques-uns de ces articles, d'après la législation actuelle. Nous déterminerons ainsi d'une manière précise les règles diverses concernant le droit de vaine pâture dans les bois, et qui ont été consacrés par des décrets, ordonnances royales, avis du conseil-d'état et arrêts de la Cour de cassation, dont nous rapporterons le texte.

Au reste, le droit de pâturage dans les bois et forêts comprend, 1° la dépaissance des bêtes dites aumailles (1); 2° le panage des porcs. On désigne, par ce terme générique, la *glandée* (usage du gland), et la *paisson* (usage de la faine).

» réglées par le Code pénal de 1810, dans le sens attaché à
» ce mot *réglées*, par l'article 484, les matières relativement
» auxquelles le Code ne renferme que quelques dispositions
» éparses, détachées et ne formant pas un système complet
» de législation; que c'est par cette raison que subsistent
» encore, quoique non-renouvelées par le Code pénal de
» 1810, toutes celles des dispositions des lois et règlements
» antérieurs à ce Code, qui sont relatives à la police rurale
» et forestière..... et autres objets semblables, que le
» Code ne traite que dans quelques-unes de leurs branches
» seulement, etc. »

(1) On comprend communément, sous cette dénomination, les animaux domestiques de la classe herbivore.

§ 2. *Des bois et forêts où peuvent s'exercer les droits de pâturage et panage.*

Les droits de vaine pâture dans les forêts appartenant à l'état, aux communes, aux établissements publics, ou aux particuliers, ne peuvent généralement s'y exercer, nonobstant tous titres et usages, qu'autant que le bois n'en peut éprouver de dommages. Cette restriction résulte de l'article 1er de l'ordonnance de 1669, qui est ainsi conçu :

Permettons aux communautés, habitants et particuliers usagers, *dénommés en l'état arrêté en notre conseil,* d'exercer leurs droits de panage et pâturage pour leurs porcs et bêtes aumailles, dans toutes nos forêts, bois et buissons, aux lieux qui auront été déclarés défensables (1) par les *grands-maîtres* faisant leurs visites ou sur les avis des officiers des *maîtrises,* et dans toutes les landes et bruyères dépendantes de nos domaines.

Il n'est fait mention en cet article que des bois dépendants du domaine royal ; mais la restriction qu'il renferme doit être étendue à tous les autres bois ; cette doctrine qui résulte implicitement de plusieurs autres dispositions de l'ordonnance de 1669,

____

(1) C'est-à-dire qui sont reconnus assez forts et assez élevés, sans égard à leur plus ou moins d'âge, pour n'avoir rien à craindre de la dent des bestiaux. (*Arrêté du gouvernement du 26 septembre 1797) [5 vendémiaire an 6.]*

(207)

et notamment de l'article 2, titre 26, a été consacrée par le décret du 7 janvier 1805 (17 nivôse an 13), conçu dans les termes suivants, qui sont au surplus à-peu-près les mêmes que ceux de l'article précité:

« Les droits de pâturage ou parcours dans les bois et forêts appartenant soit à l'état, soit aux établissements publics, soit aux particuliers, ne peuvent être exercés par les communes qui en jouissent en vertu de leurs titres ou des statuts et usages locaux, que dans les parties de bois qui auront été déclarées défensables, conformément aux articles 1 et 3 du titre 19 de l'ordonnance de 1669, et sous les prohibitions portées en l'art. 13 du même titre.

Plusieurs arrêts de la Cour de cassation ont fait, à différentes époques, l'application de ce principe. Les plus remarquables se trouvent rapportés à la fin de la présente section.

Il convient de rappeler ici que, s'il arrive quelque incendie dans une forêt, les usagers ne peuvent y mener paître leurs bestiaux, si non après un certain temps. Cette prohibition résulte de trois arrêts du Conseil en date des 29 juin 1728, 25 avril 1741, et 14 octobre 1756, rendus chacun pour une localité déterminée. Ils prononcent, en cas de contravention, la confiscation des bestiaux et des amendes de *cent* à *cinq cents francs.*

Un avis du conseil d'état, du 9 novembre 1805 (18 brumaire an 14), approuvé le 7 décembre suivant (16 frimaire), a eu pour objet la solution de deux questions importantes, qui trouvent naturellement ici leur place :

1° *Deux propriétaires qui ont droit réciproques de parcours, sur leurs bois peuvent-ils y introduire des bestiaux avant que les bois où ils exercent le parcours aient été déclarés défensables ?*

Cette introduction blesserait directement les in-térêts du propriétaire qui a soumis ses bois au parcours, quand ils ne peuvent en être dégradés, et non pas avant qu'ils soient en état de le souffrir; elle est donc interdite et susceptible des peines portées par l'article 38 du titre 2 de la loi du 28 septembre – 6 octobre 1791, sur la police rurale.

Mais la répression de cette contravention n'ap-partient point par action principale à l'administration des forêts.

2° *Un particulier peut-il être empéché d'in-troduire ses bestiaux, sur ses propres bois, avant qu'ils soient défensables ?*

Sans doute on doit empêcher qu'un usager n'exerce son droit en un temps où son usage détruirait la propriété; c'est le motif de la réponse à la question précédente. Mais le propriétaire qui introduit des bestiaux dans ses propres bois n'exerce ni un usage ni une servitude; il use de sa chose. La propriété consiste dans le droit d'user et d'abuser, sauf les intérêts des tiers. Ce droit doit être respecté, à moins qu'il n'en résulte de graves abus.

Quel que soit l'intérêt de l'état à la conservation

des bois, on peut s'en remettre à celui des particuliers de ne pas dégrader les bois qui leur
appartiennent.

Toutefois les habitants d'une commune propriétaire de bois, ne sauraient exercer la faculté qui,
comme on vient de le voir, est inhérente à la propriété privée. L'article 16, du titre 2 de la loi
du 15 – 29 septembre 1791 , dont le texte est
rapporté au paragraphe 4 de ce chapitre, défend
d'introduire des bestiaux dans les bois communaux
avant qu'ils soient déclarés défensables. La Cour
de cassation a rendu plusieurs arrêts dans ce sens,
nous en rappellerons entr'autres un du 4 mai 1820.

Jurisprudence. (1)

I. Il ne peut être introduit de bestiaux dans un bois
domanial ou communal qui n'a point été déclaré défensable par les agents forestiers, quand bien même ce
bois serait planté en sapins. (*Arrêt de la Cour de cas-*

---

(1) Le grand nombre des arrêts rendus par la Cour de
cassation, en matière de *pâturage dans les bois*, ne permet
point de les citer tous. On a fait un choix des plus impor-
tants, soit dans le *Recueil de Sirey*, soit dans le *Traité général des Eaux et Forêts*, publié en 1821, par *Baudrillart*, et
on en a placé le sommaire à la fin de chaque paragraphe.
Ceux de ces derniers dont il a paru le plus utile de rapporter
le texte dans l'Appendice de la présente section, sont indiqués par un astérique qui suit immédiatement leur date.

sation, du 20 *février* 1815 ; -- idem *du* 30 *mai* 1818 ; -- idem *du* 23 *juin* 1820. * - Baudrillart). (1)

II. La défense de faire pâturer dans les endroits non-déclarés défensables s'applique aux parties boisées comme aux parties non-boisées. (*Arrêt de la Cour de cassation du* 13 *décembre* 1811 ; -- idem *du* 26 *avril* 1816. * - Baudrillart).

III. Un arrêt de parlement qui règle l'âge auquel les bois sont défensables n'est plus d'aucun poids aujourd'hui. * (*Arrêt de la Cour de cassation du* 1er *avril* 1808. - Baudrillart) (2).

IV. Les bestiaux ne peuvent être introduits que dans les cantons reconnus et déclarés défensables par les agents forestiers. Ainsi ce serait une infraction à la loi, que de reconnaître que les habitants d'une commune ont pu faire pâturer leurs bestiaux dans des parties de bois non-déclarés défensables, sur le motif qu'ils étaient anciennement en possession de cet usage, et que la défense de continuer à l'exercer n'a point été publiée. (*Arrêt de la Cour de cassation du* 15 *février* 1802 [26 *pluviôse an* 10]; - idem *du* 3 *décembre* 1819. * - Baudrillart.)

L'autorité municipale ne peut accorder l'autorisation de faire paître des bestiaux dans un bois communal non-déclaré défensable (*Arrêt de la Cour de cassation du* 28 *janvier* 1820. - Baudrillart.)

----

(1) *Voyez* ce dernier arrêt, § 4, n° 1 de l'*Appendice*.

(2) *Voyez* la coutume de *Sens*, page 42.

§ 5. *Des usagers dans les forêts.*

Les droits d'usage sont en général déterminés par les articles 628, 629, 630, 631, 632, 633, 634, 635 et 636 du Code civil ; le dernier porte que l'usage des bois et forêts est réglé par des lois particulières, d'où il résulte que les dispositions de l'ordonnance de 1669 continuent, en l'absence de toute loi spéciale sur la matière, à déterminer les droits des usagers du pâturage dans les forêts.

On a vu, paragraphe 2 de ce chapitre, que la susdite ordonnance ne reconnaissait, comme usagers, que les communautés, habitants et particuliers dénommés en l'état arrêté au Conseil. D'un autre côté, l'article 5 du titre 19 porte ce qui suit :

Les coutumes, franchises, usages, pâturages et panages, seront réduits aux fiefs et maisons usagères seulement, suivant les états qui en ont été faits par les commissaires qui ont travaillé aux réformations ou qui seront ci-après dressés par les *grands-maîtres*, aux maîtrises où il n'y a pas été pourvu. Le nombre des bestiaux sera pareillement réglé par les *grands-maîtres*, (1) eu égard à l'état et possibilité des forêts.

Quant aux conditions auxquelles se trouvent soumis les usagers, indépendamment des règles in-

---

(1) Ils sont remplacés aujourd'hui par les administrateurs généraux des forêts. (*Voyez* paragraphe 4, page 232.)

diquées dans le paragraphe précédent; elles résultent des articles suivants :

Les habitants usagers donneront déclaration du nombre et de la quantité de bestiaux qu'ils possèdent ou tiennent à louage, dont sera fait rôle contenant le nom de ceux à qui ils appartiendront, lequel sera porté au *juge* de la maîtrise, pour être transcrit en un registre qui sera tenu au *greffe*, et paraphé du *maître* et de *notre procureur*. (*Titre* 19, *art.* 2.)

Ne pourront les particuliers usagers prêter leurs noms et maisons aux marchands et habitants des villes et paroisses voisines, pour y retirer leurs bestiaux ; et s'il s'y en trouvait qui fussent ainsi retirés ou donnés frauduleusement par déclaration, ils seront confisqués, et l'usager condamné pour la première fois en l'amende de cinquante livres, et en cas de récidive, privé de tout usage. (Ibid. *art.* 10).

Les habitants des maisons usagères jouiront du droit de pâturage et panage pour les bestiaux de leur nourriture seulement, et non pour ceux dont ils feront trafic ou commerce, à peine d'amende et confiscation. (Ibid. *art.* 14).

Défendons à tous particuliers d'envoyer leurs bestiaux en pâturage, sous prétexte de baux et congés des officiers receveurs ou fermiers du domaine, même des engagistes ou usufruitiers, à peine de confiscation des bestiaux trouvés en pâturage et de cent livres d'amende. (Ibid. *art.* 11) (1).

____

(1) L'article 6 du titre 2 rend passibles d'une amende de trois cents livres les officiers qui auraient donné de telles permissions.

Les règles que nous venons d'indiquer ont été maintenues par la nouvelle législation. Un arrêté du gouvernement en date 26 septembre 1797 (5 vendémiaire an 6), les a spécialement renouvelées. Il est conçu en ces termes:

' Le Directoire exécutif, considérant que l'introduction des bestiaux dans les forêts nationales donne lieu à des abus et à des dégradations sans nombre ; qu'elle est prohibée par le titre 19 de l'ordonnance de 1669, à tous autres qu'aux usagers dénommés dans les anciens états arrêtés au ci-devant Conseil ; que l'article 9, du titre 6 de la loi du 15 -- 29 septembre 1791 , charge les agents forestiers de vérifier et indiquer les cantons défensables dans les pâturages, et d'en faire publier la déclaration dans les communautés usagères ; qu'enfin ces mêmes usagers sont astreints à des règles déterminées pour l'exercice de cette faculté ; arrête ce qui suit:

Art. 1er. Le pâturage des bestiaux , dans les forêts nationales *de l'ancien domaine*, est interdit à tous particuliers riverains qui ne justifieraient pas être du nombre des usagers reconnus et conservés dans les états anciennement arrêtés par le ci-devant Conseil.

Art. 2. Il est également interdit dans les forêts *devenues nationales* , excepté aux usagers qui auront justifié de leurs droits devant les administrations centrales des départements, contradictoirement avec les agents forestiers et les préposés de la régie de l'enregistrement.

Art. 3. Ceux qui auront été reconnus usagers ne pourront user de cette faculté, qu'en se conformant strictement aux dispositions contenues dans le titre 19 de l'ordonnance de 1669.

On voit que cet acte du gouvernement eut pour objet 1° de déclarer formellement acquis les droits d'usages concédés par l'ordonnance de 1669 ; 2° de déterminer les formes à suivre pour faire reconnaître les droits d'usage dans les forêts incorporées au domaine de l'état, en vertu des lois révolutionnaires ; 3° de rappeler l'exécution des règles générales établies pour l'exercice de ces droits dans l'intérêt de la conservation des forêts.

L'arrêté précité n'avait point fixé le délai dans lequel devaient avoir lieu les justifications prescrites par les articles 1 et 2. On conçoit cependant de quelle importance il était que l'administration forestière pût se former, sans beaucoup de retard, une idée précise de l'étendue des droits d'usages auxquels étaient soumises les forêts de l'état. C'est dans cette vue que fut promulguée la loi du 19 mars 1803 (28 ventôse an 11), dont voici le texte :

Art. 1er. Les communes ou particuliers qui se prétendront fondés par titres ou possession en droit de pâturage, pacage et autres usages dans les forêts nationales, seront tenus dans les six mois qui suivront la publication de la présente loi, de produire sous récépissé au secrétariat des préfectures et sous-préfectures dans l'arrondissement desquelles les forêts prétendues grevées desdits droits se trouvent situées, les titres ou actes possessoires dont ils infèrent l'existence. Si non, et ce délai passé, il leur est fait défense d'en continuer l'exercice, à peine d'être poursuivis et punis comme délinquants.

Art. 2. Les communes et particuliers dont les droits d'usage ont été reconnus et fixés par les états arrêtés au ci-devant conseil, sont dispensés de la formalité prescrite par l'article précédent (1).

Une autre loi du 5 mars 1804 (14 ventôse an 12), prorogea de six mois le délai fixé par la précédente.

Ainsi furent irrévocablement restreints les droits d'usage dans les forêts de l'état, aux communes et particuliers qui les avaient acquis. Toutefois comme plusieurs communes en 1792, au milieu de circonstances politiques propres à favoriser leurs prétentions, s'étaient fait adjuger des droits de cette nature dans certaines forêts, le gouvernement prescrivit la revision des jugements d'où ils dérivaient, et qui n'avaient point encore reçu d'exécution. Tel fut l'objet de la loi du 9 avril 1803 (19 germinal an 11), qui porte ce qui suit :

Art. 1er. Les communes qui ont obtenu, dans les tribunaux civils, des jugements qui leur ont adjugé des droits de propriété ou d'usage, soit dans les forêts de l'état, soit dans celles ou l'état a quelque intérêt, et à l'exécution desquels il a été sursis par la loi du

---

(1) Des mesures analogues avaient été prescrites sous l'empire de la législation précédente. Un arrêt du conseil de 1734, porta injonction aux usagers de la terre de Saint-Amand, en Berry, appartenant à Mlle de Charolais, de représenter leurs titres dans le délai d'un mois, sous peine d'être déchus de leurs droits.

29 floréal an 3 , produiront par-devant le Préfet de
leur département, lesdits jugements et les pièces justificatives dans le délai de six mois, passé lequel et
faute de ce faire , lesdits jugements seront regardés
comme nuls et non-avenus.

Art 2. Il sera procédé à l'examen et révision desdits
jugements , conformément aux articles 2 et 3 de la
loi du 28 brumaire an 7 (1).

Art. 3. Le délai pour y statuer sera d'un an, à dater
de la remise qui aura été faite des jugements et
pièces. Le même délai est accordé, à compter de la
publication de la présente, pour prononcer sur les jugements et pièces justificatives précédemment produits
et sur lesquels il n'a pas été statué. Ces délais expirés,
les jugements qui n'auront pas été attaqués par la voie
de l'appel auront leur plein et entier effet.

Art. 4. L'article 5 de la loi du 28 brumaire an 7
est maintenu (2); toutes autres dispositions contraires
à la présente sont abrogées.

----

(1) Art. 2. Les commissaires près les administrations centrales (*les préfets*), se pourvoiront de suite par appel, dans
les formes ordinaires, contre ceux de ces jugements que les
administrations centrales auront reconnus susceptibles d'être
réformés.

3. Ceux que l'administration centrale croira devoir être
maintenus seront, dans le mois suivant, adressés avec son
avis et les pièces justificatives au ministre des finances, qui
sera tenu de prononcer, dans les deux mois, si l'appel doit
ou non être interjeté.

(2) Art. 5. Ne seront pas assujétis aux formalités ci-dessus

En astreignant les particuliers à faire la production de leurs titres devant les autorités administratives, il n'entra point dans l'esprit des lois dont le texte vient d'être cité, d'investir ces autorités du droit de statuer sur les contestations qui s'élèveraient sur la validité de ces titres. La connaissance en appartient exclusivement aux tribunaux.

Ce principe indiqué par une circulaire émanée du ministère de la justice, sous la date du 18 septembre 1804 (1er complémentaire an 12), a été consacré d'une manière plus formelle, par le décret du 23 avril 1807, ainsi conçu :

Vu l'arrêt rendu par le tribunal civil d'*Angoulême*, le 24 ventôse an 11, qui, sur la contestation élevée entre le préfet du département de la *Charente*, et les habitants du village de l'*Hermite*, relativement à un droit d'usage prétendu par ces derniers dans la forêt d'*Horte*, les maintient dans le droit d'usage par eux réclamé.

Vu l'arrêt de la Cour d'appel de *Bordeaux*, en date du 22 juillet 1806, qui, sur l'appel interjeté par le procureur général près le tribunal de première instance d'*Angoulême*, contre le jugement rendu le 24 ventôse an 11, par ce tribunal, ordonne qu'avant

exigées, et seront exécutés sans délai, ceux desdits jugements arbitraux qui n'auront fait que confirmer de premiers jugements rendus en faveur des communes par les tribunaux de l'ancien régime.

de statuer sur l'appel, les habitants de l'*Hermite*
plaideront sur cet appel, avec le préfet de la *Charente*.

Vu l'arrêté du Préfet, en date du 13 octobre 1806,
par lequel, considérant que la loi du 28 ventôse an 8,
relative au droit de pâturage, pacage et autres usages
dans les forêts nationales, attribue la connaissance
des questions relatives à cette matière à l'autorité administrative, il élève le conflit dans l'affaire concernant
les droits d'usage prétendus dans la forêt d'Horte,
par les habitants de l'*Hermite*.

Considérant que la loi du 28 ventôse an 11, ainsi que
l'arrêté du 5 vendémiaire an 6, soumettent bien les
usagers à justifier de leurs titres ou actes possessoires,
c'est-à-dire à les produire devant l'autorité administrative ; mais que si ces titres sont contestés, c'est aux
tribunaux seuls à prononcer sur leur validité, la contestation dans ce cas présentant véritablement une
question de propriété.

Considérant en outre que la loi du 19 germinal an
11 a reconnu formellement ce principe, puisqu'elle
a statué que les communes qui ont obtenu, dans les
tribunaux civils, des jugements qui leur ont adjugé des
droits de propriété et d'usage dans les forêts nationales,
produiront ces jugements et les pièces justificatives
devant le Préfet, pour y être soumis à un nouvel
examen et attaqués, s'il y a lieu, par la voie de l'appel.

Considérant enfin qu'il s'agit d'un droit de propriété
contesté, lequel se trouve essentiellement dans les attributions des tribunaux qui en sont seuls juges.

Vu l'avis de notre commission du contentieux, et
notre conseil-d'état entendu, décrétons :

L'arrêté de conflit pris par le préfet du département de la *Charente*, en date du 13 octobre 1806, est annulé.

Une ordonnance royale du 18 novembre 1814, a fait l'application du même principe.

Il est à remarquer que les lois des 19 mars 1803 (18 ventôse an 11), et 9 avril suivant (19 germinal), n'ont dû recevoir d'application qu'à l'égard des communes, et non point à l'égard des particuliers, qui avaient obtenu par jugements d'une date récente des droits d'usage dans les forêts nationales. Ainsi jugé par un arrêt de la Cour de cassation, en date du 11 février 1808. (*Recueil de Sirey.*)

Il résulte des explications qui précèdent que les usagers dans les forêts de l'état sont :

1° Les communes et particuliers qui avaient été compris, à ce titre, dans les états arrêtés au ci-devant Conseil, ou dressés par les grands-maîtres, conformément à l'article 5 du titre 19 de l'ordonnance de 1669 ;

2° Les communes qui, antérieurement à la révolution, avaient acquis à quelque titre que ce fût, un droit d'usage dans les forêts qui ont été incorporées depuis au domaine de l'état ;

3° Les communes qui ayant acquis, postérieurement à la révolution, des droits d'usage dans les mêmes forêts, ont dû conserver ces droits, soit parce que les jugements sur lesquels ils étaient fondés ont

été jugés inattaquables, soit parce qu'il n'en a point
été fait appel dans les délais voulus par les lois des
9 avril 1803 (18 germinal an 11) et 5 mars 1804 (14
ventôse an 12), soit enfin parce qu'ils ont été confirmés;

4° Enfin les particuliers auxquels, antérieurement
ou postérieurement à la révolution, il a été adjugé
dans les mêmes forêts des droits d'usage qui leur
sont demeurés irrévocablement acquis.

A la rigueur, il existe encore une cinquième classe
d'usagers, ou du moins de particuliers habiles à le
devenir : ce sont les maîtres de forges qui ont des
exploitations dans les forêts domaniales pour le
service de leurs usines. Cette faculté dérive d'un
décret du 7 novembre 1803 (15 brumaire an 12),
conçu dans les termes suivants :

Art. 1er. Les fermiers des forges de *Port-Brillet*,
département de la Mayenne, de *Martigue*, de *Moisson-
la-Hunaudière*, département de la Loire-Inférieure
et d'Ille-et-Vilaine, sont autorisés à faire pacager les
chevaux servant au transport de leurs mines et charbons
dans les cantons de la forêt du *Pertre*, qui, chaque
année seront déclarés défensables par l'agent forestier
de la situation.

Art. 2. Les conducteurs des chevaux seront tenus
d'attacher une clochette au cou de chaque cheval conduit
au pâturage.

Art. 3. Il sera payé pour chaque cheval pris en
délit dans les endroits non-défensables, une amende
de trois francs.

Art. 4. L'amende sera double pour chaque cheval
pris sans être muni d'une clochette.

Une décision du ministre des finances du 1er mai 1804 (11 floréal an 12), a fait connaître que le décret précité, bien qu'il ne s'appliquât qu'à la forêt du *Pertre*, consacrait un principe dont en général les maîtres de forges pouvaient revendiquer le bénéfice, et qu'il suffisait d'une autorisation ministérielle pour leur accorder cette faculté.

Aux termes des articles 1er du titre 18 et 15 du titre 19 de l'ordonnance de 1669, les officiers des maîtrises avaient, en raison de leurs fonctions, un droit d'usage dans les forêts. Cette prérogative a été retirée aux agents de l'administration forestière, par la loi du 15 — 27 septembre 1791.

Quant à l'étendue des droits d'usage (1), elle se détermine par le titre même de concession, dont l'interprétation, en tant que de besoin, semble devoir, dans tous les cas, appartenir aux tribunaux. En 1803, le ministre des finances fut consulté sur cette question, en ce qui concerne les communes, par l'administration forestière ; il s'exprimait en ces termes dans une lettre qui porte la date du 27 septembre 1803 (4 vendémiaire an 12) :

Vous me demandez si l'exercice des droits d'usage

----

(1) Il faut consulter, sur ce point, une note très-développée, extraite du Recueil des lois forestières, de Pecquet, et qui se trouve au 1er volume, page 66, du *Traité général des Eaux et Forêts*, par *Baudrillart*.

des communes ne doit pas se borner au nombre des ménages qu'elles renfermaient à l'époque de la concession de ces mêmes usages , et au nombre de bestiaux que chacun de ces ménages pouvait y mener.

Cette question me paraît devoir être décidée par l'examen du titre de concession. Je pense qu'en général on doit borner l'exercice des usages aux maisons usagères , à l'époque de la concession , et au nombre des bestiaux , lorsqu'il a été nommément désigné dans le titre primitif , quel que soit le nombre d'individus qui représentent la famille usagère ; si des titres postérieurs n'ont pas étendu cette faculté.

Les conservateurs sont spécialement chargés par l'art. 56 de l'instruction du 23 mars 1821 , de veiller à ce qu'il ne soit exercé dans les forêts de l'état aucun droit d'usage dont les titres n'auraient point été vérifiés et confirmés , conformément à la loi.

Les droits de pâturage dans les bois appartenant à l'état , aux communes ou aux particuliers , ne s'étendent pas jusqu'à l'enlèvement des feuilles mortes ; à défaut de titres spéciaux , il ne peut avoir lieu par les usagers sans une autorisation particulière. Telle a toujours été la jurisprudence de la Cour de cassation , qui d'ailleurs a été fixée par un décret du 19 juillet 1810 , dont voici le texte :

Vu le rapport de notre grand-juge , relatif à un arrêt pris par la Cour de cassation , le 10 novembre 1809 , lequel arrêt porte qu'attendu le dissentiment existant entre les cours de justice criminelle du département du Mont-Tonnerre et du département de Rhin-et-Moselle, d'une part, et la Cour de cassation de l'autre, sur la question de savoir si l'enlèvement des feuilles mortes dans les forêts est un délit prévu par la loi, il y a lieu de recourir au mode d'interprétation fixé par la loi du 15 septembre 1807.

Vu les arrêts suivants rendus sur la même question, entre les mêmes parties et à l'occasion du même fait,

1° L'arrêt de la Cour de justice criminelle du département du Mont-Tonnerre, en date du 20 décembre 1806, qui renvoie *Henri Faul* de l'accusation intentée contre lui pour avoir enlevé des feuilles mortes dans une forêt domaniale, et motive sa décision sur ce que ce fait n'est qualifié délit par aucune loi;

2° L'arrêt de la Cour de cassation en date du 16 avril 1807, qui casse l'arrêt précité, sur le fondement que ce délit est prévu par les articles 18 du titre 3, 11 du titre 27 et 12 du titre 32 de l'ordonnance de 1669, et renvoie l'affaire devant la Cour de justice criminelle du département de Rhin-et-Moselle;

3° L'arrêt de cette dernière Cour qui prononce de la même manière et d'après les mêmes motifs que l'arrêt de la Cour de justice criminelle du département du Mont-Tonnerre;

Vu le référé de la Cour de cassation, suivant son arrêt sus-mentionné;

Vu enfin les articles de l'ordonnance de 1669, qui ont servi de base à l'arrêt de la Cour de cassation du 16 avril 1807, lesquels sont ainsi conçus:

Titre 3. art. 18. « Défendons aux grands-maîtres » de permettre ni souffrir aucun défrichement, arrachis

» et enlèvement de plants , glands et faines des forêts ,
» contre les dispositions de ces présentes. »

Titre 27. art. 11. « Faisons très-expresses défenses
» d'arracher aucuns plants de chêne , charme et autre
» bois dans nos forêts , sans notre permission. »

Titre 32. art. 12. « Toutes personnes privées coupant
» ou amassant des *joncs* , *herbages* , *glands* ou *faines* , de
» telle nature et âge que ce soit , et les emportant des
» forêts , boqueteaux et buissons, seront condamnées
» pour la première fois, savoir : etc. »

Considérant que les dispositions de l'ordonnance de
1669 , qui défend d'enlever certaines productions des
forêts ne sont point limitatives ;

Notre conseil d'état entendu , nous avons décrété et
décrétons ce qui suit :

Art. 1er. L'article 12 , (1) du titre 22 de l'ordonnance
de 1669 , est applicable au cas d'enlèvement de feuilles
mortes.

On avait pu supposer que les dispositions de ce

---

(1) Cet article détermine l'amende encourue selon la quantité de feuilles enlevées. Elle est de 5 fr. pour chaque faix
à col , de 20 fr. pour chaque charge de *cheval* ou *bourrique* ,
et de 40 fr. pour chaque *charretée*. La restitution est égale à
l'amende. L'une et l'autre sont doubles , s'il y a récidive ; et,
en tout cas , il y a confiscation des chevaux et voitures.

Il doit toujours être prononcé autant d'amendes qu'il
y a de personnes surprises coupant et arrachant des herbes ,
ou ramassant des feuilles en délit. (*Arrêt de la Cour de cassation , du 7 janvier 1814.*)

décret n'étaient applicables qu'aux forêts de l'état. Une circulaire émanée de l'administration forestière, sous la date du 20 juillet 1811 , a fixé les incertitudes à cet égard ; en voici le texte :

Il s'est élevé la question de savoir si le décret du 19 juillet 1810 , était applicable aux bois communaux et d'établissements publics , et si l'on pouvait aussi l'appliquer aux usagers.

Ce décret s'applique sans difficulté aux forêts des communes et des établissements publics , puisque ces forêts sont soumises aux mêmes règlements que celles de l'état.

Quant aux usagers à qui leurs titres accordent le droit d'enlever des feuilles mortes , ils doivent continuer à jouir de ce droit, mais en se conformant aux dispositions de l'ordonnance sur l'exercice des droits d'usage en général. Ils ne peuvent donc l'exercer que dans les endroits indiqués par les agents forestiers, et avec les précautions qui leur seront prescrites pour qu'il n'en résulte point de dommages.

Il arrive quelquefois que, sans être possesseur d'un droit d'usage dans une forêt domaniale, communale ou privée, un particulier a le droit de la traverser pour conduire ses bestiaux au pâturage. Mais il ne peut user de ce droit avant d'avoir demandé et obtenu la désignation d'un passage ; à défaut de remplir cette formalité , il est passible des peines applicables à l'introduction illégitime de bestiaux dans une forêt, et ne saurait être admis pour se justifier à prouver la non-dépaissance de ses bestiaux, parce que cette introduction seule suffit pour constituer le délit : ainsi jugé par un arrêt de la Cour de cassation du 7 décembre 1810.

Jurisprudence.

§ 3. I. Les communes non-portées sur les états arrêtés au conseil du Roi, ne peuvent réclamer d'anciens droits d'usage dans une forêt domaniale. (*Arrêt de la Cour de cassation du* 21 *mai* 1804 [1ᵉʳ *prairial an* 12.] * - Journal du Palais.)

II. Il y a lieu de déclarer déchus les communes ou particuliers qui, prétendant des droits d'usage dans les forêts de l'état, n'auraient point fait la production de leurs titres dans les délais voulus par les lois des 19 mars 1803 (28 ventôse an 11), et 5 mars 1804 (14 ventôse an 12). (*Avis du comité des finances du* 13 *août* 1819, *approuvé le 8 septembre suivant.* - Baudrillart.)

III. Les décisions et arrêtés portant reconnaissance de droit d'usage sont maintenus par l'article 1ᵉʳ de la loi du 5 décembre 1814, lorsqu'ils ont été rendus pendant les lois de confiscation, et que d'ailleurs ils ont acquis, par l'exécution et l'acquiéscement, l'autorité de la chose jugée. (*Ordonnance royale du* 24 *mars* 1820. - Baudrillart.)

IV. Le pourvoi formé par des tiers n'est pas susceptible d'être admis contre un arrêté qui reconnaît que les habitants d'une commune sont fondés en titre pour exercer des droits d'usage et de dépaissance dans des bois qui avaient appartenu à l'état. Cet arrêté est étranger à tous autres intérêts, et ne fait point obstacle à l'action judiciaire que ces tiers peuvent intenter, soit en revendication des droits de propriété contre l'état, soit en contestation des droits d'usage contre la commune. (*Ordonnance royale du 21 mai 1817.* *)

V. Le droit de pâturage dans une forêt doit être considéré comme une servitude réelle et ne participe en rien du droit de copropriété. (*Arrêt de la Cour de cassation du 6 mars 1817.* * - Baudrillart.)

VI. Le droit d'usage dans une forêt de particulier, pouvait, avant le Code, s'acquérir par la seule possession immémoriale, lorsque la coutume de la province portait que cette possession valait titre ; en cas de silence de la coutume sur ce point, il est permis de l'interpréter par les coutumes circonvoisines. (*Arrêt de la Cour de cassation du 24 avril 1810.* - Baudrillart.) (1)

VII. Les usagers dans une forêt domaniale ne peuvent y conduire leurs bestiaux qu'aux endroits déclarés défensables, quand bien même leurs anciens titres sembleraient autoriser l'introduction à un âge déterminé. (*Arrêt de la Cour de cassation du 7 juillet 1809.* * - Baudrillart. - Idem *du 26 février 1824.* - Recueil de Sirey.)

---

(1) Cet arrêt avait établi, en principe, que le droit de faire paître des bestiaux dans une forêt, est un droit d'usage ; et, sous ce rapport, il se trouve en contradiction avec celui du 6 mars 1817, qui seul, depuis, a fait jurisprudence : mais il n'en résulte pas moins que les anciennes coutumes voisines peuvent s'interpréter les unes par les autres ; c'est pourquoi nous avons cru devoir rapporter ici le sommaire de cet arrêt, dont il a été fait mention en divers passages du chapitre 1er, et notamment à la page 25.

VIII. C'est à l'autorité administrative qu'il appartient d'interpréter l'acte qu'elle a passé pour la vente d'une forêt, dans lequel aurait été comprise la vente d'un droit de pâturage, abstraction faite de tous actes et titres antérieurs. (*Arrêt de la Cour de cassation du 16 juin 1809. * – Baudrillart.*)

IX. Les dispositions qui restreignent l'exercice du parcours aux cantons de bois déclarés défensables n'empêchent pas que les usagers ne jouissent d'un droit plus étendu , s'il est reconnu que ce droit leur appartient en vertu de *titres spéciaux ;* ainsi lorsqu'un domaine a été vendu par l'état, avec droit de parcours dans une forêt, et que l'acquéreur prouve que les anciens propriétaires ou fermiers de ce domaine pouvaient, en toute saison , faire paître leurs bestiaux dans toute l'étendue de la forêt, ce droit est susceptible d'être exercé même dans les cantons qui n'auraient pas encore été déclarés défensables , pourvu que le gouvernement ait reconnu que l'acquéreur doit en jouir comme par le passé. (*Arrêt de la Cour de cassation du 9 juillet 1818. * – Recueil de Sirey.*)

X. L'exercice du droit de dépaissance dans une forêt, lorsque ce droit a été compris comme nécessaire à l'exploitation d'un domaine vendu, ne peut avoir lieu de la part des étrangers ou riverains qui paieraient une rétribution à l'acquéreur , mais seulement de la part de celui-ci ou de son fermier, et pour le nombre de bestiaux que l'exploitation exige. *Ordonnance du Roi , du 6 décembre 1820. * – Recueil de Sirey* (1).

---

(1) Le texte de cette ordonnance est rapporté page 248.

XI. L'individu qui a obtenu la concession d'un terrein dans une forêt, à charge de la repeupler, ne peut y faire dépaître ses bestiaux sous le prétexte que la jouissance de ce terrein lui a été concédée pour y faire telle culture qu'il jugerait convenable. (*Arrêt de la Cour de cassation du* 21 *septembre* 1820. – Baudrillart.)

XII. Les usagers doivent s'adresser, soit à l'administration forestière, soit à l'autorité supérieure, selon les cas, pour faire déclarer défensables, s'il y a lieu, les bois où ils ont des droits d'usage : ils ne peuvent y introduire leurs bestiaux avant cette déclaration.

Ils ne le pourraient point, s'il s'agit d'un bois particulier, quand même le propriétaire y aurait mis lui-même ses bestiaux en dépaissance ou en aurait affermé le pacage à son profit. (*Arrêt de la Cour de cassation du* 25 *mai* 1810. * – Baudrillart.)

§ 4. *Des règles générales concernant l'exercice des droits de pâturage dans les bois.*

Le soin de conserver les forêts a dû déterminer le gouvernement à prescrire des règles concernant l'exercice des droits de pâturage dont la possession a été reconnue et maintenue ainsi qu'il est indiqué au paragraphe précédent ; ces règles dérivent des articles suivants de l'ordonnance de 1669 :

« Les *officiers* (1) assigneront à chaque hameau,

---

(1) D'après l'organisation actuelle, cette dénomination comprend les conservateurs, inspecteurs, sous-inspecteurs et gardes généraux.

village ou communauté usagère une contrée particulière, la plus commode qu'il se pourra, en laquelle,
ès lieux défensables seulement, les bestiaux puissent
être menés et gardés séparément sans mélange de troupeaux d'autres lieux, le tout à peine de confiscation
des bestiaux et de privation de leurs charges, contre
les officiers et les gardes qui permettront ou souffriront
le contraire, et seront toutes les délivrances (1) faites
sans frais ni droit, à peine de concussion. (*Titre* 19,
art. 3.)

La déclaration des contrées et de la liberté d'y
envoyer en pâturage sera publiée *aux prônes des
messes* des paroisses usagères, l'un des dimanches du
mois de février de chaque année, *à la diligence de
notre procureur*, et sera le certificat du curé ou du
sergent mis au greffe de la maîtrise, à sa diligence et
registré sur le registre d'inscription des déclarations
des usagers, avec défense auxdits usagers, et tous
autres, d'envoyer paître leurs bestiaux ès autres lieux,
à peine de confiscation et de privation de leurs usages.
(Ibid. *art.* 4.)

Tous les bestiaux appartenants aux usagers d'une
même paroisse ou hameau ayant droit d'usage, seront
marqués d'une même marque dont l'empreinte sera mise
au *greffe*, avant que de les pouvoir envoyer au pâturage, et chacun jour assemblés en un lieu qui sera
destiné pour chacun bourg, village ou hameau, en

---

(1) C'est-à-dire toutes les permissions qui seront données
aux usagers, pour jouir du droit de pâturage ou de panage.

un seul troupeau et conduit par un seul chemin qui sera désigné par les *officiers de la maîtrise*, le plus commode et le mieux défendu, sans qu'il soit permis de changer et prendre une autre route, allant et retournant, à peine de confiscation des bestiaux, *amende arbitraire*, contre les propriétaires des bestiaux, et de punition exemplaire contre les pâtres et gardes. (Ibid. *art.* 6.)

Ne sera loisible à aucun habitant de mener ses bestiaux à garde séparée ni les envoyer en la forêt par sa femme, ses enfants, ou domestiques, à peine de dix livres d'amende pour la première fois, confiscation pour la seconde, et pour la troisième de privation de tout usage; ce qui sera pareillement observé à l'égard des *seigneurs*, *ecclésiastiques*, *gentilshommes*, et autres personnes indistinctement, qui jouiront du droit, comme habitants, nonobstant les droits de troupeau à part et toutes coutumes ou possessions contraires. (Ibid. *art.* 8.)

Les quatre articles précités déterminent les règles que nous nous sommes proposé d'indiquer dans ce paragraphe, sauf quelques légères modifications qui résultent de la législation actuelle.

Il s'est d'abord présenté la question de savoir à qui il appartient de déclarer le temps où les bois sont défensables.

La loi du 15 - 29 septembre 1791, s'exprime ainsi :

« Titre, 6 art. 9. Les conservateurs vérifieront et indiqueront les cantons défensables dans les pâturages

et en feront publier la déclaration dans les communautés usagères.

« Titre 12, art. 16. Les habitants des communautés
propriétaires de bois, ne peuvent mettre leurs bestiaux
en pâturage que dans les cantons reconnus et déclarés
défensables par le conservateur. »

Toutefois le conseil d'état, considérant que l'article 1er du titre 19 de l'ordonnance de 1669, avait
attribué aux grands-maîtres, sur les avis des officiers
des maîtrises, le droit de déclarer les bois défensables
et que les administrateurs généraux des forêts ont
succédé aux attributions des grands-maîtres, a pensé
qu'il appartient aujourd'hui à ces administrateurs de
déterminer dans chaque localité, d'après les avis des
conservateurs, le temps et l'âge où les bois n'ont
rien à craindre de la dent des bestiaux. (*Avis du
conseil d'état du 7 décembre* 1805 (16 *frimaire
an* 14).

C'est en conséquence de ce principe que les conservateurs, conformément à l'article 59 de l'instruction du 23 mars 1821, concernant les fonctions des
employés de l'administration forestière, font désigner
annuellement par les agents placés sous leurs ordres,
les cantons qui peuvent être déclarés défensables dans
les bois soumis au parcours. Ils en doivent faire
former par chaque inspection, un état qu'ils soumettent à l'approbation de l'administration avant le
1er février de chaque année.

Un édit du mois d'avril 1695, touchant la

juridiction ecclésiastique a dérogé, article 32, à la disposition de l'article 4, titre 19 de l'ordonnance, en ce qui concerne les publications aux prônes, des contrées mises en cantonnement. Cette dérogation a été confirmée par une déclaration du 16 décembre 1698; enfin l'article 54 de la loi du 8 avril 1803 (18 germinal an 11), est ainsi conçu :

« Ils (les curés) ne feront au prône aucune publication étrangère à l'exercice du culte , si ce n'est celles qui seront ordonnées par le gouvernement. »

Ainsi les ministres des autels ne sauraient être chargés d'aucune publication concernant les détails ordinaires de l'administration; celles dont il est ici question ne peuvent donc avoir lieu qu'à la diligence des maires ; mais comme d'après les règles de la hiérarchie administrative, ces fonctionnaires n'agissent qu'en vertu des instructions des autorités supérieures, il semble que les conservateurs doivent adresser l'état général des contrées déclarées en cantonnement aux préfets et sous-préfets, afin que ceux-ci en transmettent des extraits aux maires des communes intéressées.

Ces observations font connaître suffisamment dans quel sens doit être rectifiée la rédaction des articles 3 et 4, dont le texte est rapporté ci-dessus.

Quant à l'article 6, la loi du 25 − 29 septembre 1791 , ayant supprimé les offices de *greffier* , la marque dont il fait mention doit être déposée au *secrétariat de chaque* conservation; la désigna-

tion des chemins par où doivent être conduits les bestiaux appartient, sous l'approbation des *conservateurs, aux inspecteurs, sous-inspecteurs, gardes
généraux, etc;* enfin le Code pénal n'admettant plus
d'amendes arbitraires, celles qu'il y a lieu de prononcer doivent être déterminées par assimilation
avec les délits ou contraventions d'une nature analogue à ceux qui ont été commis.

Jurisprudence.

§ 4. I. Les actes par lesquels les agents de l'administration forestière déclarent que des bois sont ou non
défensables, ne sont point irrévocables ; ils peuvent
être par eux modifiés ou changés selon les circonstances : un agent inférieur ne peut autoriser le pâturage dans un canton où il a été interdit, soit par un
acte du conservateur, soit par les autres agents locaux.
(*Arrêt de la Cour de cassation du* 23 *juin* 1820. *
– Baudrillart.)

II. Il est interdit aux usagers de mener paître des
bestiaux à garde séparée, non-seulement dans les bois
domaniaux ou communaux, mais aussi dans les bois
des particuliers. (*Arrêt de la Cour de cassation du*
18 *février* 1820 ; – idem *du* 24 *août* 1820. * –Baudrillart.)

§ 5. *Des règles particulières concernant l'exercice
des droits de panage.*

Les droits d'usage dans les forêts appartenant
soit au gouvernement, soit aux établissements publics,
soit aux particuliers, sont restreints dans de certaines limites déterminées par les titres mêmes des

usagers qui n'ont rien à prétendre au-delà de ces limites. Il résulte de là que lorsque l'abondance des glands et des faines excède les besoins légitimes desdits usagers, les propriétaires des forêts peuvent disposer à leur profit de cet excédent.

C'est sur ce principe que sont fondées les dispositions du titre 18 de l'ordonnance de 1669, que nous allons rapporter :

Lorsqu'il y aura suffisamment de glands et de faines pour faire vente de glandée sans incommoder les forêts, le *maître particulier* ou *le lieutenant* et *notre procureur* visiteront la glandée en la présence du *garde-marteau* et du *sergent à garde*, et dresseront procès-verbal du nombre des porcs qui pourront être mis en panage dans les forêts de la maîtrise avec un état du nombre qui y sera mis par les usagers et officiers. (*Titre* 18, *art.* 1.)

L'adjudication se fera à *l'audience*, avant le quinzième septembre, à l'extinction des feux, au plus haut et dernier enchérisseur, après publications préalables ainsi qu'il est dit pour les chablis, avec charge expresse de payer le prix ès mains du *receveur*, aux termes y contenus, de bailler caution et de souffrir par l'adjudicataire la quantité de porcs qui aura été réglée, tant pour les usagers qu'officiers. (Ibid. *art.* 2.) (1)

______

(1) Ces adjudications ne peuvent avoir lieu que pour un an. Un arrêt du Conseil du 9 octobre 1742 prononça l'annulation d'une adjudication faite pour six années des pacage et glandée de la forêt de la *Berthe*, dépendant de la maîtrise de *Rhodez*.

La glandée ne sera ouverte que depuis le 1er octobre s
jusques au 1er février (1), et ne pourront les usagers e
officiers et adjudicataires y mettre leurs porcs en plus e
grand nombre que celui compris dans l'adjudication, e
et après les avoir fait marquer au feu et déposé au e
greffe l'original de la marque, sous peine de cent livres e
d'amende et de confiscation de ce qui se trouvera e
excéder le nombre, ou marqué de fausse marque. e
(Ibid. *titre* 3.)

Défendons à toutes personnes autres que celles e
employées dans l'état qui sera arrêté en notre Conseil e
d'envoyer ou mettre leurs porcs en glandée dans nos e
forêts, s'ils n'en ont le pouvoir du marchand-adjudica-
taire, à peine de cent livres d'amende et de confiscation,
moitié à notre profit, et l'autre moitié au profit du
marchand, et demeureront les propriétaires responsables de ceux qu'ils commettront pour la garde de leurs
porcs. (Ibid. *art.* 4.)

Faisons défense aux usagers et à tous autres d'abattre
la glandée, faine et autres fruits des arbres, les amasser
ni emporter, ni ceux qui seraient tombés, sous prétexte
d'usage ou autrement, à peine de cent livres d'amende.
(*Titre* 27, *art.* 27.)

---

(1) Les époques ci-dessus ayant été fixées dans l'intérêt de
la conservation des bois, il semble qu'elles devaient aussi
déterminer l'ouverture et la clôture de la glandée et de la
paisson dans les forêts des établissements publics et des particuliers. L'article 2 du titre 26 autorise à tirer cette conclu-
sion, conforme d'ailleurs à l'opinion des commentateurs des
anciennes lois forestières.

La loi du 15—29 septembre 1791 , article 7 , titre 5, a mis la visite et la reconnaissance de la glandée dans les attributions des inspecteurs. Ils donnent leur avis sur le nombre de porcs qu'ils estiment pouvoir être mis en panage ; le conservateur fait procéder à l'adjudication , le cas échéant, selon les formes déterminées pour la vente des bois. Toutefois aux termes d'une circulaire du 28 septembre 1801 , (6 vendémiaire an 10), la paisson ne doit avoir lieu que dans les cantons de forêts déclarés défensables , et il ne peut être introduit de porcs dans les coupes à vendre dans l'année , afin de ne point priver ces coupes de moyens de repeuplement.

Les articles 1 et 3 du titre 18 de l'ordonnance, attribuaient, ainsi qu'on le voit, aux officiers des maîtrises un droit d'usage dont l'article 15 du titre 19 avait déterminé l'étendue de la manière suivante :

Le maître particulier ne pourra mettre plus de huit porcs à la glandée; le lieutenant, notre procureur et le garde-marteau chacun six ; le greffier quatre , et le sergent à garde trois, à peine de confiscation ; le tout au cas qu'ils soient actuellement résidents , et non autrement.

Mais ces officiers ne pouvaient affermer ce droit. Ainsi l'avait jugé un arrêt du conseil du 17 juin 1736 , contre les officiers de la maîtrise de Lille. Il leur a depuis été retiré. (*Voyez* page 221.)

La jurisprudence établie par l'ordonnance de 1669,

relativement à l'usage des glands et faines , a éprouvé à quelques modifications.

Une loi du 29 août 1794 (12 fructidor an 2) autorisa tous particuliers à ramasser les glands, les faines et autres fruits sauvages dans les forêts de l'état, à la charge toutefois d'observer les lois relatives à leur conservation ; elle prohiba l'introduction des troupeaux de porcs, dans les lieux où existait cet usage , avant le 1er novembre.

Une autre loi du 12 septembre de la même année , étendit cette prohibition jusqu'au 21 novembre , quant aux forêts plantées de hêtres, et abolit toutes adjudications de glandée et de fainée.

Ces dispositions ont dérogé , tant aux articles de l'ordonnance dont nous avons rapporté le texte dans ce chapitre , qu'à l'article 12 du titre 32 qui défendait à toutes personnes privées de ramasser dans les forêts et d'emporter des glans ou faines. Cette dérogation était-elle absolue , ou n'a-t-elle dû avoir d'effet que pour l'année à laquelle se rapportait la loi d'où elle résulte? A cet égard, voici ce qu'on lit dans le Répertoire de jurisprudence , tome 5 , page 92.

Les opinions ont été pendant quelque temps partagées sur ce point , mais la question ayant été soumise au Conseil d'état, il a été tenu pour constant que la dérogation dont il s'agit n'est point limitée aux circonstances qui l'avaient provoquée. Depuis lors , les administrations forestières n'inquiètent plus les particuliers qui vont ramasser des glands ou des faines dans les bois de l'état.

Cependant une circulaire adressée sous la date du 20 août 1802 (2 fructidor an 10), par le ministre de la justice, aux commissaires du gouvernement, près les tribunaux criminels, avait eu pour objet de faire revivre les anciens usages ; elle s'exprime ainsi :

« Le ministre des finances d'après le compte qui lui a été rendu par les administrateurs généraux des forêts, m'informe que plusieurs tribunaux refusent d'appliquer à ceux qui enlèvent des glands et des faines dans les forêts nationales , la peine que prononce, en pareil cas, l'article 27, titre 27 de l'ordonnance de 1666 , sous prétexte que l'article 1er de la loi du 12 fructidor an 2 , permet à tous particuliers de ramasser les glands , les faines et autres fruits sauvages dans les forêts qui appartiennent à la nation ; c'est une erreur qu'il importe de ne pas laisser subsister ; la loi du 12 fructidor an 2 n'a point abrogé l'ordonnance de 1669, etc., etc., etc. »

D'un autre côté, l'instruction du 23 mars 1821 , approuvée par le ministre des finances et concernant les fonctions de conservateurs, inspecteurs, sous-inspecteurs et gardes généraux, est rédigée dans l'hypothèse que les dispositions de la loi du 20 août 1794 , ne sont plus en vigueur ; on lit en effet, dans cette instruction , les articles suivants :

Article 57. Le conservateur formera, pour chaque année, un état de ces produits, de ceux de pâturages, panages, et glandée qui seront adjugés dans les forêts de son arrondissement.

Article 103. L'inspecteur enverra au conservateur l'état des cantons où l'on pourra faire, sans inconvénient, les adjudications de glandée; cet état sera accompagné des procès-verbaux de reconnaissance des cantons où le panage peut être autorisé, et de la quantité de porcs à y introduire.

Nous avons dit, dans l'Avant-propos de cet ouvrage, que les pâtures se distinguaient en *pâtures grasses* ou *vives*, et en *pâtures sèches* ou *vaines*, et nous avons ajouté que celles-ci s'exerçaient sur les produits d'un sol inculte, délaissés par le propriétaire et dont il ne pouvait retirer aucune utilité. Les pâtures vives, au contraire, se composent des herbes ou fruits susceptibles d'être récoltés, conservés et vendus. C'est à titre de vive pâture que les habitants d'une commune envoient leurs bestiaux sur les terreins communaux dont ils consomment le produit pendant toute l'année.

Il résulte de là que le *panage* doit être considéré comme *vive pâture*, ainsi que nous l'avons annoncé page 14. Telle a toujours été l'opinion des anciens auteurs. « Dans les bois de haute forêt, dit le glos-
» saire de *Ragneau* et *Laurière*, la pâture est vive
» pendant le temps qu'il y a des glands et autres
» fruits aux arbres, qui tombent et dont les bêtes
» se nourrissent : après ce temps, la pâture est vaine :

car la pâture vaine n'est autre chose que celle où il n'y a plus de fruits...... »

Ainsi le droit de *panage* dans une forêt est bien distinct du simple droit de *pâturage* ; celui-ci ne confère à l'usager aucun droit de servitude. (*Voyez* la note de la page 39.) En sorte qu'on peut dire qu'il est *facultatis non juris*. Le droit de *panage* au contraire constitue une servitude proprement dite rangée dans la classe des servitudes discontinues et qui., avant la publication du Code civil, conformément à l'article 691 de ce code, a pu être acquise par une possession immémoriale. Il sera bon de consulter sur ce point un arrêt de la Cour de cassation du 25 avril 1804 (5 floréal an 12), et le réquisitoire à la suite duquel est intervenu un autre arrêt de la même Cour, en date du 2 janvier 1811.

Jurisprudence.

La connaissance des délits de glandée appartient exclusivement aux tribunaux correctionnels. (*Arrêt de la Cour de cassation du 2 avril 1812.** – Baudrillart.)

§ 6. *De la garde des bestiaux , et des précautions propres à prévenir les dommages.*

Nous avons fait sentir, page 147, avec quel discernement devait être fait le choix du pâtre chargé de conduire les troupeaux des communautés, sur les terres de vaine pâture. Ce choix est encore plus important lorsqu'il s'agit de l'exercice du pâturage dans les bois et forêts , parce que les bestiaux exigent une surveillance beaucoup plus active. Aussi l'ordonnance de 1669 a-t-elle posé des règles précises à cet égard : voici comment est conçu l'article 9 du titre 19.

Les pâtres ou gardes seront choisis, et nommés annuellement à la diligence des *procureurs d'office ou syndics de chacune paroisse* , ou principaux habitants des hameaux et villages par les habitants assemblés en *présence du juge des lieux qui en délivrera acte sans frais* , ou du *notaire ou tabellion* , et demeurera la communauté civilement responsable de ceux qui seront choisis.

D'après l'organisation administrative actuelle , la nomination du pâtre doit être faite *à la diligence du maire par le conseil municipal* dans les formes ordinaires (1) ; dans le cas toutefois où la majorité des usagers serait étrangère au conseil municipal, il semble qu'une partie desdits usagers doive être réunie à ce corps, puisque ce sont eux qui sont appelés à répondre des dommages qui résulteraient d'un mauvais choix.

Dans tous les cas , on pense que ce choix , avant d'être approuvé par le sous-préfet ou le préfet, doit être agréé par le conservateur ou les agents placés sous ses ordres (2) ; car il serait en droit de récuser

---

(1) *Voyez* page 149.

(2) Cette opinion est fondée, à cause de l'analogie, sur les articles 15 et 16 de la loi du 29 avril 1803 (9 floréal an 11.)

celui qui lui serait notoirement désigné comme inca-
pable d'exercer la surveillance convenable dans l'intérêt de la conservation des forêts. Cette réflexion
semble conforme à l'esprit de la loi du 8 juillet 1795
(20 messidor an 3). Au surplus, une copie authen-
tique de la délibération intervenue ainsi qu'il vient
d'être dit ci-dessus, doit remplacer l'acte dont il
est fait mention en l'article précité de l'ordonnance
de 1669.

Quelque active que puisse être la surveillance du
pâtre, elle ne suffirait point seule pour prévenir les
dommages en certaines circonstances; il est encore
besoin de quelques autres précautions accessoires,
qui sont déterminées par les articles ci-après de l'ordonnance.

Les particuliers seront tenus de mettre au col de leurs
bestiaux des clochettes, dont le son puisse avertir des
lieux où ils pourraient s'échapper et faire dégât, afin
que les pâtres y courent, et se saisissent des bêtes
écartées et trouvées en dommage hors les cantons
désignés et publiés défensables. (*Titre 9, art. 7.*)

S'il y avait de jeunes rejets en futaie ou taillis, le
long des routes ou chemins où les bestiaux passeront
pour aller ès lieux destinés au pâturage, en sorte que
le brout ne se pût sûrement empêcher, les *officiers* (1)
tiendront la main à ce qu'il soit fait des fossés suffisamment larges et profonds pour leur conservation,
où les anciens relevés et entretenus aux frais et dépens

____

(1) Les agents de la conservation.

des communautés usagères, à proportion des bêtes qu'elles enverront en pâturage. (*Titre* 9, *art.* 12.)

Au nombre des précautions propres à prévenir les dommages, on doit compter la prohibition du pâturage de nuit. Un arrêt du Conseil du 24 juillet 1719, l'a prononcé pour la maîtrise des eaux et forêts d'Orléans, à peine de confiscation des bestiaux, de 40 livres d'amende pour chaque cheval, bœuf ou vache, et d'amende *arbitraire* contre les pâtres dont les maîtres demeureront civilement responsables.

Jurisprudence.

I. La dépaissance des bestiaux dépourvus de clochettes, dans un bois domanial, communal ou particulier, constitue toujours un délit punissable. (*Arrêt de la Cour de cassation du* 24 *août* 1820. * (1) – Baudrillart.)

§ 7. *Des animaux considérés comme nuisibles dans les forêts.*

Nous avons vu, dans le paragraphe 7 de la 1ere section, que les *chèvres* et les *moutons* étaient éloignés, comme nuisibles, des terres de vaine pâture. La dent de ces animaux étant funeste aux arbres, l'accès des forêts leur a été particulièrement défendu. L'ordonnance de 1669 est formelle à cet égard :

– Défendons aux habitants des paroisses usagères, et

____

(1) Le texte de cet arrêt est rapporté page 291.

à toutes personnes ayant droit de passage dans nos forêts et bois, ou en ceux des ecclésiastiques, communautés et particuliers, d'y mener ou envoyer bêtes à laine, chèvres, brebis ou moutons, ni même ès landes et bruyères, places vaines et vagues aux rives des bois et forêts, à peine de confiscation des bestiaux, et de 3 livres d'amende pour chacune bête; et seront les bergers et gardes de telles bêtes, condamnés en l'amende de 10 liv. pour la première fois, *fustigés* et *bannis du ressort de la maîtrise*, en cas de récidive; et demeureront les maîtres, propriétaires de bestiaux, et pères de famille, responsables civilement des condamnations rendues contre les bergers. (*Titre* 9, *art.* 13.)

On voit que l'ordonnance de 1669 a formellement interdit, ainsi que le faisaient d'ailleurs les coutumes de plusieurs provinces, l'introduction des *brebis*, *moutons* et *chèvres* dans les forêts. Toutefois, cette prohibition ne peut être considérée comme ayant le caractère d'une disposition d'ordre public, qui ne souffrirait généralement aucune exception. A l'appui de cette opinion, nous citerons une ordonnance royale du 6 décembre 1820 (1), dont nous allons rapporter le texte, en empruntant l'historique de la cause au recueil des arrêts de la Cour de cassation.

---

(1) La contestation sur laquelle cette ordonnance a eu pour objet de statuer, était une suite de celles qui avaient donné lieu aux arrêts de la Cour de cassation des 16 juin 1809 et 9 juillet 1818, indiqués sous les n°s 8 et 9, à la fin du paragraphe 3, et dont le texte est rapporté dans l'*Appendice* de cette section.

Il s'agissait d'un droit de dépaissance dans la forêt de *Salvage*, département de l'Aveyron.

Ce droit était acquis aux propriétaires du domaine de *Lasmayoux*, en vertu du contrat de la vente qui leur avait été faite administrativement le 14 mai 1796 (25 floréal an 4).

L'administration avait attaché ce droit de dépaissance au domaine de *Lasmayoux*, comme nécessaire à l'exploitation, et parce que tel avait été l'usage de tous les temps.

Le fond du droit de dépaissance avait été contesté par la direction des forêts, sous prétexte que la loi du 27 mars 1791, avait défendu de vendre des droits d'usage dans les bois domaniaux : mais un décret du 9 avril 1811 (1), avait maintenu le droit de dépaissance par respect pour le titre conventionnel. Vaincue sur le fond du droit de dépaissance, l'administration contesta sur l'exercice, sur le mode et l'étendue de l'exercice de ce droit; elle s'opposa d'abord à ce qu'il fût exercé avec des moutons ; elle s'opposa ensuite à ce qu'il fût exercé dans les bois non-défensables ; enfin elle s'opposa à ce qu'il fût cessible à des tiers, parce que l'usage est un droit personnel.

Sur le tout, il fut décidé constamment qu'il fallait

____

(1) Il portait que les acquéreurs du domaine de Lasmayoux continueraient à jouir, *comme par le passé*, du droit de mener paître leurs bestiaux gros et menus, à l'exception des chèvres, dans la forêt de Salvage, sauf à l'administration forestière à provoquer, dans l'intérêt de l'état, et à faire opérer le cantonnement, conformément aux lois.

consulter, non le droit commun , mais le droit spécial ,
le *titre conventionnel.*

Et, attendu que ce titre établissait la dépaissance
avec des brebis ou moutons , et même dans les bois
défensables, le droit fut maintenu avec cette extension ;
tels sont les arrêts indiqués , page 228 , n°s 8 et 9, et
dont le texte est rapporté dans l'Appendice ci-après :

« Quant à la question de savoir si le droit de dépaissance pouvait être cédé à des tiers , on adopta le même
système de respect au titre conventionnel.... , interprété par l'administration de qui il émanait.

Mais attendu que la vente du droit de dépaissance
avait eu pour cause unique la nécessité de l'exploitation du domaine de *Lasmayoux* ; attendu que la cession
du droit de dépaissance n'était pas du tout nécessaire
à cette exploitation, l'administration dut , cette fois ,
se prononcer contre les acquéreurs. Ainsi jugea en
effet un arrêté du Conseil de préfecture du département de *l'Aveyron* , du 24 août 1816.

Un double pourvoi eut lieu devant le conseil
d'état , 1° de la part des acquéreurs contre la disposition qui déclarait non-cessible leur droit de dépaissance ; 2° de la part de l'administration forestière,
contre le refus de décider que le droit de dépaissance
ou d'usage, devait être exercé conformément à l'ordonnance de 1669 , sans égard au titre conventionnel.

Sur quoi est intervenue l'ordonnance royale ci-
après, et de laquelle on peut tirer cette double conclu-
sion, 1° qu'un droit d'usage n'est point cessible, lorsque
le titre d'où il dérive ne le déclare point tel ; 2° qu'un
titre conventionnel récent peut déroger à l'ordonnance

de 1669 , pourvu que la dérogation soit formellement exprimée.

» Vu la requête à nous présentée au nom des sieurs Rouvelet , Cadillac et consorts, enregistrée au secrétariat général de notre conseil d'état, les 7 mars et 21 avril 1817 , 28 octobre 1818 ; et 21 septembre 1820 , et tendante à l'annulation d'un arrêt du Conseil de préfecture du département de l'Aveyron , du 24 août 1816 , lequel statue sur un droit de dépaissance qu'ils réclament dans le bois de Salvage , en leur qualité d'acquéreurs du domaine de Lasmayoux , par acte du 3 messidor an 4 :

» Vu l'arrêté attaqué ;

» Vu le mémoire en défense de l'administration des domaines , enregistré audit secrétariat général , le 7 juillet 1820 ;

» Vu l'acte de vente du 3 messidor an 4 , et le décret du 9 avril 1811 ;

» Ensemble toutes les pièces respectivement produites et jointes au dossier ;

» Considérant qu'il résulte des termes de l'acte de vente, du 3 messidor an 4 , et du décret du 9 avril 1812 , que le droit de dépaissance, sur la forêt de Salvage , ne peut pas être exercé par des étrangers ou propriétaires riverains, mais seulement par les acquéreurs du domaine de Lasmayoux , ou leurs fermiers , et pour le nombre de bestiaux nécessaire à l'exploitation dudit domaine ;

» Considérant, sur les conclusions additionnelles de l'administration des domaines, qu'aux termes dudit décret, les acquéreurs ont le droit de mener paître leurs bestiaux, gros et menus, à l'exception des chèvres dans la forêt de Salvage;

» Considérant sur la question de savoir si les bestiaux non-prohibés peuvent être introduits dans les cantons de bois déclarés défensables; que cette question est du ressort des tribunaux,

» Notre Conseil d'état entendu, nous avons ordonné et ordonnons :

» Art. 1er. La requête des sieurs *Rouvelet* et consorts est rejetée. »

Il est essentiel de remarquer que les acquéreurs du domaine de *Lasmayoux*, ne devaient point être considérés seulement comme *usagers* des droits de pâturage qui étaient l'objet de la contestation; mais en quelque sorte comme propriétaires de ces droits, puisqu'aux termes de leur contrat d'acquisition, ils faisaient partie intégrante de la valeur dudit domaine. Cette distinction est extrêmement importante, et nous insisterons pour que le lecteur ne la perde point de vue, sinon il croirait au premier abord apercevoir une espèce de contradiction entre le décret précité, et deux arrêts de la Cour de cassation, l'un en date du 20 juillet 1810, l'autre en date du 18 octobre 1821; le texte de ce dernier est imprimé à la suite de cette section.

On doit donc conclure de l'ordonnance ci-dessus rapportée, que les droits de pâturage *aliénés* et non pas *concédés* par l'état à un particulier, doivent s'exercer conformément au contrat d'aliénation, encore faut-il que la date de ce contrat ne soit point antérieure aux lois qui ont fait de la défense d'introduire des bêtes à laine et chèvres dans les bois domaniaux, communaux et particuliers, une disposition générale et absolue.

Le propriétaire qui introduit ces animaux dans ses propres bois, est-il en contravention à cette défense ? Un arrêt de la Cour de cassation, du 5 novembre 1807, avait résolu affirmativement la question; mais deux autres arrêts des 26 juillet et 18 octobre 1811, paraissent avoir consacré une doctrine contraire, qui est d'ailleurs en harmonie avec l'avis du conseil d'état, du 7 décembre 1805 (16 frimaire an 14).

Jurisprudence.

I. L'introduction des bêtes à laine est défendue en tout temps dans les bois, et il n'est au pouvoir d'aucune autorité locale de déroger à cette prohibition. (*Arrêt de la Cour de cassation du 7 janvier 1820; - idem du 28 janvier 1820* *; *- idem du 24 mai 1821. - Baudrillart.*)

II. Une ancienne transaction qui, antérieurement à l'ordonnance de 1669, aurait concédé à des usagers le droit de faire paître des moutons, brebis et chèvres dans un bois de particuliers, ne peut plus aujourd'hui recevoir son exécution. (*Arrêt de la Cour de cassation du 20 juillet 1810* (1) *- Baudrillart.*)

III. Les usagers dans un bois de particuliers ne peuvent, quelles que soient l'étendue de leurs droits

------

(1) En rendant cet arrêt, la Cour de cassation a posé en principe qu'une transaction du 30 juin 1652, qui avait con-

d'usage et la manière abusive dont ils en auraient joui précédemment, s'affranchir des règles conservatrices prescrites par les lois, la prohibition du pâturage des bêtes à laine, attendu que l'étendue d'un droit d'usage ne peut lui imprimer le caractère ni les attributs de la propriété. (*Arrêt de la Cour de cassation, du* 18 *octobre* 1821. * - Baudrillart.)

IV. La déclaration d'un conseil municipal ne peut servir d'excuse à l'introduction des chèvres et moutons dans un bois communal. L'administration seule doit apprécier l'exception de bonne foi des prévenus. (*Arrêt de la Cour de cassation du* 6 *juin* 1817 ; - idem *du* 24 *mai* 1821. - Baudrillart.)

V. Les usufruitiers ne peuvent envoyer des chèvres dans les bois dont ils ont l'usufruit. (*Arrêt de la Cour de cassation du* 5 *avril* 1811. - Baudrillart.)

VI. Les chemins par où doivent passer les bêtes à laine à travers une forêt, pour se rendre au pâturage, doivent être désignés par l'autorité compétente. (*Arrêt de la Cour de cassation du* 7 *janvier* 1820. - Baudrillart.)

§ 8. *Des délits de pâturage et des peines y applicables.*

Nous avons vu quelles peines encourent les usa-

---

cédé aux habitants d'*Entragues* (Hautes-Alpes), le droit de faire paître des moutons et chèvres dans le bois dit de la *Blache*, avait été virtuellement annulée par l'ordonnance de 1669, qu'un édit du mois de février 1704, enregistré au parlement d'Aix, avait déclarée spécialement exécutoire.

gers qui transgressent les règles et prohibitions relatives à l'exercice de leurs droits d'usage. Ces peines
sont déterminées par les articles 3, 4, 6, 8, 10, 11,
13 et 14 du titre 19 de l'ordonnance de 1669,
cités dans les paragraphes 2, 3, 4, 5 et 7. Quant
aux délits commis hors du cercle desdites règles et
prohibitions, ou par des personnes non-usagères, le
titre 32 de l'ordonnance y a pourvu; l'article 10
s'exprime ainsi :

Les bestiaux trouvés en délit ou hors des lieux
des routes et chemins désignés, seront pareillement
confisqués, et où les bêtes ne pourraient être saisies,
les propriétaires seront condamnés en l'amende qui
sera de vingt livres pour chacun cheval, bœuf ou vache;
cent sols pour chacun veau, et trois livres pour chaque
mouton ou brebis; le double pour la seconde fois; et
pour la troisième, le quadruple de l'amende, *banisse-
ment des forêts contre les pâtres et autres gardes ou
conducteurs*, desquels en tout cas les maîtres, pères,
chefs de famille, propriétaires, fermiers et locataires
des maisons y résidants, demeureront civilement responsables.

L'article 5 du même titre porte que l'amende sera
double dans le cas où les délits auraient été commis de
nuit (1); l'article 8 porte que la restitution des dommages sera toujours égale à l'amende. Enfin, l'article

---

(1) Voyez ce que nous avons déjà dit sur le pâturage noc-
turne, page 148, ainsi que les observations des commissions
consultatives de *Metz* et de *Nanci*, chapitre 3.

14 défend expressément aux juges d'arbitrer les amendes, ni de modérer les peines encourues. C'est en raison de la disposition formelle qui résulte de cet article, que la Cour de cassation a établi en principe par deux arrêts des 18 mai 1809, et 11 juillet 1817, que les tribunaux, en fait de délits forestiers, ne pouvaient user de la latitude qui leur est attribuée par l'article 463 du Code pénal.

Ces dipositions sont encore en vigueur. Le conseil d'état consulté sur la question de savoir quelle peine encourt l'usager qui introduit des bestiaux dans les bois non-déclarés défensables, s'exprima ainsi dans un avis du 7 décembre 1805 (16 frimaire an 14), que nous avons déjà eu occasion de citer :

Les bestiaux dont il s'agit ne peuvent point être les chèvres, brebis et moutons, dont l'introduction est défendue en tout temps dans les bois et forêts de la couronne et de l'état, par l'article 13 du titre 19 de l'ordonnance de 1669.

Quant à l'introduction des autres bestiaux dans les bois, avant qu'ils soient déclarés défensables, l'article 10, titre 32 de la même ordonnance y a pourvu : il prononce la confiscation des bestiaux trouvés en délit, et, dans le cas où ils ne pourraient être saisis, des amendes qui ont été modérées par des règlements particuliers auxquels on doit se conformer dans chaque localité (1).

____

(1) La disposition pénale résultant de l'article 10 du titre 32 de l'ordonnance de 1669 avait été modérée en faveur des

Le délit résulte de la *seule introduction* dans les bois *avant qu'ils soient déclarés défensables*, et la peine est dépendante de la réparation des dommages causés.

Depuis la promulgation de l'ordonnance de 1669, les bois ont en général éprouvé une augmentation de valeur plus ou moins considérable, selon les localités. Il était donc devenu nécessaire de rétablir entre cette nouvelle valeur et les peines applicables aux délits, la proportion qu'avait eu l'intention d'établir ladite ordonnance. Tel a été l'objet de l'article 10 de la loi du 8 juillet 1795 (20 messidor an 3); il porte ce qui suit :

À l'égard des délits commis dans les forêts nationales

-----

justiciables de la maîtrise de *Sedan*, par un arrêt du Conseil, du 25 janvier 1681, qui réduisait à *trente* sols l'amende encourue pour chaque bœuf trouvé en délit.

Le règlement général de la réformation des eaux et forêts d'*Orléans*, en date du 25 avril 1671, confirmé par arrêt du Conseil de 1676, fixait, chapitre 8., article 5, l'amende des bestiaux trouvés en délit, ainsi qu'il suit ; savoir : pour chaque bœuf ou vache, *quarante* sous ; pour chaque cheval, *vingt* sols ; pour chaque brebis ou mouton, *dix* sols : l'amende devait être double en cas de récidive.

C'est à ces modérations que fait allusion l'avis du conseil d'état, du 7 décembre 1805. Au reste, pour se former à cet égard une opinion réfléchie, il faut consulter trois arrêts de la Cour de cassation, insérés au 2ᵉ volume du Traité général des Eaux et Forêts, pages 107, 109 et 110, ainsi qu'un autre arrêt du 13 mai 1809, page 273 du même volume.

et particulières, le prix de la restitution et de l'amende sera provisoirement déterminé par les tribunaux, d'après la valeur *actuelle* du bois.

La réflexion qui précède annonce assez que cette disposition ne saurait en aucun cas autoriser les tribunaux à prononcer des peines moindres que celles qui résultent de l'ordonnance de 1669 ; ainsi l'a jugé un arrêt de la Cour de cassation, du 25 octobre 1802 (3 brumaire an 11).

La loi du 15 – 29 septembre 1791 a déterminé, ainsi qu'il suit, les règles concernant les poursuites des délits :

Titre 9, art. 1er. La poursuite des délits et malversations commis dans les bois de l'état, et les contraventions aux lois forestières, sera faite au nom et par les agents de la conservation générale.

Art. 2. Les actions seront portées immédiatement devant les tribunaux *du district* (de l'arrondissement) de la situation des bois.

Art. 3. Néanmoins les juges de paix pourront donner main-levée provisoire des bestiaux séquestrés par les gardes dans leur territoire, en exigeant bonne et suffisante caution, jusqu'à concurrence de la valeur des objets saisis, et en faisant satisfaire aux frais du séquestre.

Art. 4. Si les bestiaux saisis n'étaient pas réclamés dans les trois jours de la séquestration, lesdits juges en ordonneront la vente à l'enchère au marché le plus voisin, après en avoir fait afficher le jour vingt-quatre heures à l'avance, et les deniers de la vente resteront

déposés entre les mains de leur greffier, sous la déduc-
tion desdits frais de séquestre qui seront modérément
taxés.

Art. 7. Les actions en réparations de délits seront
intentées au plus tard dans les trois mois où ils auront
été reconnus, lorsque les délinquants seront désignés
par les procès-verbaux, à défaut de quoi elles seront
éteintes et prescrites (1); le délai sera d'un an, si les
délinquants n'ont pas été connus.

Art. 13. Les procès-verbaux feront preuve suffisante
dans tous les cas où l'indemnité et l'amende n'excède-
ront pas la somme de cent livres, s'il n'y a pas inscription de faux, ou s'il n'est pas proposé de cause valable
de récusation.

Art. 14. Si le délit est de nature à emporter une
plus forte condamnation, le procès-verbal devra être
soutenu d'un second témoignage (2).

Ces dispositions concernent les bois de l'état ;
quant aux bois des communes, la même loi porte ce
qui suit, titre 12, article 6.

____

(1) Il faut de plus que, pendant les trois mois qui suivent
la reconnaissance du délit, il n'ait été intenté aucune action.
(*Arrêt de la Cour de cassation du 2 janvier 1806.*)

(2) Un arrêt de la Cour de cassation, du 31 décembre 1819,
a décidé que cet article devait recevoir son application dans
le cas où un délit de pâturage serait de nature à emporter la
peine de l'emprisonnement, quand bien même l'amende et
l'indemnité ne devraient pas excéder cent livres. La peine
de l'emprisonnement est en effet au-dessus de toute peine
pécuniaire.

(257)

Les gardes, après avoir affirmé leurs procès-verbaux
concernant les délits ordinaires de pâturage , maraudage
ou vol de taillis ; les déposeront au greffe du juge de
paix , et en avertiront le *procureur de la commune* (le
maire), pour faire les poursuites requises conformément aux lois de police.

Nous avons vu que les délits de pâturage dans les
bois de l'état, étaient susceptibles de l'application des
articles 5 et 10 du titre 32 de l'ordonnance de 1669.
Il n'en est pas de même si ces délits ont lieu dans
des bois-taillis appartenants, soit aux communes ,
soit aux particuliers. Il faut alors recourir à l'article 38
du titre 2 de la loi du 28 septembre – 6 octobre 1791,
ainsi conçu :

Les dégâts faits dans les bois-taillis des particuliers
ou des communautés par des bestiaux ou troupeaux ,
seront punis de la manière suivante :

Il sera payé d'amende pour une bête à laine, 1 livre ;
pour un cochon, 1 livre ; pour une chèvre, 2 livres ; pour
un cheval ou autre bête de somme, 2 livres ; pour un
bœuf , une vache ou un veau, 3 livres.
Si les bois-taillis sont dans les six premiers mois de
leur croissance , l'amende sera double.
Si les dégâts sont commis en présence du pâtre, et
dans des bois-taillis à moins de six années, l'amende
sera triple.
S'il y a récidive dans l'année, l'amende sera double,
et s'il y a réunion des deux circonstances précédentes
ou récidive avec une des deux circonstances, l'amende
sera quadruple.

(258)

Le dédommagement dû au propriétaire sera estimé
de gré à gré, ou à dire d'experts.

Ces délits devaient toujours être poursuivis dans le
mois, conformément à l'article 8, section 7, titre 1er de
la même loi, à défaut de quoi les délinquants pouvaient
opposer la prescription ; mais un arrêté du Gouvernement du 10 mars 1802 (19 ventôse an 10), ayant
déclaré les bois communaux *soumis au même régime*
que les bois nationaux, les dispositions de l'article 8,
titre 9 de la loi du 15 — 29 septembre 1791 , ont dû
depuis lors déterminer le délai des poursuites des
délits commis dans lesdits bois. Un arrêt de la Cour
de cassation du 9 janvier 1807 , a été rendu dans ce
sens.

Aux termes des articles 2 et 3 du titre 24 de l'ordonnance de 1669, le quart en réserve des bois appartenants aux établissements publics, est réputé futaie, et
comme tel mis hors de la classe des bois-taillis ; il en
résulte que s'il se commet quelques délits de pâturage
ou autres dans ces sortes de bois, ils doivent être punis
des peines déterminées par ladite ordonnance qui n'a
point cessé de faire loi à cet égard : l'article dont nous
venons de rapporter le texte n'est point, dans ce cas,
susceptible d'application. Ainsi l'ont jugé, entr'autres, deux arrêts de la Cour de cassation des 16 septembre 1803 (29 fructidor an 11), et 15 mars 1811 (1).

____

(1) Consulter le texte du 1er de ces deux arrêts indiqués
au *Traité général des Eaux et Foréts*, par Baudrillart,
tome 1er , page 656.

Jurisprudence.

I. L'ordonnance de 1669 est la loi générale applicable aux délits de pâturage, comme à tous autres qui se commettent dans les bois domaniaux. (*Arrêt de la Cour de cassation du 14 mai 1812. -* Baudrillart.)

II. Les délits de pâturage commis par des personnes non-usagères, sont punis d'après l'article 10 du titre 32 de l'ordonnance de 1669, et non d'après le titre 19. (*Arrêt de la Cour de cassation du 5 novembre* 1802 [14 *brumaire an* 11.] *-* Baudrillart.)

III. Toute contravention à un règlement sur la police des forêts, approuvé par le préfet, constitue un délit qui est de la compétence des tribunaux de police correctionnelle. (*Arrêt de la Cour de cassation du 29 mars* 1806.*)

IV. La restitution au moins égale à l'amende doit être prononcée pour les délits de dépaissance dans les forêts comme pour tous autres délits. (*Arrêt de la Cour de cassation du 8 octobre* 1808 ; - idem, *du 14 août* 1813 (1) ; - idem, *du 23 octobre* 1817.*) Toutefois, il n'y a lieu à prononcer ni restitution ni amende, lorsque les bestiaux ont été saisis et confisqués. (*Arrêt de la Cour de cassation du 12 août* 1813.)

V. En matière forestière, lorsqu'il s'agit des bois de l'état, la responsabilité des pères, maîtres et propriétaires, s'étend aux amendes comme aux réparations

______

(1) Il sera bon de consulter le texte de cet arrêt, qui est précédé de longs et curieux développements. (Baudrillart, tome 2, page 573.)

17 *

civiles. (*Arrêt de la Cour de cassation du* 21 *septembre* 1820 * ; – idem *du* 6 *avril* 1820. – Baudrillart). Mais la responsabilité d'un délit de pâturage commis dans un bois communal, ne s'étend pas à l'amende. (Idem *du* 25 *février* 1820. – Baudrillart.)

VI. A défaut par les prévenus d'un délit de pâturage de justifier que le bois a été déclaré défensable, les peines encourues doivent être prononcées. Les tribunaux qui ont à statuer ne peuvent induire d'aucune circonstance, notamment de l'âge des bois, ou du silence du procès-verbal à cet égard, que ledit bois était défensable. (*Arrêt de la Cour de cassation du* 25 *mai* 1810 * ; – idem du 30 *mai* 1818. – Baudrillart.)

VII. Les délits commis dans une forêt indivise avec l'état, sont punis des mêmes peines que ceux commis dans les bois purement domaniaux. Il n'est pas nécessaire, à peine de nullité, que le procès-verbal dénomme précisément l'endroit où le délit a été commis, pourvu qu'il indique la forêt. (*Arrêt de la Cour de cassation du* 18 *juillet* 1811.)

VIII. Les délits de pâturage dans les bois des particuliers, peuvent être poursuivis par l'administration des forêts, à la requête desdits particuliers. (*Arrêt de la Cour de cassation du* 3 *septembre* 1808. – Baudrillart.) (1)

IX. Lorsque dans une instance en réparation de

______

(1) Cet arrêt est fondé sur l'article 5 du titre 26 de l'ordonnance de 1669, qui s'exprime ainsi :

« Sera libre à tous nos sujets de faire punir les délinquants » en leurs bois, des mêmes peines et réparations ordonnées » par ces présentes pour nos eaux et forêts; et à cet effet se » pourvoir pardevant le *grand-maître* et les *officiers de la* délit commis dans un bois domanial, communal ou particulier, il s'élève une question de propriété, le tribunal correctionnel doit surseoir à prononcer jusqu'après décision par le tribunal compétent sur l'exception proposée. (*Arrêt de la Cour de cassation du* 21 *octobre* 1800 [29 *vendémiaire an* 9]; – idem *du* 29 *mars* 1807; – idem *du* 2 *octobre* 1807; – idem *du* 12 *juillet* 1816. – Baudrillart.)

Toutefois, il ne peut y avoir lieu à surseoir, 1º si le prévenu n'excipe pas d'un droit personnel, ou s'il ne remplit pas les obligations qui lui sont imposées par l'article 12, titre 9 de la loi du 15 -- 29 septembre 1791. (*Arrêt de la Cour de cassation du* 12 *juillet* 1816. – Baudrillart); 2º si alléguant qu'il a agi au droit d'un prétendu propriétaire, ce propriétaire n'est pas mis en cause. (*Arrêt de la Cour de cassation du* 24 *octobre* 1817. – Baudrillart); 3º si le fait imputé au prévenu est de nature à ce que les moyens exceptionnels proposés, quel que soit leur fondement, n'écartent point toute idée de délit ou de contravention. (*Arrêt de la Cour de cassation du* 19 *janvier* 1804 [28 *nivôse an* 13]; – idem *du* 28 *février* 1820. – Baudrillart.)

» *maîtrise* auxquels, en tant que besoin serait, nous en » attribuons toute connaissance et juridiction. »

Toutefois on doit observer que cette attribution ne saurait avoir lieu que dans le cas où il s'agit d'un délit dont la répression intéresse l'ordre public, c'est-à-dire, si la dépaissance a été exercée par des bêtes à laine, ou dans un canton non-déclaré défensable. Il faut consulter, relativement à cette distinction, un arrêt de la Cour de cassation, du 27 août 1812. (*Traité général des Eaux et Foréts*, *tome* 2, *page* 507.)

§ 9. *Du cantonnement.*

Nous avons sommairement indiqué, chapitre 5, ce que l'on devait entendre par cantonnement : mais il est nécessaire d'en donner ici une idée plus développée, et pour y parvenir, nous emprunterons les expressions de l'auteur du Répertoire de jurisprudence; voici ce qu'on lit dans cet ouvrage, *tome* 13, *page* 246 :

Jusques en 1669, les propriétaires des bois asservis à des droits d'usage s'étaient contentés de restreindre les usages à une certaine étendue, sur le seul principe que la propriété qu'ils avaient conservée ne devait pas leur être inutile. Cette opération s'appelait aménagement ; et son effet consistait uniquement à resserrer les bornes de l'usage, sans en changer la nature.

L'ordonnance des eaux et forêts qui parut à cette époque, amena insensiblement d'autres idées. La conservation des bois est son principal objet; pour le remplir, elle établit ce que nous nommons aujourd'hui les *quarts en réserve* : elle les ordonne dans tous les bois appartenants aux communautés, cependant elle ne perd point de vue les intérêts du seigneur. Lorsque les bois communaux sont un bienfait de ses auteurs, elle en distrait le tiers à son profit; c'est ce que l'on appelle *triage* (1); le triage était connu avant

______

(1) Le droit de triage a été introduit par l'article 4 du titre 25 de l'ordonnance de 1669. En vertu de ce droit, les seigneurs pouvaient se faire délivrer, en certains cas, le tiers des biens

l'ordonnance des eaux et forêts, mais l'établissement du quart en réserve de tous les bois appartenant aux communautés est une innovation due entièrement à cette loi. Le souverain étant l'administrateur légitime et suprême de ces sortes de biens pouvait disposer à cet égard. Il n'en est pas de même des bois des particuliers : aussi l'ordonnance ne leur impose-t-elle pas la nécessité d'en laisser un quart en réserve. Par une suite du même respect pour la propriété, la loi ne parle pas des bois usagers parce que le fonds en appartient aux seigneurs, mais l'esprit qui avait dicté l'ordonnance a continué d'animer le gouvernement et les tribunaux : dans la vue de multiplier les propriétés des habitants, et par là les quarts en réserve, on a introduit le cantonnement; cette innovation est du commencement de ce siècle.

Le cantonnement consiste à convertir l'usage en un

---

concédés à titre purement gratuit par eux ou par leurs auteurs, aux habitants d'une commune ou section de commune.

L'abolition du droit de triage fut prononcée par l'article 3o du titre 2 de la loi du 15-28 mars 1790, sans entendre toutefois rien préjuger sur la propriété, ainsi que l'assemblée constituante le déclara par une loi postérieure du 15-26 mai 1790. Enfin l'article 1er de la loi du 28 août-14 septembre 1793 donna même à l'abolition du droit de triage, un effet rétroactif, que l'on peut, jusqu'à un certain point, considérer comme excédant la puissance législative, en accordant aux communes un délai de cinq années, pour se pourvoir pardevant les tribunaux, à l'effet de rentrer en possession des biens dont elles avaient été privées par une conséquence de l'ordonnance précitée.

droit de propriété sur une partie des fonds usagers, c'est une interversion du titre primitif ; c'est l'établissement d'un nouvel ordre de choses ; c'est, en un mot, un contrat tout différent du premier. Le seigneur ne peut pas y être forcé, parce que personne ne peut être forcé de renoncer à sa propriété (1) ; mais il peut le requérir, parce que c'est un moyen de faire sortir sa propriété de l'espèce d'inertie dans laquelle le droit d'usage la tient ; et le souverain peut l'ordonner par lui-même ou par l'organe des magistrats revêtus de ses pouvoirs, parce qu'étant le tuteur légal de toutes les communautés, il peut stipuler pour elles et contracter en leur nom.

De là s'est introduit l'usage presque universel de porter au conseil d'état les demandes de cette nature : elles y ont toujours eu la plus grande faveur, parce qu'elles concourent au grand objet de la législation des forêts, la conservation de la futaie, par la multiplication des quarts en réserve.

On rencontre, dans le même ouvrage, tome 13, page 122, un autre passage dont la lecture achèvera de donner une idée précise du cantonnement, le voici :

.... Non-seulement le triage a lieu dans le cas où les communes sont propriétaires, et conséquemment il les dépouille d'un tiers de leur propriété ; mais il n'a lieu que dans ce cas précis. Lorsqu'une communauté n'est pas *propriétaire*, mais simplement *usagère*, ce n'est pas au titre 25 de l'ordonnance de 1669, qu'il

____

(1) C'était du moins la jurisprudence existante antérieurement à la loi du 28 août - 14 septembre 1791, qui l'a modifiée.

faut recourir pour déterminer les droits respectifs du seigneur et des habitants, c'est à un autre genre de législation ou plutôt de jurisprudence qui a sa source dans le droit romain, et dont le résultat s'appelle *cantonnement*.

Le cantonnement est une opération qui consiste à resserrer, à circonscrire le droit indéfini des habitants usagers sur une partie des fonds soumis à leur droit d'usage, afin de laisser le reste libre au seigneur *propriétaire*.

Nous venons de dire que le cantonnement a sa source dans le droit romain, et en effet, il n'est pour ainsi dire que la combinaison de deux lois dont l'une porte que personne n'est tenu de demeurer dans l'indivision (1), et l'autre décide que le droit de tirer des pierres de la carrière d'autrui, même moyennant une redevance, ne doit pas empêcher le propriétaire de jouir de son fonds (2) : c'est de la réunion de ces deux lois, que tous nos jurisconsultes ont conclu que l'usage d'un bois ou d'un marais, accordé par un seigneur à une communauté d'habitants, peut être restreint à une certaine partie du marais ou du bois, quand le seigneur le requiert ; et leur doctrine, consacrée par une chaîne d'arrêts qui embrasse près de trois siècles, est devenue une des maximes les plus constantes de la jurisprudence française.

Il faut donc bien distinguer le cas où les communautés ne sont qu'*usagères*, d'avec celui où elles sont

---

(1) Loi 5, C. Communi dividendo.

(2) Loi 13, § 1., D. Communiæ prædiorum.

propriétaires. Dans le premier cas, le seigneur peut exercer contre elles l'action en cantonnement, et cette faculté qu'il tire de son droit de propriété, n'a ni été ni pu être altérée par les décrets de l'assemblée nationale. Dans le second cas, l'ordonnance de 1669 a accordé au seigneur l'action en triage, non pas à la vérité dans toutes les circonstances indistinctement ; mais du moins lorsqu'il réunit en sa faveur le concours de plusieurs conditions.

Il suffit des explications qui précèdent pour donner une idée nette et précise du droit de cantonnement introduit, ainsi qu'on l'a vu au commencement de ce paragraphe, comme une conséquence de l'article 2 du titre 25 de l'ordonnance de 1669, exercée dans une foule de circonstances, et qui a été maintenu par la loi du 20 − 27 septembre 1790, dont l'article 8 est ainsi conçu :

Il n'est nullement préjudicié par l'abolition du triage aux actions en cantonnement de la part des propriétaires contre les usagers de bois, prés, terreins vains ou vagues, lesquelles continueront d'être exercées comme ci-devant, dans les cas de droit, et seront portées aux tribunaux de district.

On a vu, section 1ᵉʳᵉ de ce chapitre, paragraphe 5, que l'article 8, section 4, titre 2 de la loi du 28 septembre − 6 octobre 1791, déclare aussi le droit de cantonnement maintenu, tant par les particuliers que par les communautés.

Selon la jurisprudence anciennement établie, les

propriétaires avaient été seuls reconnus habiles à demander le cantonnement contre les usagers. La loi du 28 août — 14 septembre 1792 a innové à cet égard ; l'article 15 porte ce qui suit :

Conformément à l'article 8 du décret du 20 - 27 septembre 1790, les actions en cantonnement continueront d'avoir lieu dans les cas de droit, et le cantonnement pourra être demandé, tant par les particuliers que par les propriétaires.

Aux termes de cette loi et de celle du 20 — 27 septembre 1792, la connaissance des actions en cantonnement, soit de la part du propriétaire contre l'usager, soit de la part de l'usager contre le propriétaire, appartient aux tribunaux.

La proportion à suivre dans la détermination du droit de cantonnement dépend d'une foule de circonstances particulières : il n'existe donc point de règles fixes à cet égard. Tel usager par exemple qui a droit de couper du bois et de conduire ses bestiaux en dépaissance dans une forêt, obtiendra un cantonnement plus étendu que celui qui n'aurait qu'un simple droit de pâturage. S'il s'agit d'une communauté usagère, le nombre des habitants doit encore être pris en considération dans la délimitation du cantonnement.

On doit dire cependant qu'en général le cantonnement ne peut guère excéder le tiers du fonds soumis au droit d'usage, et cette proportion dans les cas ordinaires a presque toujours été adoptée ; quelquefois cependant elle a été portée jusqu'aux trois quarts : l'on peut citer en exemple un arrêt du conseil du 11 avril 1780, rendu en faveur des habitants de *Menon*, usagers dans les bois dépendant de la seigneurie de *Menon*.

Jurisprudence.

I. Lorsque les parties intéressées ne sont pas d'accord sur la détermination du lieu où doit être assis le cantonnement accordé en remplacement du droit d'usage, elles doivent être renvoyées devant les tribunaux pour qu'il y soit statué. (*Décret du 21 janvier* 1813, tome 2 , page 539.)

II. Les tribunaux seuls sont compétents pour homologuer les procès-verbaux des experts chargés de procéder aux opérations qui ont pour objet la délimitation des cantonnements. (*Décret du 7 février* 1809.)

III. En général, une commune qui a reçu par forme de cantonnement la moitié des propriétés sur lesquelles elles avaient des droits d'usage, ne peut faire reviser le cantonnement sous prétexte de dol, puisque d'après l'ancienne jurisprudence il n'était ordinairement abandonné que le tiers aux usagers. (*Arrêt de la Cour de cassation du* 13 *janvier* 1809. - Baudrillart.)

Nota. Les personnes qui seraient curieuses d'étudier cette matière, d'une manière plus approfondie, feront bien de consulter le Répertoire de jurisprudence et le Recueil des questions de droit de Merlin, où sont discutées d'une manière très-lumineuse les questions ci-après :

1° Les droits de vaine pâture et de panage, dont une commune jouit dans le bois d'un particulier, autorisent-ils cette commune à demander le cantonnement ?

2° L'y autorisent ils s'ils ne sont que précaires, ou si ayant même le caractère de servitude pendant que le fonds reste dans le même état, le propriétaire est le maître de le faire cesser, en faisant des changements au fonds ?

3° L'y autorisent-ils enfin s'ils ne sont ni purement précaires ni révocables sous une condition entièrement dépendante du propriétaire foncier ?
(*Répertoire de Jurisprudence*, *tome* 16, *page* 485, additions.)

1° Une ancienne transaction par laquelle une commune qui se prétendait usagère de trois terreins, a renoncé à ses prétentions sur deux, moyennant sa maintenue dans le droit d'usage sur le troisième, forme-t-elle aujourd'hui obstacle à ce que le propriétaire exerce contr'elle l'action en cantonnement ?

2° Y ferait-elle obstacle en supposant qu'elle pût être considérée comme aménagement ?

3° Y a-t-il lieu au cantonnement lorsque les biens grevés du droit d'usage, n'excèdent pas les besoins des usagers ?

4° Pour constater qu'en effet ils ne les excèdent pas, une expertise préalable est-elle nécessaire ?

5° De ce qu'il n'y a pas lieu au cantonnement, s'ensuit-il que la commune doive être déclarée propriétaire des fonds dont ses titres ne lui attribuent que l'usage ?

(*Questions de droit*, *tome* 1, *page* 337.)

APPENDICE A LA SECTION III.me

§ 2. II. Dans un bois appartenant à la commune de *Soissons*, se trouvent enclavés deux cantons connus sous les noms de *Marre-Chrétienne* et *Marre-Corée*; ces cantons ayant fait partie des coupes ordinaires des nos 22 et 23 de l'aménagement de ce bois, un arrêté du préfet en avait ordonné le repeuplement, et à cette fin, il avait été pratiqué des fossés pour en faire écouler les eaux.

Il était constaté, par procès-verbal, qu'en cet état de choses, quatre-vingt vaches appartenantes aux habitants de la commune de *Soissons*, avaient été trouvées pâturant dans ces cantons, et y avaient brouté deux cent cinquante troches de bois, essence de verne, recru d'un an ; le tout sous la garde du pâtre commun.

En conséquence de ce procès-verbal, les habitants de la commune de *Soissons*, en la personne de leur maire, et le pâtre, furent traduits à la police correctionnelle, pour y être condamnés conformément à l'article 38, titre 2 de la loi du 28 septembre - 6 octobre 1791.

D'après la défense du maire, le tribunal de première instance reconnut et déclara que deux cent cinquante troches, essence de verne, avaient effectivement été broutées, comme l'annonçait le procès-verbal, et cependant le pâtre, sous la garantie de la commune, ne fut condamné qu'à douze francs d'amende et six francs de restitution.

Cette modération de l'amende a été motivée sur ce qu'il était avoué que les *Marre-Chrétienne* et *Marre-Corée* étaient en nature de pré ; que ces terreins ne ponvaient conséquemment être considérés comme un bois; que, dès-lors, le fait imputé aux prévenus ne devait être puni que comme un délit rural, susceptible seulement d'une amende appréciée d'après le dommage occasionné par ce délit;

-Sur l'appel de l'administration forestière, la Cour royale de Dijon, adoptant les motifs des premiers juges, avait confirmé le susdit jugement.

Cet arrêt a été cassé, le 26 avril 1816, par les motifs suivants :

« Vu l'article 38 de la loi du 28 septembre - 6 » octobre 1791 ;

« Attendu qu'il était constaté, dans l'espèce, par » procès-verbal non-argué de faux, que les cantons » dont il s'agit sont enclavés dans un bois dont la com- » mune de *Soissons* est propriétaire; qu'ils font partie » des coupes ordinaires des nos 22 et 23 de l'aménage- » ment de ce bois; qu'il existe des bois essence de » verne, et que deux cent cinquante troches de ces bois » verne, d'un an, avaient été broutées par quatre-vingt » vaches appartenantes aux habitants de ladite com- » mune; Que dès-lors, il y avait lieu d'appliquer » l'article 38 de la loi du 28 septembre - 6 octobre » 1791; Que cependant l'arrêt attaqué n'a prononcé » qu'une amende bien inférieure à celle déterminée par » ladite loi; Que le motif de cette modération a été » qu'il était avoué que les cantons dont il s'agit étaient » en nature de pré, et que dès-lors, les prévenus » n'étaient coupables que d'un délit rural, susceptible » seulement d'une amende appréciée d'après le dom- » mage occasionné par le délit;

» ATTENDU que ni cet aveu, ni les considérations qu'on
» en a déduites, n'ont pu détruire le fait constaté par le
» procès-verbal, et reconnu d'ailleurs par les prévenus
» eux-mêmes, dans leur écrit du 6 juillet 1815, que les
» susdits deux cantons faisaient partie des coupes or-
» dinaires des bois où ils sont enclavés; d'où suit la
» conséquence nécessaire qu'ils sont assujétis au même
» régime que le surplus du bois; Que les délits qui
» sont commis sur les bois y existant, sont des délits
» forestiers susceptibles des peines forestières, et qu'en
» ne prononçant pas ces dernières peines, il a été contre-
» venu formellement, par l'arrêt attaqué, à l'article 38
» précité de la loi du 28 septembre 1791 ;

» La Cour CASSE et ANNULE, etc. »

III. Un procès-verbal régulier avait constaté la dépaissance de soixante porcs appartenant à *Jean-Pierre
Fougeot, Joseph Nayot et Marguerite Poisot*, dans les
coudrettes d'un bois que possède la commune de *Ven-
doncourt*. En conséquence, ces particuliers avaient
été traduits devant le tribunal correctionnel, séant à
Saint-Hippolyte, pour se voir condamner aux peines
portées par la loi, comme ayant fait paître leurs porcs
dans une coupe de six à sept ans, qui n'avait point
été déclarée défensable.

Les prévenus opposèrent, pour défense, un arrêt de
règlement du parlement de Besançon, du 2 avril 1751,
autorisant la pâture des porcs dans les coupes de cet
âge. Un jugement du 28 décembre 1807 les renvoya
de la plainte et fut confirmé par la Cour de justice
criminelle du département du Doubs, devant qui l'administration forestière avait interjeté appel.

Ce dernier jugement ayant été dénoncé à la Cour de cassation, il intervint, le 1er avril 1808, l'arrêt ci-après :

« VU l'article 1er de l'avis du conseil d'état, du 18 » brumaire an 14, approuvé ;

» Et ATTENDU qu'il en résulte que la mesure pres- » crite par l'ordonnance de 1669 est maintenue, qu'elle » est générale pour tout le territoire de la France, et » que l'arrêt du parlement de Besançon, du 18 avril » 1751, qui autorise le pâturage des porcs dans les bois » de 6 à 7 ans, sans qu'ils aient été déclarés défensables, » est aujourd'hui sans autorité, même dans la ci-devant » province de Besançon ; Que la Cour de justice crimi- » nelle du département du Doubs, en prenant cet arrêt » pour base de sa décision, a contrevenu à l'article 10 » du titre 32 de l'ordonnance de 1669 ;

» La Cour CASSE et ANNULE, etc. »

IV. Il était constaté que des bestiaux avaient été trouvés dans un quartier de bois communal de *Montesquieu-Avantes*, sous la garde du fils de *Jean Pincé* et de la servante de *Toni Fauroux*.

Quoique ce bois n'eût point été déclaré défensable, le Tribunal, saisi de la plainte, renvoya les prévenus des poursuites exercées contre eux, par les motifs qu'il résultait d'un certificat de l'adjoint à la mairie de *Montesquieu*, que, de tout temps, les habitants de cette commune avaient fait paître leurs bestiaux dans le quartier du bois dont il s'agit, et que la défense de les y faire dépaître n'avait pas été publiée.

Ce jugement, dénoncé à la Cour de cassation, a été

cassé par un arrêt en date du 3 décembre 1819, conçu en ces termes :

» Vu l'article 38, titre 11 de la loi du 28 septembre - 6 octobre 1791 ;

« Attendu que, d'après les dispositions combinées
» des articles 1 et 3 du titre 19 de l'ordonnance de 1669 ;
» de l'article 16, titre 12 de la loi du 15-29 septembre
» 1791 ; du décret du 17 nivôse an 13, et d'un avis du
» conseil d'état, approuvé le 18 brumaire an 14, les bes-
» tiaux ne peuvent, sans délit, être introduits dans les
» bois communaux que dans les cantons de ces bois recon-
» nus et déclarés défensables par le conservateur local ;

» Attendu qu'il était constaté, dans l'espèce, qu'une
» jument, deux ânes, une bourrique et deux vaches
» étaient gardés par le fils de *Jean Pincé* et la servante
» *Toni Fauroux*, dans un bois communal de *Montes-*
» *quieu-Avantes*, et qu'il n'a pas été justifié, par un acte
» émané du conservateur, que ce bois eût été déclaré
» défensable ; Que dès-lors il y avait lieu d'appliquer
» la peine déterminée par la loi du 28 septembre - 6
» octobre 1791 ; Que cependant le jugement attaqué a
» déchargé ces prévenus des poursuites exercées contre
» eux, par les motifs qu'il résultait d'un certificat de
» l'adjoint de la commune, que, dans tous les temps,
» les habitants de *Montesquieu* ont fait paître leurs
» bestiaux dans le quartier dont il s'agit, et que la
» défense de les y faire paître n'a point été publiée ;

» Attendu que les diverses lois ci-dessus indiquées,
» loin d'autoriser l'introduction des bestiaux dans les
» bois, lorsqu'il n'a pas été fait défense de les y intro-
» duire, défendent expressément cette introduction,

» jusqu'à ce que ces bois aient été déclarés défensables
» par le conservateur local ; Que, dès-lors, les motifs
» du jugement attaqué sont en opposition directe avec
» ces diverses lois, et que la décharge des prévenus,
» qui en a été la suite, est une violation formelle de
» l'article 38, titre 11 du Code rural précité ;
» La Cour CASSE et ANNULE, etc. »

§ 3. I. En 1793, la commune de *Nogent* s'était pourvue contre l'État, à l'effet d'être réintégrée dans les
droits de pâturage, qu'elle justifiait avoir eus anciennement dans les bois domaniaux. Sa demande lui avait
été adjugée par un jugement arbitral du 21 février
1794 (3 ventôse an 2).

Le préfet de la *Haute-Marne* ayant interjeté appel,
le tribunal d'appel de Dijon, confirma la décision
des arbitres le 17 juillet 1802 (28 messidor an 10),
attendu l'article 1er du titre 19 de l'ordonnance de
1669, qui permet aux usagers des forêts nationales
de continuer à y faire paître leurs porcs et bêtes
aumailles, dans les lieux qui seraient déclarés défensables.

Ce jugement fut dénoncé à la Cour de cassation,
par le procureur-général, qui s'exprimait ainsi dans son
réquisitoire :

« L'article 1er du tit. 19 de l'ordonnance de 1669,
porte : « permettons aux communautés, habitants,
» particuliers, usagers dénommés en l'état arrêté en
» notre conseil, d'exercer leurs droits de pacage et pâ
» turage pour leurs porcs et bêtes aumailles, dans
» toutes nos forêts, bois et buissons, aux lieux qui
» auront été déclarés défensables...... » Cet article,

comme l'on voit, ne maintient pas indéfiniment tous les droits de pâturage et pacage que le gouvernement avait concédés jusqu'alors ; il ne maintient que les usagers dénommés en l'état arrêté au Conseil.

» Il ne faut pas croire que le législateur ait entendu un état ancien, un état arrêté avant l'ordonnance ; il n'entend au contraire que l'état qui serait arrêté par la suite en exécution de la même ordonnance. La preuve en est dans l'article précédent, qui est le quatrième du titre 18. « Défendons, y est-il dit, à toutes personnes » autres que ceux employés dans l'état qui sera arrêté » en notre Conseil, d'envoyer ou mettre leurs porcs en » glandée dans nos forêts.... »

« Dans l'espèce, la commune de *Nogent* paraît avoir justifié son droit de pâturage antérieur à l'ordonnance de 1669 ; mais on ne voit pas qu'elle ait été comprise en l'état des usagers conservés dans leurs droits ; elle n'en rapporte aucune preuve : c'était donc le cas de proscrire sa demande, aux termes de l'article cité. »

Le 21 mai 1804 (1er prairial an 12), intervint un arrêt de la Cour de cassation, ainsi conçu :

« VU l'article 1er du titre 19 de l'ordonnance de 1669 :

» CONSIDÉRANT que la commune de *Nogent* n'a » pas justifié qu'elle fût comprise dans l'état arrêté au » Conseil du Roi, en exécution de l'ordonnance de » 1669 ; Qu'ainsi elle ne pouvait exercer aucun droit » de pacage et de pâturage dans les forêts domaniales » dont il s'agit.

» La Cour CASSE ET ANNULE, etc. »

IV. Un arrêté du Conseil de préfecture du département des Hautes-Pyrénées, en date du 16 juillet 1807, avait statué à l'égard de différents droits d'usage et autres prétendus, par les habitans de *Monstajou*, sur des bois, forêts et montagnes, situés au territoire de cette commune, et incorporés au domaine de l'état depuis la révolution. Rentré en possession en vertu de la loi du 5 décembre 1814, le sieur *Clair de Fondeville* se pourvut contre cet arrêté, et son pourvoi donna lieu à une ordonnance royale du 21 mai 1817, conçue en ces termes :

« Vu l'arrêté du Conseil de préfecture du département des Hautes-Pyrénées, du 16 juillet 1807, lequel, en adoptant l'avis de l'inspecteur des eaux et forêts du 5ᵉ arrondissement, déclare que les bois, forêts et montagnes, situés dans la commune de *Monstajou*, appartiennent à l'état ; mais que les habitants de ladite commune sont maintenus dans les droits d'usage et de pacage, en conformité des titres relatés et reconnus audit arrêté. »

» Un autre arrêté du même Conseil de préfecture, du 30 novembre 1814, portant qu'il y a lieu de statuer sur l'opposition formée par le sieur *de Fondeville*, contre celui susdit du 16 juillet 1807.

» Le rapport du conseiller d'état, directeur-général des forêts, et celui y joint, de l'inspecteur des forêts de l'arrondissement de Saint-Gaudens, des 8 février et 18 mars 1817.

» Considérant que, par l'arrêté susdit, du 16 juillet 1807, le Conseil de préfecture du département des Hautes-Pyrénées, n'a eu, ni pu avoir en vue que de statuer, en exécution de la loi du 28 ventôse an 11, sur les droits réclamés par la commune de *Monstajou*, dans des bois et forêts appartenants à l'état; Que ledit arrêté est étranger à tous autres intérêts et droits que ceux de l'état et de ladite commune ; Qu'en conséquence, il n'a jamais fait obstacle à ce que le sieur de *Fondeville* procédât contre qui de droit, devant les tribunaux compétents, soit pour être maintenu dans la propriété des bois et forêts qu'il prétendrait lui appartenir, soit pour se défendre de l'usage et pacage qu'il croirait être indûment exercés sur lesdits bois, et qu'il n'a aucun intérêt à l'annulation dudit arrêté, qui ne le concerne pas.

» Notre Conseil d'état entendu, nous avons ordonné et ordonnons ce qui suit :

» Art. 1er. La requête susdite du sieur *Fondeville*, est rejetée, etc. »

V. En 1805, les héritiers du sieur *Laboucaye* vendent aux sieurs *Brovard*, frères, la terre d'*Alligre*, de laquelle dépendent plusieurs forêts, à la charge, entr'autres, de souffrir toutes servitudes passives, apparentes ou occultes, s'il en existe aucune.

Plusieurs années après, diverses communes réclament un droit de pacage dans les bois d'*Alligre*, et rapportent d'anciens titres qui le leur attribuent, moyennant une redévance annuelle de *sept sous six deniers* par écurie.

Les sieurs *Brovard* ne pouvant rien opposer à ces titres, appellent les héritiers *Laboucaye* en garantie.

Ceux-ci se retranchent sur la clause du contrat de vente par laquelle les acquéreurs se sont chargés de toutes servitudes passives, apparentes ou occultes ; alors s'élève la question de savoir si le droit de pacage, réclamé par les habitants, était un droit de *copropriété* ou une *servitude*.

Les sieurs *Brovard* soutiennent que c'est un droit de copropriété, et en concluent que leur recours en garantie est à-la-fois recevable et fondé.

Jugement qui, en maintenant les communes dans leur droit de pacage, déclare les frères *Brovard* non-recevables dans leur action récursoire.

Appel à la Cour royale de *Riom*; et, le 14 juin 1815, arrêt qui met l'appellation au néant, « attendu que, » d'après l'article 688 du Code civil, le droit de pacage » dont il s'agit est une servitude ; Que les vendeurs » étaient étrangers à la terre d'*Alligre*; Qu'ils ignoraient » l'existence du droit réclamé par les habitants, et qu'on » ne peut s'empêcher de voir, dans la charge qu'ils » ont imposée par le contrat, l'intention de s'affranchir » de toute garantie, et, de la part des acquéreurs, » celle de souffrir toutes les servitudes passives, de » quelque nature qu'elles fussent, sans avoir aucun » recours à exercer. »

Les sieurs *Bovard* se pourvoient en cassation pour fausse application de l'article 688 du Code civil, et violation de l'article 636 du même Code, combiné avec le titre 19 de l'ordonnance de 1669.

Le rapporteur, après avoir rendu compte des moyens invoqués respectivement par chacune des parties, ajoute que suivant les meilleurs auteurs anciens et modernes, le droit d'usage dans une forêt était mis au nombre des servitudes ; que tel était l'avis de *Coquille* et du président *Bouhier*; que si la loi du 28 août 1792, a donné à l'usager le droit de faire convertir l'usage en un droit de copropriété, c'est par une interversion du titre primitif, et en formant un nouveau contrat ; mais que, jusqu'à cette interversion, l'usage, tant qu'il existait, portait un caractère inconciliable avec l'idée de propriété.

Le 6 mars 1817, il intervient un arrêt ainsi conçu :

« ATTENDU que, d'après les lettres et l'aveu des par-
» ties, il s'agissait d'un droit de pacage attaché aux ha-
» bitations, moyennant une redevance de sept sous sept
» deniers par écurie ; Que la Cour royale, qui a eu sous
» les yeux les titres et les pièces, a pu, dès-lors, ranger
» un pareil droit dans la classe des servitudes réelles,
» définies par l'article 637 du Code civil ;

« ATTENDU que, par le contrat de vente, les acqué-
» reurs ont été chargés généralement de toutes servitu-
» des apparentes ou occultes ;

« ATTENDU que, les termes de la loi qui divise les
» servitudes apparentes et non-apparentes, continues et
» discontinues, sont des expressions génériques; Qu'elles
» n'ont pu former obstacle à ce que la Cour royale ait
» pu considérer comme étant au nombre des servitudes
» non-apparentes discontinues, l'obligation de souffrir
» les servitudes occultes, puisque toute servitude non-
» apparente est nécessairement occulte ; Que ceci une
» fois reconnu en droit, la Cour royale, en appréciant
» les termes de l'obligation imposée aux acquéreurs, la
» bonne-foi des vendeurs, et l'intention respective des
» parties lors de la stipulation, a pu légitimement
» induire de ces différentes circonstances, que les
» vendeurs étaient fondés à se prévaloir de la déclaration

» générale portée au contrat de vente , pour repousser
» l'action récursoire des acquéreurs :
» La Cour REJETTE....., etc. »

VII. Les habitants d'un village dit *les Onze-Villes* ,
avaient droit, d'après leurs titres , de faire pâturer leurs
bestiaux ; savoir, les chevaux et poulains, après le rejet de
trois ans ; les vaches et les génisses, après celui de six ans ,
dans le bois d'*Hanou*, provenant de l'abbaye de ce nom.

Plusieurs de ces usagers ayant été pris en 1808 ,
faisant paître dans des cantons non-déclarés défensables
par l'administration forestière , opposèrent aux poursuites dirigées contre eux , que ces cantons étaient
défensables de droit, aux termes de leurs titres , et
même de fait , en ce que cette défensabilité , déclarée
par l'administration forestière en 1806, n'avait pu être
révoquée par elle en 1807.

Condamnés en première instance , et devant la Cour
criminelle, ils s'étaient pourvus en cassation : un arrêt
du 7 juillet 1809, ainsi conçu, rejeta leurs requêtes :

« ATTENDU, sur le premier moyen , que le Conseil
» de préfecture du département de Jemmapes, par
» son arrêté du 20 septembre 1806 , n'a confirmé les
» habitants des *Onze-Villes* , dénommés au concordat
» passé entr'elles et les anciens souverains du pays,
» au 13ᵉ siècle , dans leur droit d'usage en la forêt
» d'*Hanou*, qu'à la charge , par les usagers , de se
» conformer au titre 19 de l'ordonnance de 1669 , à
» l'arrêté du Directoire exécutif du 5 vendémiaire an 6,
» et au décret du 17 nivôse an 13 , et qu'il résulte de
» ces différentes lois que les usagers , à quelque titre
» que ce soit , ne peuvent user de leurs droits d'usage

» que dans les cantons déclarés défensables par l'admi-
» nistration forestière : que, par conséquent, les récla-
» mants, quoique reconnus pour être usagers de la
» forêt d'*Hanou*, ne sont recevables ni fondés à se pré-
» valoir dudit concordat par lequel il avait été convenu
» que la forêt d'*Hanou* serait réputée défensable après
» la 3me et la 6me feuille, suivant la qualité des bes-
» tiaux qui y seraient conduits au pâturage ;

» ATTENDU, sur le deuxième moyen, qu'il a été
» reconnu et déclaré en fait par le jugement de pre-
» mière instance confirmé par l'arrêt attaqué, que
» si les cantons de bois dans lesquels le bétail des
» réclamants a été surpris en délit, ont été déclarés
» défensables pour 1806, ils avaient cessé de l'être en
» 1807, et qu'aucune loi n'interdit à l'administration
» forestière, de mettre en défense des cantons de bois
» qu'elle avait déclarés défensables ;

» ATTENDU, sur le troisième moyen, que la lettre de
» l'inspecteur *Joli*, du mois de juin 1807, adressée
» aux maires des *Onze-Villes*, pour en être donné
» communication à leurs administrés, et portant qu'elle
» leur était écrite d'après l'ordre émané de l'adminis-
» tration générale, qui avait remis en défense les can-
» tons de bois dont il s'agit, devait recevoir son exé-
» cution provisoire, sauf aux usagers, s'ils croyaient
» leurs droits compromis par ces défenses, à se pour-
» voir pardevant l'autorité administrative supérieure,
» pour en obtenir la révocation ;

» ATTENDU, sur le quatrième moyen, que l'arrêt at-
» taqué n'a fait l'appréciation d'aucun acte administra-
» tif ; qu'il s'est borné uniquement à en faire l'application
» aux délits constatés par un procès-verbal régulier ;

» ATTENDU, d'ailleurs, que la procédure est régu-
» lière, et que la peine a été justement appliquée :
» La Cour REJETTE le pourvoi, etc. »

VIII. Le 22 juin 1796 (3 messidor an 4), l'administration centrale du département de l'Aveyron, adjuge
aux sieurs *Brouillet*, *Rouvelet* et consorts, le domaine
de *Lasmayoux*, qui avait dépendu de l'ordre de Malte.
Elle excepte de l'adjudication une forêt de pins, contenant 664 arpents ; mais elle déclare, article 3, que les
acquéreurs auront le droit de dépaissance sur le bois
réservé, laquelle dépaissance leur est aussi aliénée,
ayant toujours été comprise dans les baux à ferme, et
étant nécessaire à l'exploitation du domaine.

Cette vente, attaquée par les administrations des
domaines et des forêts, est confirmée par un décret du
7 mai 1808.

Le 8 septembre suivant, un procès-verbal des agents
forestiers constate que les acquéreurs ont introduit des
moutons dans le bois, sur lequel leur contrat d'acquisition leur donne un droit de dépaissance. Ceux-ci
sont en conséquence traduits devant le Tribunal correctionnel de Milhau, pour se voir condamner aux
peines prononcées par l'ordonnance de 1669, contre
les usagers qui introduisent des bêtes à laine dans les
bois soumis à leurs droits d'usage. Ils sont acquittés par
jugement du 7 décembre.

Sur appel, la Cour de justice criminelle de l'Aveyron
confirme ce jugement, « attendu que, d'après les articles
» 3 et 4 de l'adjudication du 3 messidor an 4, le droit
» de dépaissance, sur la forêt réservée, a été compris
» dans la vente sans aucune distinction, comme néces-

» saire à l'exploitation du domaine, et que la conces-
» sion de ce droit n'a point été gratuite; Qu'il n'est pas
» possible de restreindre un droit de dépaissance aliéné
» sans restriction, etc., etc. »

Le ministère public se pourvoit en cassation contre
cet arrêt, comme étant en contravention avec l'article
13 du titre 19 de l'ordonnance de 1669; le 16 juin 1809,
il intervient un arrêt ainsi conçu :

« ATTENDU qu'en décidant que l'acte de vente du
» domaine de *Lasmayoux*, qui aliène, au profit des
» acquéreurs, le droit de dépaissance dans la forêt
» domaniale de *Salvage*, a nécessairement compris
» dans cette aliénation, par dérogation à la prohibition
» portée dans l'article 13 du titre 19 de l'ordonnance de
» 1669, le droit de mener paître, dans la forêt, des
» moutons, chèvres, brebis, et autres bêtes à laine,
» la Cour de justice criminelle a interprété les clauses
» de cet acte, et qu'elle a dès-lors violé les règles de sa
» compétence, et commis un excès de pouvoir, en ce
» qu'une pareille interprétation ne pouvait être réguliè-
» rement donnée que par l'autorité administrative de
» qui l'acte de vente est émané ;

» La Cour CASSE et ANNULE l'arrêt rendu le 14
» février dernier, par la Cour de justice criminelle du
» département de l'*Aveyron*.

» Et dans le cas où l'autorité administrative décidera
» que l'aliénation du droit de dépaissance ne contient
» aucune dérogation au droit commun, et n'a pas
» donné aux acquéreurs du domaine de *Lasmayoux*,
» la faculté de mener paître des moutons, chèvres,
» brebis, et autres bêtes à laine dans la forêt do

» *Salvage* , contre la prohibition de l'ordonnance ,
» renvoie la procédure et les prévenus devant la Cour
» de justice criminelle du département de *l'Hérault*. »

IX C'est encore l'exercice des droits des acquéreurs
du domaine de *Lasmayoux* qui a fourni matière à
l'arrêt dont nous allons rapporter le texte :

L'administration forestière avait bien pressenti que
l'arrêt du 16 juin 1809, n'était en définitive rien moins que
favorable à ses prétentions , elle crut donc devoir présenter la question sous un autre point de vue ; l'introduction des *moutons* dans le bois soumis au droit de dépaissance avait été l'objet de ses premières poursuites :
elle pensa que l'exercice de la dépaissance dans les
cantons non-défensables paraîtrait en opposition encore
plus directe avec l'ordonnance de 1669 , plus dérogatoire au droit commun , moins susceptible d'être
autorisé par l'effet d'une convention privée. En conséquence , elle intenta un nouveau procès auxdits
acquéreurs pour contravention à l'article 3 de ladite
ordonnance.

Ceux-ci , instruits par l'arrêt de la Cour de cassation,
soutinrent de nouveau qu'ils n'avaient exercé le droit
de dépaissance que conformément au contrat administratif qui faisait leur titre ; que , de l'aveu de la
direction des forêts , ce contrat leur avait réservé le
droit de dépaissance sur la forêt de *Salvage* , telle
qu'elle était nécessaire à l'exploitation.

Or pour déterminer cette nécessité de l'exploitation,
les acquéreurs demandèrent qu'il y eût expertise constatant les besoins du domaine , ou enquête constatant
l'usage antérieur des fermiers du domaine.

Il paraît que, soit l'expertise, soit l'enquête, démontra qu'il était nécessaire à l'exploitation que le droit de dépaissance fût exercé dans tout les temps et dans tous les lieux, sans distinction des bois défensables et des bois non-défensables.

Un nouveau jugement ayant repoussé les prétentions de l'administration forestière, elle se pourvut encore en cassation, et le 9 juillet 1818, intervint l'arrêt ci-après :

« La Cour...... ATTENDU qu'aux termes du décret
» du 9 avril 1811 (1), les acquéreurs du domaine de
» *Lasmayoux* doivent jouir comme par le passé du droit
» de mener paître leurs bestiaux gros et menus, à
» l'exception des chèvres, dans la forêt de *Salvage*;
» Que ce décret a été rendu à la suite d'une enquête
» administrative sur le mode de dépaissance exercé
» dans ladite forêt par les fermiers du domaine de
» *Lasmayoux* avant la vente de ce domaine ; Que, par
» le jugement attaqué, il est déclaré qu'il résulte de
» cette enquête que les fermiers dudit domaine ont,
» dans tous les temps et dans toutes les saisons, fait
» dépaître leurs gros et menus bestiaux dans toute
» l'étendue dudit bois ; Que, dans cet état de choses
» dérogatoire aux articles 3 et 4 du titre 19 de l'or-
» donnance de 1669, sur le mode ordinaire de dé-
» paissance des usagers, les fermiers du domaine de
» *Lasmayoux* n'auraient commis un délit qu'autant qu'il
» serait établi qu'avant la vente de ce domaine la
» dépaissance en question, dans la forêt de *Salvage*,
» n'avait lieu que sur les parties de cette forêt déclarées

____

(1) Voyez la note de la page 246.

» défensables par les agents forestiers ; Que cette
» preuve n'a été ni faite ni même offerte par la direction
» générale des forêts ; Que dès-lors le jugement attaqué
» a pu, sans contrevenir aux lois sur la matière, décharger
» les prévenus des poursuites dirigées contre eux. »

» REJETTE , etc. «

XII. *Louis Begassat* et consorts, avaient fait paître
leurs bestiaux , à garde faite , dans des bois-taillis
appartenants à un sieur *Caroillon Destillières* , et non
encore déclarés défensables.

La Cour de justice criminelle du département du
Cher, saisie par appel de la connaissance de cette
affaire, renvoya de l'instance lesdits *Louis Begassat* et
consorts, qui avaient pour se justifier allégué leurs
droits d'usage dans lesdits bois.

Cette Cour s'était fondée, 1° sur ce que lesdits bois
étaient défensables, quoiqu'ils n'eussent pas été déclarés
tels par l'administration forestière ; 2° sur ce que le
sieur *Caroillon Destillières* avait fait dépaître lui-même
ses bestiaux dans lesdits bois.

Le jugement a été cassé par un arrêt de la Cour
de cassation, en date du 25 mai 1810, et conçu en
ces termes :

« Vu le décret du 17 nivôse an 13 ;

» CONSIDÉRANT qu'il est reconnu au procès et cons-
» taté par un procès-verbal régulier, que les bois-taillis
» dans lesquels les bestiaux appartenants à *Louis*
» *Begassat* et consorts ont été trouvés dépaissant à
» garde faite , n'avaient pas été déclarés défensables
» par l'administration forestière; Que l'avis du conseil
» d'état du 14 frimaire an 14, bien loin d'avoir modifié

» les dispositions du décret du 17 nivôse an 13, leur
» a donné au contraire de l'extension ; Qu'il résulte
» en effet de cet avis que l'usager ne peut pas même
» introduire ses bestiaux dans les bois et forêts, avant
» que les bois aient été déclarés défensables, et
» qu'avant cette époque, le délit résulte de la seule
» introduction ; Que, d'après cet avis, le droit de
» déclarer l'époque à laquelle les bois sont défensables,
» appartient exclusivement aux administrateurs gé-
» néraux des forêts ; Que les bois dont il s'agit
» n'avaient pas été déclarés défensables avant le décret
» du 17 nivôse an 13; Que le règlement, bien loin
» de détruire le droit des usagers, règle uniquement
» l'exercice de ces droits en conciliant l'intérêt public
» avec l'intérêt des particuliers ; Que ce n'est pas,
» par conséquent, faire rétroagir ce décret que d'en
» faire l'application quant au mode d'exercer les
» droits d'usage ;

» CONSIDÉRANT que *Louis Begassat* et consorts ont la
» faculté de s'adresser à l'administration forestière et
» de demander que les bois dont il s'agit soient vérifiés
» contradictoirement, les parties dûment appelées, et
» déclarés, s'il y a lieu, défensables (1); Qu'ils ne peu-
» vent néanmoins, tant que la déclaration prescrite par
» le décret n'aura pas été donnée, se permettre de faire

---

(1) Lorsqu'il s'agit de bois domaniaux, les usagers doivent
s'adresser à l'autorité supérieure, dans le cas où les agents
forestiers les priveraient de leurs droits d'usage, en refusant
de déclarer lesdits bois défensables. Tel est l'esprit de l'arrêt
du 3 septembre 1808 indiqué page 230.

» même d'introduire les bestiaux dans lesdits bois ;

» CONSIDÉRANT que la cour dont l'arrêt est attaqué
» ne s'est pas prévalue avec plus de fondement de ce
» que le réclamant avait lui-même envoyé ses bestiaux
» dans lesdits bois et de ce qu'il avait affermé le
» pacage à quelques particuliers ; Qu'en effet d'après
» les principes de droit rappelés dans l'avis du conseil
» d'état du 18 brumaire an 14, le propriétaire n'exerce
» ni un usage ni une servitude ; Que la propriété
» consiste dans le droit d'user et d'abuser, droit qui
» doit être respecté, à moins qu'il n'en résulte de graves
» abus ; Que par conséquent l'exercice des droits de
» propriété n'était pas la base de l'exercice des droits
» d'usage.

» La Cour CASSE et ANNULE, etc. »

§ 4. I. Le préambule de l'arrêt du 23 juin 1820, fera suffisamment connaître les circonstances qui l'ont motivé :

« Vu l'art. 16 du titre 12 de la loi du 29 septembre
» 1791 ;

» En droit, ATTENDU qu'aux termes, tant de cet
» article que de l'article 1er, titre 19 de l'ordonnance de
» 1669, et de l'avis du conseil d'état du 19 novembre
» 1805 (18 brumaire an 14), les communes ne peuvent
» exercer leurs droits de pâturage que dans les cantons
» de bois reconnus et déclarés défensables dans les
» procès-verbaux de visite des conservateurs ; Que les
» règlements que ces agents de l'autorité peuvent faire
» à cet égard, ne sont pas irrévocables, et qu'ils peu-
» vent être par eux modifiés ou changés, suivant les
» circonstances et l'intérêt de la conservation des forêts ;

» En fait, ATTENDU qu'il était constaté, par un pro-

» cès-verbal régulier, que, le 19 avril 1819, onze vaches
» appartenant à des habitants de la commune de
» *Bussy*, avaient pâturé sous la garde du pâtre de
» cette commune, dans un taillis âgé de neuf ans,
» dont la commune de *Brion* est propriétaire, et dans
» laquelle celle de *Bussy* a droit d'usage ; Que, dans
» ce procès-verbal, il est dit que ce pâturage avait eu
» lieu au mépris d'un arrêté des agents forestiers de
» Joigny, qui portait que les vaches de la commune de
» *Bussy* ne pouvaient entrer dans les bois, pour y pâtu-
» rer, qu'à l'âge de douze ans révolus ; Que les préve-
» nus, traduits en police correctionnelle, n'ont point
» justifié, par un acte émané du conservateur local, ni
» par un acte d'agents forestiers inférieurs, approuvé
» par lui, que le bois dont il s'agit eût été reconnu
» et déclaré défensable; Que, dès-lors, il y avait lieu,
» sous ce seul rapport, de leur appliquer les peines
» déterminées par la loi; Que, cependant, ils ont été
» déchargés de ces peines, sur les motifs, 1° qu'il
» résultait d'une lettre écrite, le 22 mai 1817, par le
» sous-inspecteur local, au maire de *Bussy*, que la
» commune était autorisée à faire paître ses bestiaux
» dans le bois en question, qu'il reconnaissait défen-
» sable ; 2° que le garde de ce bois, par suite de cette
» autorisation, avait permis au pâtre d'y conduire ses
» bestiaux; Que ni l'un ni l'autre de ces motifs ne
» pouvaient légitimer la décharge des prévenus, soit
» parce qu'il n'était point justifié que le conservateur
» eût déclaré défensable le canton de bois dont il s'agit,
» ni qu'il eût approuvé l'arrêté des officiers inférieurs
» qui pouvaient y avoir autorisé le pâturage, soit parce
» qu'en supposant même qu'il pût être suppléé à cet

» acte du conservateur, par d'autres actes émanés seu-
» lement des agents inférieurs, les actes de ces agents
» inférieurs, sur lesquels le tribunal d'Auxerre a fondé
» la remise des poursuites, auraient cessé de pouvoir
» produire, dans l'espèce, aucun effet, puisqu'il est
» dit dans le procès-verbal constatant le délit, que, par
» un arrêté des agents forestiers locaux, les vaches des
» habitants de *Bussy* ne pouvaient entrer dans les bois
» pour y pâturer, que lorsqu'ils auraient acquis douze
» ans révolus ; Que l'existence de cet arrêté n'a point
» été méconnue dans le jugement attaqué, et qu'il n'y
» est point dit que la notification n'en eût pas été faite à
» la commune de *Bussy*, Qu'ainsi, sous tous les rap-
» ports, la décharge des prévenus n'a pu être prononcée,
» dans l'espèce, sans contrevenir aux lois de la matière,
» et notamment à l'article 16 précité du titre 12 de la loi
» du 29 septembre - 6 octobre 1791.
» La Cour CASSE et ANNULE , etc. »

II. Des bestiaux avaient été trouvés pâturant dans un
bois particulier, sans être pourvus de clochettes, conformément au vœu de l'article 7, titre 19 de l'ordonnance de 1669. Traduits en raison de cette contravention
tion devant le tribunal de Lons-le-Saulnier, ils furent
renvoyés de la plainte. Il y eut pourvoi en cassation, à
la suite duquel intervint, le 14 août 1820, l'arrêt dont
la teneur suit :

« Vu les articles 6, 7 et 8 du titre 19, 2 et 5 du titre
» 26 et 28 du titre 32 de l'ordonnance des eaux et
» forêts du mois d'août 1669;

» ATTENDU qu'il a été constaté, par procès-verbal
» du 13 juin 1819, à la requête du demandeur, pro-

» priétaire de la montagne et forêt de *Castel-de-Joux*,
» dans laquelle les habitants de la commune prétendent
» avoir droit d'usage, qu'il avait été trouvé cinq enfants,
» garçons et filles, des habitants de ladite commune,
» qui faisaient paître, à garde séparée, quarante-trois
» bestiaux de différentes espèces, dont deux vaches
» seulement avaient des clochettes au cou, dans le canton
» de la *Haute-Boissière*, dépendant de ladite forêt ;
» Que, quoique les faits de garde séparée et de dépais-
» sance dans une forêt, d'un grànd nombre de bes-
» tiaux dépourvus de clochettes, constituassent un
» délit, par contravention aux articles 6, 7 et 8 ci-
» dessus rappelés, néanmoins le tribunal de Lons-le-
» Saulnier s'est permis d'acquitter les prévenus, par
» des motifs qui sont réprouvés par la loi; Qu'en
» effet, il a toujours été reconnu par les meilleurs auteurs
» qui ont traité des matières des eaux et forêts, et par
» la jurisprudence constante et uniforme des Cours et
» tribunaux du royaume, que les dispositions des an-
» ciennes ordonnances concernant la conservation des
» forêts devaient être appliquées aux bois et forêts
» des particuliers, de la même manière qu'aux forêts
» royales; Que l'exécution de ces dispositions qui ont
» pour objet la conservation des forêts, intéresse éga-
» lement ceux qui y ont des droits d'usage, et ceux
» qui en sont propriétaires; Que, par la dégradation
» des forêts, les droits d'usage seraient bientôt réduits
» et même anéantis ; Que si, par l'arrêté du directoire
» exécutif du 5 vendémiaire an 6, il a été ordonné que
» les règles prescrites par l'ordonnance de 1669, et par
» les ordonnances antérieures sur l'exercice des droits
» d'usage et pâturage dans les forêts de l'état, seront

» observées à l'égard des forêts ayant appartenu à des
» communautés ecclésiastiques et à des particuliers,
» lesquelles sont devenues propriétés publiques, cet
» arrêté, qui dispose pour des propriétés particulières,
» et dans des intérêts particuliers, ne peut être consi-
» déré comme établissant un droit nouveau ; Qu'il ne
» doit et ne peut être considéré que comme déclaratif
» d'un droit et d'une obligation préexistants ; Qu'enfin
» la nécessité et l'obligation où sont les tribunaux d'ap-
» pliquer les dispositions des articles 6, 7 et 8 ci-dessus
» rappelés, au pâturage dans les bois et forêts des par-
» ticuliers, résultent évidemment de l'article 5 du titre
» 26, et de l'article 28 du titre 32 de la même loi ;
» La Cour CASSE et ANNULE, etc. »

§ 5. I. Le garde-champêtre de *Kirberg* avait trouvé
Philippe Fiéger, garde des cochons de la commune de
Mersbach, faisant pâturer son troupeau de cochons dans
la forêt dite *Zimmerabusberg* ; ce troupeau y mangeait
les glands et faines dont se composait la glandée.

Fiéger, cité à comparaître à l'audience du tribunal de
police, ne put méconnaître le fait ; il s'excusa sur ce
qu'ayant vu ramasser les glands et faines dans cette
forêt par les habitants de la commune, il avait crû
pouvoir y mener ses cochons.

Le tribunal de police considérant que le prévenu
avait avoué le fait dont il s'agissait, et qu'il n'avait pas
légalement justifié que sa commune eût été autorisée,
suivant la prétendue coutume alléguée, à mener son
troupeau de cochons dans la forêt dont il s'agit, déclara
le prévenu coupable de la contravention de police
énoncée en l'article 471, n° 14 du Code pénal, et

en conséquence le condamna à l'amende de deux francs, et aux dépens.

Ce jugement a été cassé par un arrêt en date du 20 avril 1812, ainsi conçu ;

« La Cour, VU l'article 4, titre 18 de l'ordonnance de
» 1669 ; et les articles 137, 179 et 442 du Code d'ins-
» truction criminelle :

» ATTENDU que, d'après ledit article 4, titre 18 de
» l'ordonnance de 1669, le délit commis par *Philippe*
» *Fiéger*, garde des porcs de la commune de *Mersbach*
» (qui avait été trouvé gardant son troupeau de cochons
» en glandée dans la forêt dite *Zimmerabusberg*), était
» punissable d'une amende de 100 francs, outre la con-
» fiscation dudit troupeau ; Qu'aux termes dudit article
» 179 du Code d'instruction criminelle, la connais-
» sance d'un semblable délit appartient aux tribunaux
» correctionnels à l'exclusion de ceux de simple police ;
» et qu'ainsi le jugement du tribunal de police du
» canton de Hemberg, du 26 dudit mois de novembre,
» par lequel, en contravention audit article 4, titre
» 18 de l'ordonnance de 1669, *Fiéger* n'avait été con-
» damné qu'à une amende de deux francs, a été rendu
» incompétemment ;

» La Cour CASSE et ANNULE, etc. »

Un jugement du tribunal correctionnel de Bagnères avait condamné le nommé *Pierre Fitte*, comme coupable d'avoir introduit quatre-vingt-dix bêtes à laine dans la forêt des sieurs *Perrin*.

Appel de ce jugement fut interjeté tant de la part du prévenu et de son maître, déclaré responsable des dommages, que des maires de quatre communes usagères : tous soutenaient que les habitants avaient, d'après leurs titres et leur possession, le droit de faire paître leurs troupeaux dans lesdits bois, en tout temps et sans qu'ils eussent été déclarés défensables ; Que dès-lors, il n'y avait pas lieu aux poursuites exercées à la requête des sieurs *Perrin*.

Le tribunal d'appel, sans reconnaître dans les titres des habitants un droit de propriété qui n'en résultait pas, avait pensé que, d'après l'étendue de leurs droits d'usage, et d'après la possession abusive qui avait donné encore de l'extension à leurs titres, ces usagers s'étaient affranchis des règles conservatrices de la propriété, auxquelles tout usager est assujetti, en conséquence, *Pierre Fitte* avait été déchargé des condamnations prononcées contre lui.

Ce jugement a été cassé par l'arrêt ci-après, en date du 18 octobre 1821.

« Vu l'article 1er du titre 19, et l'article 10 du titre 32 de l'ordonnance de 1669.

» Attendu que, des dispositions y exprimées » et dont le décret du 16 frimaire an 14 prescrit » l'exécution, il résulte qu'aucun usager ne peut, » sans commettre un délit et sans encourir les peines » portées par l'ordonnance, introduire des bestiaux » dans les bois soumis à l'exercice de son droit d'usage, » avant qu'ils aient été déclarés défensables ;

» Attendu, en fait, que *Grégoire* et *Pierre Fitte* » ont été poursuivis, l'un comme ayant commis ce » délit dans les bois des demandeurs, et l'autre comme » en étant civilement responsable ; Que le tribunal » de Tarbes, en statuant sur l'exception par eux opposée,

» n'a point déclaré qu'il résultât des titres produits
» devant lui , un droit de propriété en faveur des
» habitants des communes d'*Esparos* , *la Bastide* , *la*
» *Borde et Arrodet* , sur les montagnes des demandeurs ;
» ni même la faculté d'y faire paître leurs bestiaux
» en tout temps , et avant qu'ils eussent été déclarés
» défensables ; Que ce n'est donc qu'un droit d'usage
» étendu , qui a été reconnu appartenir aux intervenants ;
» et que si ce tribunal a fini par déclarer que leurs droits
» n'étaient pas de simples droits d'usage , mais des droits
» d'une nature toute particulière , qui , en raison de
» leur étendue , sortaient du droit commun en matière
» d'usage , l'ensemble de ces motifs prouve qu'il a en-
» tendu parler seulement de droits excédants les bornes
» d'un droit d'usage ordinaire , et nullement déclarer
» une propriété indivise entre les sieurs *Pervin* et les
» communes sus-nommées ;

» ATTENDU que l'étendue plus ou moins grande
» d'un droit d'usage n'en change point la nature , et
» ne peut lui imprimer le caractère et les attributs de
» la propriété ; Que si , par un abus de leur usage ,
» les habitants desdites communes ont , depuis long-
» temps , fait pâturer leurs troupeaux dans des parties
» de bois qui n'avaient pas été déclarées défensables ,
» cette possession destructive de ces bois et contraire
» aux dispositions de la loi , ne pouvait prévaloir sur
» des prohibitions commandées par l'intérêt de l'état ,
» et qu'on ne prescrit point contre ce qui est d'ordre
» public ; Qu'il suit de ces principes , que *Grégoire*
» et *Pierre Fitte* avaient été également poursuivis à
» raison du délit forestier , et que leur exception ne

(297)

» pouvait être admise ; Que cependant le tribunal de
» Tarbes , en réformant le jugement qui les con-
» damnait aux peines portées par la loi , s'est permis
» de les décharger des condamnations prononcées
» contre eux par ledit jugement ; en quoi il a violé les
» susdits articles 1er du titre 19 , et 10 du titre 32 de
» l'ordonnance de 1669 ;

» La Cour CASSE et ANNULE, etc. »

§ 8. I. Un arrêt rendu le 19 mars 1812 , par la
Cour royale de Toulouse , jugeant en matière correctionnelle , n'avait puni que des peines déterminées
par l'article 38 , titre 2 de la loi du 28 septembre –
6 octobre 1791 , un délit de pâturage dans une forêt
domaniale , dont *Jean Blasé* et autres s'étaient rendus
coupables.

« Vu les articles 8 et 10 , titre 32 de l'ordonnance
» de 1669 ;

» ATTENDU que la dépaissance en délit des bestiaux
» dans les forêts domaniales , n'étant prévue ni par
» le Code rural , ni par aucune loi spéciale , doit
» être punie conformément à l'ordonnance de 1669 ;

» ATTENDU qu'il était constaté par un procès-verbal
» régulier et non-argué de faux , que les bœufs et
» vaches de *Jean Blasé* et autres avaient été trouvés
» paissant dans la forêt domaniale de *Sauvais* ; Que
» cependant l'arrêt attaqué n'a puni les propriétaires
» de ces bestiaux que des peines déterminées dans
» l'article 38 , titre 2 de la loi du 28 septembre – 6
» octobre 1791 ; Que dès-lors , il a été fait dans l'espèce
» une fausse application dudit article 38 , et qu'il a
» été commis une contravention expresse aux articles

» 8 et 10 précités du titre 32 de l'ordonnance de 1669,
» La Cour CASSE et ANNULE , etc. »

II. Le garde général de la forêt nationale de *Mort-bronne*, ayant trouvé 200 moutons appartenant à *Jean Guerbert*, qui y pâturaient, dressa procès-verbal contre son berger : traduits l'un et l'autre devant le tribunal civil de Sarreguemines, jugeant correctionnellement, le premier y fut condamné en 1200 francs d'amende, conformément à l'article 13 du titre 19 de l'ordonnance de 1669.

Sur l'appel de *Guerbert*, au tribunal criminel du département de la Moselle, il y demeura constant qu'il n'était pas usager dans la forêt nationale de *Mortbronne*, et cependant ce tribunal confirma le jugement du tribunal civil.

Ce jugement ayant été dénoncé au tribunal de cassation, il est intervenu, le 5 novembre 1802 (14 brumaire an 11), l'arrêt suivant :

« Vu la première disposition de l'article 455 du
» Code des délits et des peines ;

» ATTENDU que *Jean Guerbert* n'était pas usager dans
» la forêt nationale de *Mortbronne*, au canton dit *Petit-*
» *Brondelle*, ainsi que cela est demeuré constant au
» procès ; Qu'alors la peine portée en l'article 13 du
» titre 19 de l'ordonnance de 1669, ne devait pas lui
» être appliquée ; mais seulement celle de l'article 10
» du titre 32 de cette ordonnance ; Qu'ainsi il y a eu
» fausse application de la peine.

» Le tribunal CASSE et ANNULE , etc. »

III. Pour servir de base à l'adjudication des exploitations de coupes de bois domaniaux, destinée à fournir

(299)

le supplément de chauffage, bois de bâtiment et d'agriculture aux habitants de diverses communes reconnues
usagères dans lesdits bois, le conservateur des forêts
avait arrêté, par forme de règlement, un cahier de
charges souscrit de l'approbation du Préfet : l'article
22 défendait aux usagers de conduire dans lesdites forêts des bêtes à corne non-muselées.

Henri Jacques, de la commune de *Ginslette*, avait
été trouvé dans la vente conduisant un chariot attelé
de six bœufs non-muselés.

Traduit au tribunal de police de Neufchâtel, et par
voie d'appel devant la Cour criminelle du département
des Forêts, ce particulier avait été renvoyé absous, les
juges ayant méconnu leur compétence.

La Cour de cassation, sur le pourvoi du procureur-
général, a rendu à cette occasion, sous la date du 29
mars 1806, l'arrêt suivant :

« Vu l'article 456 du Code des délits et des peines,
» n° 6 ;

» Attendu que, dans l'espèce, il y avait délit par
» contravention à l'article 22 du cahier des charges, qui
» prescrivait aux usagers des précautions à prendre lors-
» qu'ils entreraient dans la forêt avec des bœufs, pour
» y prendre les bois destinés à leur usage ;

» Attendu que ce cahier des charges, arrêté par
» l'administration des forêts, et approuvé par le Préfet,
» contenait, à cet égard, un véritable règlement de
» police qu'il n'était pas permis d'enfreindre sans se
» rendre coupable d'un délit punissable, au moins
» comme délit ordinaire des peines établies par l'ordon-
» nance de 1669, titre 32 ;

» Attendu qu'en introduisant , dans le taillis où il
» allait recevoir la délivrance des bois à lui destinés , six
» bœufs non-muselés , *Henri Jacques*, usager , s'est
» rendu coupable du délit prévu par le règlement porté
» au cahier des charges , que le tribunal de première
» instance aurait dû punir des peines encourues par ledit
» usager , et qu'en maintenant ce jugement , la Cour de
» justice criminelle s'est rendu propre l'erreur dans
» laquelle les premiers juges étaient tombés ;

» La Cour casse et annule , etc. »

IV. Un délit de pâturage avait été constaté , et la Cour
royale de Rennes , saisie de l'affaire , avait déclaré le
délinquant passible des peines déterminées par l'article
10 du titre 32 de l'ordonnance de 1669 , sans prononcer toutefois contre lui aucune condamnation à titre de
restitution. Ce jugement a été cassé par un arrêt du 23
octobre 1817 , ainsi conçu :

« Vu l'article 8 du titre 32 de l'ordonnance de 1669 ;

» Attendu que cet article 8 prescrit d'une manière
» expresse et générale que , pour tout délit , il soit ad-
» jugé des restitutions , dommages et intérêts , au moins
» à pareille somme que se portera l'amende ; Que , par
» cette disposition , cet article n'a fait que maintenir la
» législation antérieure sur la réparation du dommage
» pour tous délits forestiers ; Que si le motif énoncé dans
» cet article paraît ne se référer qu'aux délits passibles
» d'une amende au pied le tour , cette particularité du
» motif ne saurait modifier la généralité de la disposi-
» tion qui , portant sur tous délits , sans en excepter
» aucun , les comprend nécessairement tous ; Que lors-
» qu'une disposition législative exclut toute restriction

» par les termes dans lesquels elle est conçue, il n'est
» pas permis de recourir aux motifs qui peuvent lui
» avoir été donnés, pour les restreindre par le sens
» limité que ces motifs peuvent présenter ; Que, dans
» les temps anciens, ledit article 8 était ainsi appliqué
» par les tribunaux du royaume, sans distinction des
» délits dont l'amende était réglée au pied le tour, de
» ceux à l'égard desquels elle était fixée de toute autre
» manière ; Que toute distinction, à cet égard, serait
» une violation directe de cet article ;

   » Et ATTENDU que, dans l'espèce, la Cour royale de
» Rennes a reconnu l'existence d'un délit passible de l'a-
» mende déterminée par l'article 10 du titre 32 de l'or-
» donnance de 1669 ; Que cependant elle s'est bornée à
» prononcer l'amende sans prononcer aucune condam-
» nation à titre de restitution, dommages et intérêts ;
» en quoi cette Cour a violé les articles précités de l'édit
» de 1716, et de l'ordonnance de 1669 ;

   » La Cour CASSE et ANNULE, etc. (1) »

V. Il était constaté, par un procès-verbal régulier,
que des bêtes à laine avaient été trouvées pâturant en
délit dans un bois de l'état, sous la garde de *Fabre*
fils, et il n'était pas méconnu que ces bêtes appartenaient à *Fabre* père. Ce dernier cité comme civilement

---

(1) Lorsque les bestiaux trouvés en délit peuvent être saisis,
il y a lieu à confiscation desdits bestiaux. Alors les tribunaux
ne doivent prononcer ni restitution, ni amende d'après le texte
même de l'article 10 de l'ordonnance de 1669. Tel a été le
motif de l'arrêt de la Cour de cassation indiqué page 259,
à la suite de celui que l'on vient de rapporter.

responsable de son fils, fut condamné à répondre, non pas de l'amende, mais seulement des dommages et dépens. Le jugement qui prononçait cette condamnation ainsi restreinte, a été cassé par un arrêt du 6 avril 1820, ainsi conçu :

« Vu l'article 10, titre 32 de l'ordonnance de 1669;

» Attendu que si, en thèse générale, la respon- » sabilité civile des délits ou quasi-délits, est restreinte » aux dommages et intérêts, et ne peut être étendue » aux amendes encourues pour ces délits, il en est autre- » ment dans les cas où des lois spéciales ont expres- » sément ordonné qu'elles comprendraient les amen- » des dont elles ont prescrit la condamnation; Que » la répression et la responsabilité des délits forestiers » commis dans les bois de l'état, sont réglées par l'or- » donnance de 1669, et que, par l'article 10, titre 32 de » cette ordonnance, il est formellement ordonné que » les propriétaires des bestiaux, trouvés pâturant en » délit dans un bois de l'état, seront civilement res- » ponsables, non-seulement des dommages et intérêts, » mais encore de l'amende encourue pour ce délit;

» Et Attendu qu'il n'est pas méconnu, dans l'espèce, » que les bêtes à laine trouvées pâturant en délit dans » un bois de l'état, sous la garde de *Fabre* fils, appar- » tenaient à *Fabre* père; Que dès-lors, ce dernier devait » être déclaré responsable non-seulement du dommage » occasionné par ses bestiaux, mais encore de l'amende » encourue par le délit de son fils : d'où il suit que » l'arrêt attaqué, en restreignant la responsabilité qu'il » a prononcée contre *Fabre* père, aux dommages

(3o3)

» et dépens, a contrevenu formellement à l'article 10
» précité, du titre 32 de l'ordonnance de 1669 :
» La Cour CASSE et ANNULE, etc. (1) »

§ 9. I. L'administration forestière et les habitants
du hameau de *Bières-les-Egarées*, étaient tombés d'accord de convertir en un cantonnement les droits d'usage
qui appartenaient auxdits habitans dans les bois domaniaux du finage de *Modéon*. Les experts nommés
de part et d'autre, pour procéder à l'estimation de
ce cantonnement, le déterminèrent sur la réquisition
de l'inspecteur forestier, et nonobstant la réclamation
du maire, en un canton de la forêt désavantageuse-
ment situé dans l'intérét de ses administrés. Le procès-
verbal d'estimation ayant été homologué par un arrêté
du préfet du département de la Côte-d'Or, il intervint
le 21 janvier 1813, le décret suivant :

« Vu la sentence rendue contradictoirement le 12

------

(1) La restriction qui résulte de l'arrêt du 25 février 1820,
indiqué page 260, à la suite de celui dont on vient de rapporter le texte est fondée sur les motifs suivants :

« ATTENDU qu'il s'agit d'un délit de pâturage commis non
dans *les bois de l'état*, et par conséquent punissable d'après
l'ordonnance de 1669, mais dans un *bois communal;* que
ce délit est prévu par l'article 38, titre 2 de la loi du 28 septembre - 6 octobre 1791, qui prononce en ce cas l'amende
et la réparation du dommage causé au propriétaire; mais attendu aussi que l'article 7 du même titre ne prononce, contre
les maîtres, que la responsabilité *civile* des délits commis par
leurs subordonnés; que dès-lors cette responsabilité ne
peut être étendue à l'amende, *qui est une peine,* etc. »

» septembre 1609, à la table de marbre de Dijon et
» l'arrêté du conseil de préfecture de la Côte-d'Or,
» du 14 floréal an 12, par lequel il a maintenu les
» habitants du hameau de *Bières-les-Egaréés* dans leurs
» droits d'usage ;

» La demande formée par eux à l'effet d'obtenir
» un cantonnement de trente hectares dans la forêt
» des *Bouchots*, à proximité de leur hameau ;

» Le rapport des experts dressé en exécution de
» l'arrêté du préfet de la Côte-d'Or, en date du 16
» janvier 1812, duquel il résulte que lors de l'ex-
» pertise contradictoire faite en présence des agents
» forestiers et des maires et adjoint de la commune,
» l'inspecteur forestier a requis qu'il fût procédé de
» préférence à l'estimation du canton de bois dit *du*
» *Bout-des-Trois-Prés*, au lieu de celui dit *dés Bouchots*;
» que sur cette observation, le maire a objecté, au
» nom des habitants, qu'il ne pouvait consentir à
» prendre pour cantonnement le bois *du Bout-des-*
» *Trois-Prés*, situé à plus de trois kilomètres de leur
» hameau ; ledit canton de bois n'étant pas d'ailleurs
» abordable en hiver ; que néanmoins les experts
» ont déféré à la réquisition de l'inspecteur forestier
» et se sont transportés au canton de bois *du Bout-*
» *des-Trois-Prés*, sur lequel ils ont assis le canton-
» nement.

» CONSIDÉRANT que les experts n'étaient ni ne pou-
» vaient s'établir juges entre l'administration forestière
» et les habitants de *Bières-les-Egarées*, pour la
» fixation du lieu du cantonnement ;

» Notre conseil d'état entendu, nous avons décrété
» et décrétons ce qui suit :

» Article 1er. L'arrêté du préfet de la Côte-d'Or,
» en date du 16 janvier 1812, qui approuve le rapport
» d'experts dressé le 5 décembre 1810, est annulé.

» Article 2. Il sera procédé par de nouveaux
» experts nommés contradictoirement à l'évaluation
» des droits d'usage appartenant aux habitants de *Bières-*
» *les-Egarées*, et à la fixation d'un cantonnement en
» remplacement desdits droits d'usage. Dans le cas où
» les parties ne se trouveraient pas d'accord sur la
» fixation du lieu dudit cantonnement, elles seront
» renvoyées devant les tribunaux, pour y être statué. »

II. Les habitants de la commune de *Biesle*, usagers
de la forêt du *Ban* et maintenus dans leurs droits par
sentence arbitrale du 15 mars 1794 (25 ventôse an 2),
avaient demandé à être mis en possession d'un cantonnement déterminé conformément à cette sentence,
pour leur tenir lieu de leurs droits d'usage. Cette
demande fit naître des contestations qui avaient été
portées devant la Cour d'appel de Dijon, lorsque le
préfet du département de la Haute-Marne crut devoir
en revendiquer la connaissance comme étant de la compétence administrative. L'arrêté qu'il prit à cet égard
fut annulé par un décret du 7 février 1809, dont la
teneur suit :

« Vu la loi du 28 brumaire an 7, qui ordonne que
» les communes auxquelles des jugements arbitraux
» auraient adjugé la propriété des forêts prétendues
» nationales, produiraient leurs titres aux adminis-
» trations départementales ;

» L'arrêté du directoire exécutif du 5 vendémiaire

» an 6 , qui oblige les usagers à justifier de leurs
» droits devant les mêmes administrations ;

» La loi du 28 ventôse an 11 , portant que les
» communes et particuliers qui se prétendraient
» fondés, par titres ou possession, à exercer des droits
» d'usage dans les forêts nationales, seront tenues de
» déposer aux secrétariats de préfecture ou sous-pré-
» fectures leurs titres ou actes possessoires ;

» CONSIDÉRANT que toute action ayant pour objet
» de faire statuer sur un droit de propriété est essen-
» tiellement de la compétence des tribunaux ordi-
» naires , et qu'aucune loi n'a excepté de ce principe
» les demandes tendant à revendiquer des droits de
» pâturage, pacage ou autres usages dans les forêts
» nationales ; Que la loi du 28 brumaire an 7 , oblige
» les communes dont les droits ont été reconnus par
» des jugements arbitraux , à produire ces jugements
» aux administrations départementales , pour faciliter
» à ces administrations le moyen de connaître les
» jugements susceptibles d'être réformés , mais ne leur
» attribue pas le pouvoir de statuer sur le fond de
» la contestation , puisqu'au contraire elle leur or-
» donne de poursuivre , par la voie de l'appel et dans
» les formes ordinaires, la réformation de ceux qu'elles
» croiront ne devoir pas être maintenus.

» CONSIDÉRANT que la commune de *Biesle* ayant
» déposé ses titres en exécution de la loi du 28 ventôse
» an 11 , elle a été maintenue dans ses droits d'usage
» par arrêté du conseil de préfecture du 20 mai 1806 ,
» et autorisée à poursuivre le cantonnement que la
» sentence arbitrale lui avait accordé ;

» Considérant qu'il ne s'agit plus de savoir si les
» droits d'usage seront convertis en un cantonnement,
» puisque ce point est décidé par la sentence arbitrale
» qui a acquis la force de chose jugée, mais seulement
» de faire déterminer, par une expertise contradictoire,
» quelle portion de bois sera abandonnée en toute
» propriété aux habitants de la commune, comme
» équivalent de leurs droits d'usage ; Que toutes les
» contestations qui peuvent s'élever sur l'homologation
» du rapport des experts sont de la compétence des
» tribunaux ordinaires ;

Notre Conseil d'état entendu, nous avons décrété
et décrétons ce qui suit :

Article 1er. L'arrêté du préfet du département de
la Haute-Marne en date du trois décembre 1807, qui
élève le conflit avec la Cour d'appel de Dijon, est
regardé comme non-avenu.

CHAPITRE TROISIÈME.

LÉGISLATION PROJETÉE.

La loi du 28 septembre – 6 octobre 1791 n'avait, en quelque sorte, déterminé que les principes généraux d'un *Code rural* approprié au nouvel ordre de choses qui venait de s'établir en France. Il restait à en déduire les conséquences, et l'on ne tarda point à s'apercevoir combien il devenait important de remplir cette lacune de la législation. Mais les circonstances ne permirent point que l'on s'en occupât immédiatement.

Cependant, en 1802, ce soin commença de fixer d'une manière plus particulière l'attention du Gouvernement, qui consulta les fonctionnaires de l'ordre administratif et judiciaire sur un grand nombre de questions relatives à l'objet qu'il avait en vue. Leurs observations fournirent les éléments d'un projet de Code rural que rédigea, quelques années après, une commission instituée près du ministre de l'intérieur.

Ce projet ayant été soumis au chef du Gouvernement, il intervint, sous la date du 19 mai 1808, le décret suivant :

Art. Ier. Le projet de Code rural à nous présenté

par notre ministre de l'intérieur, sera, avant la discussion en notre conseil d'état, renvoyé à notre ministre
de l'intérieur pour être imprimé, ainsi que les motifs
à l'appui dudit projet, et communiqué à des commissions consultatives formées dans le chef-lieu de chaque
Cour d'appel.

Art. 2. Chaque commission sera présidée par le
préfet du département et composée du procureur-
général et de trois juges de la Cour d'appel, désignés
par le ministre de la justice, du président ou du procureur *impérial* du tribunal civil du chef-lieu, de deux
ou trois membres pris dans les conseils généraux de
département du ressort, et désignés par le ministre de
l'intérieur, de deux juges de paix du ressort de la
Cour, désignés par le préfet. Il sera loisible au préfet
d'appeler un ou plusieurs cultivateurs ou membres des
sociétés d'agriculture.

Ces commissions émettront, dans le délai de deux
mois, un avis motivé sur le projet présenté et sur les
additions qu'elles croiront utile d'y faire, soit comme
dispositions générales, soit comme dispositions applicables seulement à quelques localités, ou comme devant
réserver l'exécution des usages locaux.

Art. 4. Leur avis sera imprimé et renvoyé par notre
ministre de l'intérieur, à notre conseil-d'état, aux sections de l'intérieur et de législation déjà chargées par
nous de nous présenter le projet définitif.

Ce sont les observations produites par les commissions instituées conformément au décret que nous
venons de citer, qui ont été recueillies et publiées

en 1814, par M. *De Verneilh*, ancien préfet des départements de la *Corrèze* et du *Mont-Blanc*. Nous allons passer en revue celles de ces observations qui concernent la vaine pâture et le parcours, les animaux nuisibles et les dommages causés par les bestiaux.

Afin de procéder avec plus de méthode, nous rapporterons successivement le texte des chapitres 2 et 8 du titre 1er dudit projet, et sept des articles de la section 6, chapitre 1er, titre 3, en indiquant immédiatement à la suite de chaque extrait les observations qui s'y rattachent, rangées selon l'ordre alphabétique des villes chef-lieu des différentes Cours royales.

§ 1er. *Parcours et vaine pâture.* (Chap. 2, tit. 1er.)

Art. 6. Personne n'a le droit de faire paître ses bestiaux sur le terrein d'autrui, sans une permission expresse des propriétaires.

Les préfets, suivant les circonstances locales, peuvent retarder en tout ou en partie l'exécution du présent article, jusqu'au terme de trois années. Ils feront, à ce sujet, tous les règlements convenables.

Art. 7. Si le droit de mener ses bestiaux sur le fonds d'autrui est fondé sur un titre, le propriétaire du fonds peut s'en rédimer moyennant une indemnité réglée par experts.

Ce chapitre a provoqué, de la part des commissions consultatives instituées au chef-lieu de chaque Cour royale, diverses observations dont nous allons présenter, une analyse succincte :

Agen. La commission consultative a pensé que la faculté, accordée aux Préfets par le second paragraphe de l'article 6, de retarder la suppression du droit de parcours et de vaine pâture, doit être restreinte aux lieux où le parcours et la vaine pâture sont actuellement en usage.

Aix. La disposition de l'article 7, qui autorise le rachat du droit d'herbage, a paru injuste et dangereuse à la commission, en ce qu'elle attaque un droit conventionnel, sur un objet qu'aucune loi n'avait prohibé : l'intérêt public et celui du bas peuple demandent que ce droit soit respecté. Un particulier qui a des terres trop étendues, en vend les portions les plus éloignées à des cultivateurs qui les mettent en valeur, et il s'y réserve un droit d'herbage nécessaire à ses troupeaux. Admettre le rachat d'un pareil droit, c'est lui inhiber ces sortes d'aliénations, c'est nuire aux progrès de la culture, et enlever au bas peuple le moyen d'acquérir de petites propriétés.

Amiens. Les dispositions du chapitre, sur le parcours et la vaine pâture, ont été, pour la commission, l'objet d'une discussion vive et prolongée. Pour éclaircir la difficulté, elle a posé et discuté les cinq questions suivantes :

1° Faut-il conserver ou anéantir le droit de parcours de commune à commune ?

2° Le droit de vaine pâture doit-il être supprimé

ou maintenu pour les bêtes à laine appartenantes aux habitants non-propriétaires dans une commune ?

3° Faut-il le supprimer pour les bêtes à laine, à l'égard des propriétaires de la même commune ?

4° Doit-il être conservé pour les autres bestiaux, en faveur des habitants non-propriétaires ?

5° Si dans ce dernier cas il peut être conservé, comment doit-il être exercé ?

Sur la première question. Il faut distinguer, si le droit de parcours, de commune à commune, est réciproque, la suppression ne peut souffrir de difficulté. S'il n'est pas réciproque, il y a lieu à l'indemnité de rachat, lorsque le droit est fondé sur un titre ou sur une possession légitime, et non autrement.

Sur la seconde question. La loi du 25 septembre - 6 octobre 1791 accorde aux non-propriétaires le droit de mettre dans le troupeau commun six bêtes à laine ; mais la suppression de ce droit ne paraît susceptible d'aucun inconvénient majeur, soit relativement à l'intérêt particulier, soit relativement à l'intérêt public.

Sur la troisième question. Supprimer le droit de vaine pâture pour les propriétaires entr'eux, ce serait les exposer, même ceux qui font valoir le plus de terres, à n'avoir aucun troupeau. Mais en conservant ce droit entre propriétaires et fermiers, il conviendrait de le régulariser. La commission propose pour cela les cantonnements, en ajoutant que cette mesure est usitée dans plusieurs provinces des trois départements de son ressort.

Sur la quatrième question. Conduire sur les terres sujettes à la vaine pâture, une vache et son veau, est une faculté précieuse accordée aux pauvres : cette faculté est souvent la principale ressource d'une famille. Il faudrait des motifs bien puissants pour l'en priver ; mais heureusement l'intérêt de l'agriculture, bien entendu, s'y oppose autant que l'humanité.

Sur la cinquième question. Si le droit de vaine pâture doit être conservé, il devient nécessaire que l'exercice en soit régularisé ; que le temps où l'on pourra en user soit bien déterminé, les prairies arti-ficielles demeurant toujours exceptées ; qu'enfin les bestiaux des non-propriétaires soient mis sous la con-duite des pâtres communs, afin de rendre la surveil-lance plus facile, et la responsabilité plus assurée.

En résumé, la commission a pensé, 1º que le droit de parcours, de commune à commune, peut être sup-primé, sauf indemnité dans les cas prévus ;

2º Que les habitants non-propriétaires ne doivent point conserver le droit d'envoyer dans le troupeau commun six bêtes à laine ;

3º Que le droit de vaine pâture doit être main-tenu pour les troupeaux, entre les habitants pro-priétaires dans une même commune ;

4º Que le droit accordé à chaque habitant non-propriétaire, d'envoyer à la vaine pâture une vache et son veau , doit être conservé ; mais que l'exercice de ce droit doit être renfermé dans de justes limites ;

5º Qu'il y a lieu d'autoriser les cantonnements sur la demande des propriétaires.

ANGERS. La commission a proposé d'établir d'abord en principe, que les droits de parcours et de vaine pâture sont supprimés. Elle a pensé d'ailleurs que l'article 7 devait être rédigé de manière à ce qu'on ne puisse considérer comme un titre la possession trentenaire.

BORDEAUX. La commission a adopté les articles du projet, en ce qu'ils prononcent la suppression du droit de parcours et de vaine pâture ; sauf à laisser à ceux qui en usaient, un délai suffisant pour vendre leurs bestiaux , ou pour se procurer un moyen de les alimenter : mais elle insiste pour que ce droit cesse dès l'instant même, dans les lieux où la coutume ni l'usage ne l'avaient point consacré , et dans ceux où il n'était qu'une usurpation favorisée par les désordres de la révolution.

Enfin, la commission a proposé l'article suivant :

« Les riverains des chemins publics ont seuls le » droit d'y faire pacager leurs bestiaux, et dans leurs » limites respectives, sans pouvoir concéder à d'au— » tres cette faculté, sous peine de l'amende de six » francs au plus, et de cinq francs au moins. »

COLMAR. La commission a déclaré adhérer à l'abo-

(315)

lition du droit de parcours quand il n'est pas fondé
sur un titre , en laissant dans ce cas au propriétaire
la faculté de s'en rédimer ; mais la suppression de la
vaine pâture a paru susceptible de ménagements dans
son exécution ; à cause des changements que l'abolition de ce dernier droit doit opérer dans l'ancien
système de culture , dans le mode d'éducation des
bestiaux, et dans presque toutes les habitudes rurales.
Il faut laisser au cultivateur le temps de se créer de
nouvelles ressources. La commission désire que le
délai fixé aux Préfets, pour l'exécution de l'article 6,
soit étendu à vingt-cinq ans.

DIJON. En adhérant à la suppression des droits de
parcours et de vaine pâture , la commission a proposé
de rédiger la première partie de l'article 6 , de
manière à indiquer explicitement cette suppression.

DOUAI. L'abolition du droit de parcours a obtenu
l'assentiment de cette commission ; mais elle a pensé
que la suppression absolue du droit de vaine pâture
serait, dans un grand nombre de départements, surtout dans le nord de la France , beaucoup plus nuisible qu'utile à l'agriculture. Dans ces contrées, où les
propriétés sont très-divisées, il deviendrait surtout
impossible d'élever des moutons, que la vaine pâture
nourrit à-peu-près trois mois de l'année.

La commission a proposé d'adopter les dispositions
suivantes , 1.º la vaine pâture est permise sur les
chemins et autres terres incultes, pour tous les bes-

tiaux ; sur les jachères et autres terres annuellement cultivées, pour les vaches et les moutons seulement, et vingt-quatre heures après l'enlèvement total de la récolte ; 2° dans aucun temps elle ne peut avoir lieu sur les terreins clos, ensemencés ou plantés, ni sur les prairies naturelles et artificielles ; 3° ceux à qui le droit de vaine pâture serait accordé aux conditions précédentes, ne peuvent le céder à d'autres.

GRENOBLE. La commission a proposé de substituer aux articles 6 et 7 la rédaction suivante :

« 1° Tout droit de pâture dans les propriétés
» d'autrui connu sous le nom de *parcours*, *vaine*
» *pâture* ou autre quelconque, non-fondé en titre
» particulier est aboli.

» 2° Tout droit de pâturage fondé en titre par-
» ticulier est perpétuellement rachetable.

» 3° Les préfets, en ce qui concerne le parcours
» et la vaine pâture dans les lieux où ils sont autorisés
» par l'usage, peuvent, à la demande des corps mu-
» nicipaux, les continuer ou les modifier suivant les
» localités, durant trois années au bout desquelles
» les droit et l'usage seront entièrement supprimés. »

LIMOGES. La commission a donné son adhésion à la suppression du parcours et de la vaine pâture. « Quoique le département de la Haute-Vienne et » ceux qui sont du ressort de la Cour d'appel (1),

______

(1) Cette assertion manque d'exactitude. On a vu, page 84, que la coutume de la province de *la Marche* admettait le

» porte son cahier d'observations , ne soient pas
» sujets au parcours et à la vaine pâture , autorisés par
» les lois , coutumes ou usages , nous reconnaissons
» cependant par la gêne et les dégâts que causent
» dans notre territoire les invasions furtives ou
» tolérées des troupeaux , combien doivent souffrir
» ceux qui ne peuvent s'en défendre. »

Lyon. Cette commission a été d'avis de limiter
la faculté donnée aux préfets par le paragraphe 1er
de l'article 6, au pays où le parcours est établi. Elle
a proposé du reste l'article additionnel ci-après :

« Aucun boucher ni commerçant en bœufs, moutons
» ou porcs ne pourra les faire voyager ou stationner
» sans s'être procuré, dans les différentes stations,
» des hangars ou parcs exactement clos, et des terres
» en pâturage suffisantes pour fournir à leur nour-
» riture.

» Lorsque ces bestiaux seront trouvés pâturant
» sur le terrein d'autrui, le propriétaire sera con-
» damné à une amende de dix francs par tête de
» bœuf ou vache, de trois francs par tête de porc
» ou mouton; l'amende sera double lorsque la con-
» travention aura été commise de nuit ; le tout sans

---

droit de vaine pâture, et en certains cas le droit de parcours.
Or, le département de la *Creuse*, et une partie de celui de
la *Haute-Vienne*, qui sont tous deux du ressort de la Cour
royale de *Limoges*, se composent du territoire de cette
ancienne province.

» préjudice des dommages et intérêts dus au pro-
» priétaire du terrein, et de l'emprisonnement des
» conducteurs ou gardiens, lequel ne pourra excéder
» un mois. »

Metz. Cette commission a reconnu que la vaine
pâture est un obstacle insurmontable à la suppression
des jachères; et que les modes de culture seront toujours vicieux, tant que l'abolition de ce droit n'aura
pas été prononcée. Cependant il lui a paru nécessaire
de réserver aux préfets la faculté d'en proroger encore l'exercice, si des circonstances impérieuses
l'exigeaient, pendant trois années au-delà du terme
fixé par le paragraphe 2 de l'article 6 du projet.
Elle a proposé enfin l'article additionnel ci-après :

« Il est défendu à qui que ce soit d'envoyer
» pendant la nuit ses bêtes de trait ou de somme
» dans les terres non-closes, sous peine de dix francs
» d'amende par tête de bétail. »

Montpellier. En applaudissant à la suppression
du droit de parcours et de vaine pâture, cette commission a été d'avis que l'affranchissement, moyennant
indemnité, doit avoir lieu soit vis-à-vis des particuliers, soit vis-à-vis des communes.

Nancy. Cette commission a trouvé trop court le
terme de trois ans, au bout duquel aurait lieu la
suppression du parcours ou de la vaine pâture, parce
que dans les pays où les terres sont divisées à l'infini

il deviendrait impossible , avant leur réunion par échange ou par une mesure générale, d'élever des troupeaux de moutons ; en conséquence , elle a été d'avis de prolonger le terme de trois années au plus.

Jusque-là, selon son opinion , les bonnes mœurs et la conservation des propriétés rurales commandent l'interdiction de l'exercice du droit de vaine pâture pendant la nuit , même aux propriétaires sur leurs terreins non-clos, ayant moins d'un hectare d'étendue.

Nîmes. La commission a pensé que la rédaction de la première partie de l'article 6, laissait quelque chose à désirer ; elle a en conséquence proposé la rédaction suivante :

» Personne n'a le droit de faire paître ses bestiaux
» sur le terrein d'autrui sans une permission expresse
» des propriétaires, *visée par le maire ou l'adjoint*
» *de la commune, ou transcrite* sur les registres de
» la mairie pour les personnes illettrées. »

Paris. Cette commission a proposé de substituer à l'article 6 du projet, la rédaction suivante :
» Personne n'a le droit de faire paître, à titre
» de parcours ou de vaine pâture, les bestiaux dans
» les prairies naturelles ou artificielles, dans les vignes,
» bois-taillis ou autres terreins en état de culture
» quelconque, sans la permission expresse des
» propriétaires.
» Néanmoins dans les lieux où la vaine pâture
» est en usage, elle pourra être maintenue dans les

» jachères et terres vaines et vagues d'après des
» règlements locaux que feront provisoirement les
» Préfets sur la demande des conseils d'arrondis—
» sement et de département, et qui ne deviendront
» définitifs que d'après l'approbation du ministre de
» l'intérieur. »

Pau. La commission, après avoir rappelé les circonstances qui déterminèrent les Etats de *Béarn*
et de *Bigorre*, à solliciter les édits de février 1770
et juillet 1771 (*voyez* page 112), a déclaré adopter
les articles 6 et 7 du projet, en exprimant le vœu
que le paragraphe 1er de l'article 6 se terminât ainsi :
*en conséquence de ce principe le parcours et la
vaine pâture sont définitivement abolis.*

Les commissions consultatives de *Besançon*,
Bourges, *Caen*, *Orléans*, *Poitiers*, *Rennes*,
Riom, *Rouen* et *Toulouse* ont adopté sans réserve
les articles 6 et 7 du projet, ou du moins n'ont proposé aucune observation de quelqu'importance sur
leur rédaction ou sur les dispositions qu'ils consacrent.

§ 2. *Chèvres*. (Chap. 8, titre 1.)

Article 29. Ceux dont les chèvres seront trouvées sur
le terrein d'autrui, paieront pour chaque chèvre une
amende de trois francs au moins, sans préjudice des
dommages, s'il y a lieu.

Les gardiens seront punis de vingt-quatre heures de
détention au moins, de trois jours au plus.

Art. 30. Lorsque la chèvre ne pourra être saisie, ou

que le propriétaire sera inconnu, les gardes communaux sont autorisés à la tuer.

Les gardes des particuliers, dans les mêmes circonstances, ont le même droit pour les chèvres qu'ils trouveront sur le terrein commis à leur garde.

Les uns et les autres sont tenus d'en dresser procès-verbal, conformément aux articles 135 et 136, *sur les devoirs des gardes ruraux.*

Art. 31. Dans les pays où l'usage est de conduire les chèvres en troupeaux, les propriétaires des chèvres sont solidairement responsables des dommages qu'elles pourraient causer ; et le gardien, dont la nomination devra être approuvée par le maire, sera puni d'une détention de trois jours au moins, et qui sera proportionnée à l'importance des dégâts commis.

Art. 32. Les préfets pourront accorder aux communes la permission de faire conduire leurs chèvres en troupeau, et ils feront à ce sujet les règlements convenables aux localités.

Les commissions consultatives ont proposé sur ce chapitre diverses observations, dont la nature est indiquée dans l'analyse suivante :

Agen. Tout ce qui concerne la police des chèvres, selon l'opinion de la commission consultative, doit être l'objet de règlements particuliers, que les Préfets seraient autorisés à publier suivant les circonstances locales. Il n'y a en effet aucun rapport entre les mesures qu'exige la police des chèvres dans un pays cultivé, et celles qu'on peut prescrire au milieu de landes stériles.

Aix. Cette commission a fait des observations analogues à celles de la commission d'*Agen*.

Besançon. La commission a fait observer, 1° que l'autorisation de tuer les chèvres, donnée par l'article 30, est d'une excessive sévérité et peut occasionner des rixes, dont il convient de prévenir la cause : elle a donc pensé qu'il y avait lieu de supprimer cet article ; 2° que l'on ne peut considérer les propriétaires d'un troupeau comme complices d'un délit qui n'est que la suite de la négligence du gardien, et qu'il convenait de retrancher de l'article 31 la disposition qui tend à les rendre solidairement responsables.

Bourges. La commission a proposé de rédiger, ainsi qu'il suit, la première partie de l'article 29 :

« Ceux dont les chèvres seront trouvées sur le » terrein d'autrui, *ou rongeant ses clôtures*, paieront » pour chaque chèvre une amende de *deux francs* , » sans préjudice des dommages, s'il y a lieu. »

Elle a en même-temps indiqué la convenance d'interdire aux gardes communaux, autorisés par l'article 31 à tuer toutes chèvres trouvées en dommage, de se prévaloir du corps de l'animal.

Caen. La commission, dans la persuation qu'il est impossible de faire un règlement général sur la police des chèvres, s'est bornée à demander la conservation de la disposition qui prescrit le paiement des dégâts ; le soin de déterminer toutes celles qui d'ailleurs peuvent être propres aux diverses localités devant être laissées à l'autorité administrative, conformément à l'article 32.

DIJON. La commission a proposé de substituer la rédaction suivante à celle de l'article 29 :

« Ceux dont les chèvres seront trouvées sur le ter-
» rein d'autrui, ou broutant les haies ou plantations
» d'arbres qui bordent les chemins , les héritages des
» particuliers ou les communaux, paieront pour chaque
» chèvre une amende de trois francs *au moins, et de*
» *dix francs au plus*, sans préjudice des dommages ,
» s'il y a lieu.

» S'il est constaté que le propriétaire ou le gardien
» des chèvres étaient présents , et ne s'opposaient
» point au délit, ils seront punis de vingt–quatre
» heures de prison au moins, et de trois jours au
» plus. »

La commission a remarqué d'ailleurs que l'article 31 déterminait contre le gardien des chèvres réunies en troupeau commun , en cas de dommages , une peine de trois jours de détention au moins ; le délit n'étant pas plus grave que dans le cas prévu par l'article 29, elle a pensé que cette disposition était irréfléchie.

DOUAI. La commission a fait observer que l'article 31 ne détermine que le *minimum* de la peine ; et qu'il est nécessaire aussi d'en déterminer le *maximum*.

GRENOBLE. La commission a pensé que nul troupeau de chèvres en commun ne devait être établi ou maintenu qu'autant qu'il y avait des communaux suffisants pour les nourrir, et que ces communaux ne pouvaient être convertis en un meilleur usage ; condition qui doit être garantie par la demande du conseil municipal, et l'autorisation du Préfet.

En définitif, elle a proposé les dispositions suivantes :

« 1° Les chèvres des divers habitants d'une commune ne peuvent être réunies et conduites en
» troupeau commun qu'ensuite d'un arrêté du Préfet,
» à la demande du conseil municipal; le Préfet
» fait sur ce sujet les règlements convenables aux
» localités.

» Les troupeaux communs actuellement existants
» ne peuvent subsister qu'ensuite d'une autorisation
» semblable obtenue dans les six mois ;

» 2° Les propriétaires de chèvres, dans le troupeau commun, sont solidairement responsables des
» dommages qu'elles peuvent causer, et le gardien
» est responsable envers ses commettants ;

» 3° Hors le cas du troupeau commun, nul ne peut
» tenir des chèvres qu'ensuite de l'autorisation du
» conseil municipal qui doit être renouvelée ;

» 4° Les chèvres non-autorisées, et saisies en
» dommages, sont vendues par l'ordre du Maire, et
» il y a lieu à une amende, jusqu'à concurrence de
» la moitié du produit de la vente ;

» 5° Toute chèvre particulière en pâturage, hors

» un champ clos , doit être attachée à un piquet plan-
» té, ou gardée à la main ;

 » 6° Tout propriétaire , fermier ou possesseur, qui
» trouve une chèvre en dommage dans son champ ,
» a le droit de la tuer sur la place, sans se prévaloir
» du corps de l'animal , ou de la saisir et de pour-
» suivre la réparation du dommage ;

 » 7° Les gardes ruraux sont chargés de saisir les
» chèvres non-autorisées , ainsi que les chèvres diva-
» gantes, et de les conduire au dépôt; et ils peuvent
» tuer celles qu'ils ne peuvent saisir. »

 Limoges. La commission , tout en adoptant les
articles du Préfet, a fait considérer que lorsqu'il
n'y aurait dans une localité , ni gardes ruraux
communs , ni gardes particuliers, les dispositions de
l'article 30 deviendraient illusoires ; qu'au surplus la
surveillance de ces gardes, quelque active qu'elle soit,
ne vaudra jamais celle du propriétaire ; qu'enfin la
loi ne peut refuser à celui-ci un pouvoir dont elle
investit un agent médiocrement intéressé : elle a donc
proposé, pour le second et le troisième paragraphe
de l'article 30 , la rédaction suivante :

 « Les gardes des particuliers, *les propriétaires* ou
» *fermiers* , dans les mêmes circonstances , ont le
» même droit , etc. , etc.

 » Les uns et les autres sont tenus d'en dresser pro-
» cès-verbal *ou d'en faire leur déclaration* confor-
» mément , etc. »

 Lyon. Il est prouvé par l'expérience , a dit la com-

mission consultative, que les chèvres ne craignent
point d'être renfermées toute l'année, et qu'elles
peuvent être nourries à peu de frais dans l'écurie : il
est facile dès-lors de faire droit aux plaintes dont ces
animaux sont généralement l'objet, en substituant à
l'article 29 du projet la rédaction suivante :

« Toute chèvre restera enfermée, excepté dans
» les pays où il existe des pâturages affectés par l'u-
» sage à la conduite de ces animaux en troupeau.

» Lorsqu'une chèvre sera trouvée hors de l'écurie,
» le garde-champêtre de la commune ou le garde par-
» ticulier en dressera procès-verbal, et le proprié-
» taire sera condamné à une amende de trente francs,
» indépendamment des dommages-intérêts, et à un
» emprisonnement qui ne pourra pas excéder trois
» jours. »

Metz. La commission a proposé, pour les articles
31 et 32, la rédaction suivante :

« Art. 31. Dans les pays où l'usage est de conduire
» les chèvres en troupeau, les propriétaires *qui se se-*
» *ront arrangés pour les envoyer paître sur leurs*
» *terreins, et sur les terreins d'autrui, d'après les*
» *conventions autorisées par l'article* 6, seront soli-
» dairement responsables, etc.

» Art. 32. Les Préfets pourront accorder aux
» communes la permission de faire conduire leurs
» chèvres en troupeau, sur les terreins et pâtis com-
» munaux exceptés du partage. »

Elle a d'ailleurs demandé de même que la commission consultative de *Limoges*, que les propriétaires qui trouveraient des chèvres sur leur terrein, fussent autorisés à les tuer, sauf à en faire la déclaration.

Nancy. La commission a fait observer qu'il est impossible de faire conduire les chèvres en troupeau, sans exposer les propriétés rurales à leur dévastation; qu'en conséquence, les règlements dont la rédaction est confiée aux Préfets, doivent défendre de mettre ces animaux en pâture, autre part que dans des terreins clos ou distants de cent mètres des bois, des plantations et des haies vives, à moins qu'ils ne soient tenus en laisse.

Nîmes. Cette commission a présenté des observations analogues à celles de la commission consultative de *Limoges*.

Paris. La commission consultative a donné son adhésion aux articles du projet, sous la condition que la faculté de tuer les chèvres trouvées sur le terrein d'autrui ne pourrait être exercée qu'autant que le propriétaire ne serait pas connu. S'il est connu on lui fera payer l'amende et les dommages.

Pau. Rien ne saurait égaler, dans ce pays, a dit la commission, l'audace des pasteurs de chèvres, qui les conduisent par troupeau séparé de vingt-cinq et trente têtes. L'article 4 de la coutume de *Béarn* permettait à chaque propriétaire de les tuer, s'il les trouvait dans ses taillis, dans ses bois non-défensables, dans ses vignes, vergers et jardins, outre l'action en

dommage. Il faut conserver ce droit aux propriétaires.
Il convient d'ailleurs de déterminer le *maximum*,
ainsi que le *minimum* de la peine portée par l'article
31, afin d'éviter l'arbitraire.

Poitiers. Les observations qu'a présentées la
commission de *Poitiers* sont analogues à celles de
la commission de *Pau*.

Rennes. La commission, considérant que souvent
la garde des chèvres est confiée à des enfants, a été
d'avis de rendre facultative l'application de la peine
déterminée par le paragraphe 2 de l'article 29.

L'article 30 lui a paru susceptible d'une disposition
additionnelle exprimée ainsi qu'il suit :

« S'il n'y a point de gardes dans la commune, ou
» s'il ne s'en trouve pas sur les lieux à la portée du
» particulier dont le terrein a été endommagé par la
» chèvre, il est pareillement autorisé à la tuer sur
» son terrein, à charge d'en faire aussitôt la déclara-
» tion au juge de paix ou au maire de la commune. »

Enfin elle a proposé de modifier ainsi l'article 32 :

« Dans les pays où l'usage est de conduire les chè-
» vres en troupeau, les propriétaires seront tenus
» de faire approuver la nomination du gardien par le
» maire, sous peine d'une amende qui ne pourra être
» moindre de cinq francs, ni excéder quinze francs;
» elle sera supportable solidairement par tous les pro-
» priétaires des chèvres.

» Les propriétaires seront, de plus, solidairement
» responsables des dommages que les chèvres pour-

» raient causer ; et le gardien , en ce cas , sera puni
» d'une détention qui ne pourra excéder trois jours »

Rouen. La commission , en déclarant adhérer aux articles du projet, a demandé qu'il fût interdit au garde qui aurait tué une chèvre trouvée sur le terrein d'autrui, de se prévaloir du corps de l'animal.

Les commissions consultatives d'*Amiens*, d'*Angers*, de *Bordeaux*, de *Colmar*, de *Montpelier*, d'*Orléans*, de *Riom* et de *Toulouse*, n'ont proposé aucune observation importante.

§ 3. *Dégâts, Dommages, Délits.* (Section 6, chap. 1, tit. 3.)

Article 148. Les dégâts que les bestiaux de toute espèce , laissés à l'abandon, feront sur les propriétés d'autrui , soit dans l'enceinte des habitations, soit dans un enclos rural, soit dans les champs ouverts, seront payés par les personnes qui ont la jouissance et la garde des bestiaux : si elles sont insolvables , ces dégâts seront payés par le propriétaire.

Le propriétaire qui éprouvera les dommages, aura droit de saisir les bestiaux sous l'obligation de les faire conduire, sans délai, dans le lieu désigné par le maire, et de les faire visiter par un vétérinaire.

Il sera satisfait au dégât par la vente des bestiaux, s'ils n'ont pas été réclamés dans les trois jours de leur saisie.

Les juges de paix pourront donner main-levée du séquestre provisoirement, en exigeant caution jusqu'à concurrence des objets saisis, et en faisant satisfaire aux frais du séquestre.

Article 149. Le propriétaire, le détenteur ou le fermier, pourront tuer des volailles qui causeront du dégât dans leur propriété, mais seulement sur le lieu au moment du dégât, et sans que pour cela les volailles tuées leur appartiennent.

Article 150. Ceux qui passeront avec des bêtes de charge ou de monture sur le terrein d'autrui, s'il est ensemencé, ou qui laisseront passer leurs bestiaux sur un champ avant l'entier enlèvement de la récolte, paieront une amende de deux francs au moins, sans préjudice du dommage.

Ceux qui passeront avec charrette, voiture quelconque, ou avec tous autres objets propres à causer des dégâts dans un champ ensemencé, paieront une amende qui ne pourra être moindre de dix francs, indépendamment du dommage.

Les juges pourront condamner à une amende d'un franc, indépendamment du dommage, ceux qui auraient passé à pied dans un champ en défense.

Article 151. Ceux qui conduiront et feront paître leurs bestiaux sur le terrein d'autrui, seront condamnés à une amende de six francs au moins, et de vingt francs au plus, indépendamment du dommage.

Si ce terrein est planté en vignes, ou pépinières, de quelque espèce d'arbres que ce soit, l'amende sera de quarante francs au moins, indépendamment du dommage;

Elle sera de dix francs au moins, toujours nonobstant le dommage, si les vignes ou plants d'arbres ne sont pas dans le temps de la sève.

Si les bestiaux sont gardés à vue, le gardien sera condamné à une détention de huit jours au moins et d'un mois au plus.

Il n'y aura pas lieu à la détention si le délit a été commis dans des vignes, hors du temps de la sève.

Article 152. Les dégâts faits dans les bois des particuliers ou des communes par des bestiaux, seront punis de la manière suivante :

Il sera payé, indépendamment des dommages, des amendes comme il suit, savoir :

Si les bois ont plus de six ans, pour une bête à laine 25 centimes; pour un porc 25 centimes; pour une bête de somme 1 franc; pour une bête à cornés 1 franc.

Si les bois sont entre la seconde et la sixième année de leur croissance, pour une bête à laine 1 franc; pour un porc 1 franc; pour une bête de somme 5 francs; pour une bête à cornes 5 francs.

Si les bois sont dans la première année de leur croissance, pour une bête à laine 2 francs; pour un porc 3 francs; pour une bête de somme 10 francs; pour une bête à cornes 10 francs.

Si des porcs sont trouvés dans une futaie, lors de la maturité du gland ou de la faine, il sera payé, pour chacun d'eux, une amende qui ne pourra être au-dessous de trois francs.

Si des dindons sont pareillement trouvés dans des bois à l'époque ci-dessus, il sera payé, pour chacun d'eux, vingt-cinq centimes.

Si les dégâts ont été commis en présence du gardien,

il sera condamné à une détention de trois jours au moins et d'un mois au plus.

Article 153. Les marchands qui , ramenant des bestiaux des foires , leur laisseront commettre des dégâts , seront tenus de déposer , entre les mains du maire , une somme double de l'estimation du dommage faite par des experts , ou une partie de leurs bestiaux d'une valeur équivalente , jusqu'au jugement par le tribunal compétent. Le surplus de la somme déposée par eux , leur sera rendu après le paiement du dommage , de l'amende et des frais.

Article 162. Dans tous les délits ruraux où l'amende est prononcée , si le délinquant ne la paie pas dans le délai fixé, il sera détenu jusqu'à parfait paiement.

Les six articles dont le texte vient d'être cité , ont donné lieu aux observations ci—après des commissions consultatives :

AGEN. La commission consultative a pensé que le propriétaire ou le fermier devaient être rendus responsables des dégâts prévus par l'article 148 du projet , sauf leur recours contre le métayer ou le préposé à la garde des bestiaux. Elle a fait remarquer d'un autre côté , qu'assujettir le propriétaire lésé à faire visiter les bestiaux par un vétérinaire , après leur saisie, c'était exiger une formalité souvent impossible à remplir , ajouter aux frais et par conséquent déplacer quelquefois la compétence ; qu'il suffirait que les bestiaux fussent conduits sur-le-champ, s'ils sont saisis de jour, et dès le lever du soleil, s'ils sont saisis de nuit, au lieu désigné par l'autorité municipale. Il lui a semblé enfin que le maire devait être, comme le juge de paix, autorisé à donner main-levée du séquestre lorsque le délit est de la compétence du tribunal de la mairie.

Aix. La commission est entrée dans de longs détails qu'il est utile de consulter, relativement à l'insuffisance des articles du projet pour assurer la répression et la punition des délits ruraux, dans un pays tel que la *Provence*, où les troupeaux ne paissent que la nuit, depuis l'époque de la germination jusqu'à celle des dernières récoltes. En conséquence elle a proposé les deux articles additionnels suivants, dont les dispositions pourraient, du reste, n'être rendues applicables qu'aux pays méridionaux.

« 1º Tout propriétaire ou ses serviteurs qui dé-
» clareront avoir trouvé sur le fait l'auteur d'un
» dommage quelconque fait aux champs, seront crus
» sur leur serment. Cette déclaration devra être faite
» et signifiée à la partie dans les vingt-quatre heures.
» 2º Lorsque les dommages auront été causés par
» des bestiaux, et qu'ils n'auront pas été trouvés sur le
» fait, le propriétaire pourra attaquer, pour le paie-
» ment du dommage, le maître du troupeau de la
» bergerie la plus voisine, sauf à celui-ci son recours
» contre ceux qu'il prouvera en être les-auteurs. »

Amiens. La commission a pensé, relativement à l'article 152, que la durée de la détention ne devait pas excéder huit jours ; quand même le condamné refuserait de payer l'amende.

Angers. La commission a proposé, relativement à l'article 148, 1° d'y exprimer explicitement que le propriétaire , rendu responsable des dégâts, aurait son recours contre les gardiens ; 2° d'étendre à huit jours, selon l'exigence des cas, le délai pour la vente des bestiaux s'ils n'ont pas été réclamés.

Besançon. Il arrive presque toujours, a fait observer la commission, que le passage des bestiaux, chevaux , charrettes, etc., sur la propriété d'autrui , même non-ensemencée , lui devient très-préjudiciable , surtout quand cette propriété consiste en prés et vignes ; il convient donc de supprimer, dans l'art. 15, la condition de l'ensemencement. La collecte des glands ou faines dans les bois, la collecte ou l'arrachement des herbes, et autres délits de cette nature , lui ont paru devoir être prévus dans le titre 3 du Code rural. Elle a pensé qu'il convenait d'indiquer le mode d'estimation des dommages , et que le soin de cette estimation devait être confié au maire ou à son remplaçant, ou à des experts nommés par lui. Enfin, elle a proposé de modifier de la manière suivante l'article 162, dont les dispositions lui ont semblé trop rigoureuses.

« Le défaut de paiement des amendes n'entraînera
» la contrainte , par corps, que vingt-quatre heures
» après le commandement. La détention remplacera
» l'amende à l'égard des insolvables ; mais la durée

» en commutation de peines ne pourra excéder un
» mois dans les délits pour lesquels cette peine n'est
» point prononcée.

» Dans le cas où la détention est jointe à l'amende,
» la détention sera prolongée d'un mois au-delà,
» pour défaut de paiement de l'amende. »

BORDEAUX. Plusieurs observations ont été proposées par la commission consultative ; elles peuvent se résumer ainsi :

1º Ne point prescrire la visite des bestiaux par un vétérinaire après la saisie : il y a trop peu de ces artistes dans les campagnes pour que la mesure, utile d'ailleurs, fût toujours praticable ;

2º Comprendre dans la prohibition prononcée par les deux premiers paragraphes de l'article 150, les champs *complantés en bois défensables* ; autoriser les juges à prononcer une amende de deux francs contre ceux qui seront trouvés passant ou errant sur les fonds d'autrui, sans permission, lorsqu'ils sont couverts de fruits susceptibles d'être enlevés ;

3º Rendre la peine de dix francs, déterminée par le quatrième paragraphe de l'article 152 , applicable toutes les fois que les bois où il aura été commis des dégâts seront au-dessous de la sixième année de leur croissance.

La commission consultative a en outre proposé , par forme d'observation générale, d'ajouter à la fin de la section 6, un article ainsi conçu :

« Il sera fait un état de toutes les contraventions

» et délits ruraux, divisé en trois chapitres ; le premier
» contiendra toutes les peines que peut prononcer le
» tribunal de la mairie ; le second celles qui forment
» la compétence du tribunal de simple police ; le troi-
» sième celles qui sont de la compétence du tribunal
» de police correctionnelle.

» Cet état sera lu au peuple, une fois tous les ans,
» dans une des assemblées de la commune. »

Bourges. La commission a pensé qu'il convenait,
relativement à l'article 148, 1° d'autoriser le maire
à faire visiter les bestiaux saisis, par un expert qu'il
désignerait, parce que l'on ne rencontre point habituellement de vétérinaires dans les campagnes ;
2° d'indiquer que la vente desdits bestiaux, en cas
de non-réclamation dans les trois jours, serait ordon-
née par *le juge de paix*.

Quant aux articles 150, 151 et 152, elle a pensé
qu'il convenait de proportionner la quotité de l'a-
mende encourue au nombre ou à l'espèce des animaux
conduits sur les terreins ensemencés ou non-ensemencés, et d'établir une peine plus forte pour les *semis*,
où les bestiaux occasionnent beaucoup plus de dommages que dans les autres bois.

Enfin, elle a proposé d'obliger les marchands
revenant des foires, dont les bestiaux auraient commis des dégâts, à consigner entre les mains du maire,
jusqu'à jugement définitif, une somme *triple de
l'amende fixée pour l'espèce du délit*, ou l'équivalent en bestiaux, parce que cette disposition aurait

pour résultat d'éviter les retards auxquels donnerait lieu une première estimation des dommages.

Colmar. La commission a fait observer que l'amende déterminée par l'article 150, doit être proportionnée au nombre des bestiaux trouvés en délit. Elle a pensé d'ailleurs que la police des bois communaux et particuliers devrait appartenir au Code forestier ; que les peines réglées par le projet sont en général trop faibles, et que s'il y avait des changements à faire à celles qui résultent de l'ordonnance de 1669, ce ne pourrait être que pour les augmenter à cause de l'accroissement de valeur qu'ont reçue les bois depuis sa promulgation.

Dijon. La commission a donné son adhésion à l'article 148, sauf la disposition qui prescrit la visite des bestiaux par un artiste vétérinaire après la saisie ; il en résulterait des retards, sans une grande utilité, à moins de circonstances particulières auxquelles l'autorité saura remédier. Elle a proposé aussi de prononcer une amende de deux à dix francs contre les propriétaires de bestiaux trouvés à l'abandon.

Douai. La commission a proposé d'insérer , entre le 1er et le 2e paragraphe de l'article 150 , la disposition suivante :

« Ceux qui passeront avec des bêtes de charge, » ou de monture, ou autres bestiaux, sur un sen— » tier destiné exclusivement aux gens de pied, seront » passibles d'une amende de dix francs. »

Grenoble. Les membres de cette commission, après avoir présenté des observations très-développées, dont il sera bon de consulter le texte même, ont proposé d'adopter une division qui déterminât séparément le mode de *séquestration provisoire des bestiaux pris en dommage;* les règles concernant la *liquidation et la responsabilité des dommages;* les peines applicables aux *délits, si le dommage résulte d'un fait volontaire ou prohibé.*

Limoges. La commission a fait des propositions dont voici le résumé :

1° Suppléer à la visite du vétérinaire, s'il n'y en en a point dans la commune, par un cultivateur à la désignation du maire;

2° Punir l'introduction des oies dans les futaies, lors de la glandée, des mêmes peines que celle des dindons;

3° Faire déposer à la mairie, par les marchands revenant des foires, et dont les bestiaux auraient commis quelques dégâts, une somme *double* de la valeur *présumée* des dommages.

Lyon. La commission a considéré, 1° que la jouissance, et non la propriété des bestiaux, devait entraîner la responsabilité des dégâts qu'ils ont commis; 2° que l'amende encourue devait être déterminée par tête de bétail; 3° que le temps où la sève arrive ou disparaît, n'est point assez déterminé pour qu'il soit possible de rien prescrire de particulier à cette époque, et que d'ailleurs le dégât peut être aussi nuisible hors le temps de la sève dans les jeunes vignes et plants. Elle a en conséquence proposé de modifier dans le sens de ces observations la rédaction des articles 148, 150 et 151.

METZ. La commission a demandé que les dispositions des premier et second paragraphes de l'article 150, s'appliquassent en tout temps aux prairies naturelles, comme aux champs ensemencés : elle a représenté d'ailleurs que les bestiaux échappés dans les vignes et dans les pépinières, y causent de grands dégâts, qu'il convient en conséquence de punir plus rigoureusement ce genre de délit en fixant l'amende à quarante francs au moins, *quelle que soit la saison ou le délit aura été commis* ; elle a voté enfin la suppression du dernier et de l'avant-dernier paragraphe de l'article 151.

MONTPELLIER. La commission consultative a fait les propositions ci-après, 1° étendre la responsabilité des dommages causés par les bestiaux à toutes les personnes dont fait mention l'article 7 du titre 2 de la loi du 28 septembre — 6 octobre 1791 ; 2° appeler à indemniser des dommages causés, les maîtres ou fermiers, sauf leur recours contre leurs domestiques, ce qui paraît plus conforme à l'article 1384 du Code civil; 3° porter à six mois le *maximum* de la peine prononcée par l'article 151 ; 4° convertir en une amende double la peine de la détention

prononcée par le même article, lorsque les conducteurs des bestiaux saisis en délit seront des enfants
âgés de moins de *dix ans*.

NANCY. Le premier paragraphe de l'article 148,
a paru à la commission devoir être supprimé comme
consacrant une disposition peu juste en elle-même,
et contraire d'ailleurs aux articles 1382, 1383,
1384 et 1385 du Code civil ; l'obligation de faire
visiter les bestiaux saisis par un vétérinaire serait
souvent inexécutable ; il faut que le maire soit autorisé à y suppléer par un autre expert à son choix.
La commission a proposé en outre, 1º de graduer
l'amende prononcée par l'article 151 ; 2º de la maintenir au même taux, que les bestiaux soient gardés
à vue ou laissés à l'abandon ; ceux-ci pouvant encore
causer plus de dommages ; 3º de supprimer le troisième et le quatrième paragraphe de l'article 151 ; 4º de
commencer l'article 153, par ces mots : *Les conducteurs de bestiaux étrangers à la commune qui leur
laisseront commettre*, etc., etc.

NÎMES. La commission a proposé de rédiger ainsi
le second et le troisième paragraphe de l'article 148 :

« Le propriétaire qui éprouvera des dommages
» aura le droit de saisir les bestiaux sous l'obligation
» de les mettre en fourrière dans le lieu désigné par
» le maire.

» Les maires pourront donner provisoirement main-
» levée du séquestre en exigeant caution jusqu'à

» concurrence de la valeur des objets saisis, et en
» faisant satisfaire aux frais du séquestre. »

La commission de *Nîmes*, ainsi que celle de
Nancy, a pensé d'ailleurs qu'il était nécessaire d'appliquer la peine résultant de l'article 153 à tous
conducteurs de bestiaux étrangers à la commune.

ORLÉANS. La commission a présenté, relativement
à l'article 148, des observations analogues à celles
des commissions de *Bordeaux*, *Dijon* et *Limoges*.
Elle a pensé qu'une amende de vingt-cinq centimes
par porc trouvé dans les bois est bien insuffisante en
raison des dégâts considérables qu'y causent ces
animaux ; elle a désiré enfin que la rédaction de l'article 153 fût modifiée dans le sens des observations
faites par les commissions de *Nîmes* et de *Nancy*.

PARIS. La commission a déclaré qu'elle croyait
devoir s'en référer, relativement à la section 6 du
projet, au quatrième livre du Code pénal ; elle a en
même temps émis le vœu que tous les articles du
Code de procédure criminelle, sur la compétence
en matière de simple police, et tous ceux du Code
pénal sur les délits ruraux, fussent insérés dans le
Code rural.

POITIERS. Les articles 148, 150, 151, 152 et 153
ont donné lieu à diverses observations de la commission,

1° En cas d'absence d'un vétérinaire, y suppléer
par un expert pour la visite des bestiaux saisis ;

2° Déterminer le *maximum* de la peine prononcée par l'article 150, afin qu'il n'y ait point d'incertitude sur la compétence ; fixer ce *maximum* à quinze francs dans le premier paragraphe dudit article, et stipuler dans le second que l'amende ne sera point au-dessous de quinze francs ;

3° Déterminer également le *maximum* de l'amende prononcée dans la seconde et la troisième partie de l'article 151 ;

4° Mettre en rapport avec les dommages les peines portées en l'article 152 ; les bêtes à laine nuisent beaucoup plus que les porcs, les bêtes à cornes plus que les bêtes de somme ; classer les chèvres au nombre des animaux qui causent le plus de dégâts ; établir en principe que généralement la quotité de l'amende déterminera celle des dommages, à moins que le propriétaire lézé prétendant qu'ils sont plus considérables, ne veuille les faire estimer par experts, à charge de supporter les frais d'expertise, si sa prétention n'est pas fondée ;

4° Enfin appliquer la disposition de l'article 153 aux voituriers qui parcourent les chemins avec des bêtes de somme.

Rennes. Les articles 148, 150, 151 et 152 du projet ont donné lieu à plusieurs observations. La commission a d'abord proposé d'introduire dans l'article 148, diverses dispositions concernant *l'arbitrage des dommages causés* et le *délai dans lequel il doit avoir lieu, le mode de la vente des bestiaux saisis*, le *paiement de l'excédant des dommages* en cas d'insuffisance du produit de cette vente, la *nécessité d'attribuer au maire*, ainsi qu'au juge de paix, la faculté de donner main-levée du séquestre.

La commission a pensé d'ailleurs qu'il convenait de considérer comme *maximum* des amendes encourues les sommes indiquées dans le premier paragraphe de l'article 150 et dans l'article 151. D'un autre côté les amendes déterminées par l'article 152 lui ont paru trop faibles. Elle a proposé de rétablir les quotités qu'avait fixées la loi du 28 septembre-6 octobre 1791, en observant les gradations établies dans le projet, et qui ont plus d'extension.

Riom. La commission a demandé que la visite des bestiaux par un vétérinaire, après leur saisie, ne fût obligatoire que lorsqu'il y en aura un domicilié dans la commune du lieu du délit.

Toulouse. La commission a fait observer que peu de communes ont un vétérinaire, et que dans les communes mêmes où il en existe, la mesure de police prescrite par le second paragraphe de l'article 148, ne doit pas être à la charge des propriétaires. Elle a remarqué en outre que l'article 150 semblerait autoriser à traverser les propriétés d'autrui, ce qui ne saurait jamais être permis; qu'ainsi la rédaction doit être modifiée, en prononçant une amende de cinq francs dans le cas dont il s'agit. Enfin elle a rappelé que l'ordonnance de 1669 appliquait les mêmes peines aux délits commis soit dans un bois de l'état, soit dans ceux des communes ou des particuliers, et elle a exprimé le vœu que cette disposition fût remise en vigueur, en déclarant d'ailleurs que les amendes déterminées par l'article 152 étaient trop légères et manquaient de proportion.

Les commissions instituées près les cours royales de *Caen*, de *Pau*, et de *Rouen*, n'ont fait aucune observation sur les articles du projet dont nous avons rapporté le texte.

CHAPITRE QUATRIÈME.

PROJET DE RÈGLEMENT GÉNÉRAL CONCERNANT L'EXERCICE DE LA VAINE PATURE

Il nous reste maintenant à remplir le but que nous avons indiqué page 15, en cherchant à établir les bases générales d'un modèle de règlement concernant l'exercice de la vaine pâture, elles se déduisent naturellement des développements que renferment chacun des paragraphes de la section 1ere du chapitre 2 de cet Ouvrage : mais avant tout nous répéterons ici (*voyez* la note de la page 202), que s'il entre dans les attributions des Conseils municipaux de délibérer ces sortes de règlements, ils ne peuvent cependant y introduire aucune disposition qui porte atteinte aux droits qu'auraient acquis les habitants, conformément à l'article 3, section 4, titre 1er de la loi du 28 septembre – 6 octobre 1791. Ainsi, par exemple, les moutons ne sauraient être exclus du pâturage des prairies, si la coutume, ou si l'usage local, en supposant la coutume muette sur ce point, a autorisé à les y mettre en dépaissance ; mais en supposant que ce droit ou tout autre droit analogue fût incertain et sujet à contestation, l'autorité supérieure pourrait approuver provisoirement les propositions des conseils municipaux jusqu'à ce que les tribunaux, seuls compétents en pareille circonstance, eussent décidé la question.

Ces réflexions expliqueront pourquoi l'on ne trouve point comprises dans le projet de règlement ci-après diverses dispositions qui, susceptibles d'être adoptées dans un grand nombre de localités, seraient, dans plusieurs autres, contraires aux usages établis. Telles sont, entr'autres, celles qui auraient pour objet,

L'obligation de ne conduire les moutons, sur certaines terres de vaine pâture, qu'après les autres bestiaux;

La prohibition de faire paître les troupeaux sur la lisière des chemins bordés de haies vives, ou adjacentes aux héritages dont les fruits ne sont point encore récoltés;

La mise en *défends*, totale ou partielle, des héritages où la récolte est achevée, mais qui sont entourés d'une ceinture d'arbres fruitiers encore chargés de fruits;

L'interdiction absolue ou limitée à certaines heures du pâturage de nuit;

L'exclusion des porcs, non-seulement des prairies où ils ne peuvent jamais être admis, mais encore de toutes les terres de vaine pâture où seraient des abreuvoirs ou mares dont ces animaux pourraient souiller les eaux.

Il serait facile de citer encore un grand nombre de dispositions semblables, utiles sans doute, mais qui ne peuvent être que locales.

L'ordonnance de 1669 a déterminé avec une précision qui ne laisse rien à désirer, et rendu générales à tout le royaume, les règles relatives au pâturage dans les bois; ces règles n'ont éprouvé que de légères modifications par la législation nouvelle : il suffit donc de les avoir rappelées dans la section 3 du chapitre 2, sans qu'il soit besoin de les reproduire dans le projet de règlement que nous proposons ci-après, et qui, par conséquent, ne concerne que la vaine pâture dans les *prés*, après la fauchaison, et sur les *guérets*, *jachères*, *terres vaines et vagues*, etc.

TITRE 1er.

Du mode de rédaction des règlements de vaine pâture propres aux diverses communes.

L'exercice du droit de vaine pâture, dans les communes où ce droit est en vigueur, sera réglé chaque année (1) par une délibération du Conseil municipal,

____

(1) D'une année à l'autre, il peut arriver que des propriétaires changent le système de culture de leurs héritages; que la conduite et la garde des troupeaux exigent de nouveaux soins; que l'on reconnaisse enfin la nécessité de faire quelques modifications aux règles précédemment adoptées. Il

prise en conformité de l'article 3, titre 11 de la loi du 16-24 août 1790, de l'article 46, titre 1er de la loi du 19-22 juillet 1791, et de l'article 13, section 4, titre 1er de la loi du 28 septembre-6 octobre suivant.

2. En conséquence, les Conseils municipaux, dans les communes susdites, se réuniront six semaines au moins (1) avant l'époque où la vaine pâture commence d'être ouverte ; ils procèderont à la rédaction du règlement à intervenir, et dont les bases devront être en harmonie avec les dispositions ci-après exprimées, sauf toutes dispositions additionnelles qu'il serait jugé convenable d'y introduire par forme de supplément.

TITRE 2.

De la désignation des héritages ouverts à la vaine pâture, et des bestiaux qui peuvent y être conduits.

3. Il sera soumis avant tout, au Conseil municipal, un tableau rédigé à la diligence du maire, et indiquant par colonnes séparées,

1° Le nombre de tous les chefs de famille, sans

---

convient donc que les conseils municipaux prennent l'habitude de revoir tous les ans les règlements de vaine pâture, ne fût-ce que pour en confirmer les dispositions.

(1) Il sera nécessaire de devancer cette époque, lorsqu'il s'agira de délibérer un règlement dans une commune qui n'en aurait point encore adopté, surtout s'il doit donner lieu à quelques difficultés qui provoqueraient l'application de l'article 35, titre 8.

exception, propriétaires, fermiers ou autres, domiciliés dans la commune ;

2° Le nombre des chefs de famille, propriétaires ou fermiers, qui n'y sont pas domiciliés ;

3° L'étendue des héritages possédés par chaque chef de famille, et susceptibles d'être ouverts à la vaine pâture après la récolte ; c'est-à-dire qui ne sont point compris dans les exceptions déterminées, soit par l'usage des lieux, soit par l'article 10, section 4, titre 1er de la loi du 28 septembre - 6 octobre 1791, ou par l'article 24, titre 2 de la même loi.

On indiquera séparément l'étendue, approximativement évaluée, de la vaine pâture qu'offrent les grands chemins, landes, bruyères, et autres terreins de cette nature.

4. Le Conseil municipal examinera d'abord si le gros bétail doit être envoyé sur certaines terres de vaine pâture, à l'exclusion des moutons auxquels il serait assigné des cantonnements particuliers (1). En cas d'affirmative, la troisième colonne du tableau, mentionné ci-dessus, sera subdivisée en deux autres qui indiqueront,

La première, l'étendue et la nature des terreins réservés aux grands troupeaux ;

____

(1) Assez ordinairement la dépaissance des prairies est réservée aux bêtes à cornes, chevaux et ânes ; on n'y conduit les moutons et chèvres qu'autant qu'il y a insuffisance des autres terres de vaine pâture, et que les prairies offrent en même-temps un excédent de nourriture. Les jachères, les terres vaines et vagues, les lisières des chemins publics sont le partage de ces derniers animaux.

La seconde , l'étendue et la nature des terreins où pourront être envoyés les moutons et chèvres.

5. Le nombre de moutons que peut nourrir un hectare desdits terreins , terme moyen, sera ensuite déterminé ; et cette détermination servira de base à celle du nombre des autres bestiaux admis à la vaine pâture. Ainsi :

Un cheval de labour ou de trait sera toujours compté pour (1)...................... moutons.
Une vache pour .... idem.
Un âne pour...................... idem.
Une chèvre pour...................... idem.
Un porc pour...................... idem.

3. Chaque chef de famille domicilié dans la commune, ayant droit à envoyer une vache avec son veau et six bêtes à laine au moins, sur les terres de la vaine pâture , il sera distrait de l'étendue totale desdites terres, évaluée ainsi qu'il est dit en l'article 4, le nombre d'hectares suffisant pour l'exercice de cette faculté : le reste sera divisé entre tous les chefs de famille, propriétaires ou fermiers, domiciliés ou non, et proportionnellement à l'étendue de l'exploitation de chacun d'eux.

7. Le nombre des têtes de bétail que chaque chef de famille aura droit d'envoyer en vaine pâture , calculé d'après les bases déterminées en l'article précédent ,

____

(1) Il est d'usage qu'un cheval soit compté pour *quatre* bêtes à laine ; une vache pour *trois*; un âne , un porc ou une chèvre pour *deux*.

sera indiqué dans une ou deux colonnes (1), selon les cas, placées à la suite de la colonne 3 du tableau dont il a été fait mention en l'article 3.

8. Les chefs de famille domiciliés ou forains, ne pourront au reste user de leur droit, que pour les bestiaux qui leur appartiendront en propre, ou qu'ils tiendront à titre de *cheptel*, et sous la condition expresse que les bestiaux seront appropriés aux exploitations rurales. Ainsi les chevaux autres que ceux de labour ou de trait, et tous les animaux dont il serait fait trafic, ne pourront en général être envoyés sur la vaine pâture, sauf les exceptions que l'usage local aurait formellement introduites.

9. Il sera loisible aux chefs de famille, domiciliés dans la commune, qui n'entretiendraient point de bestiaux, de céder leurs droits à d'autres; mais cette faculté est interdite aux forains. La vaine pâture à laquelle ils auraient droit, profitera aux seuls habitants aussi long-temps qu'elle sera laissée vacante, selon les proportions déterminées en l'article 6.

Titre 3.

Des héritages clos ou mis temporairement en défends.

10. Si, postérieurement à l'adoption du règlement, un des propriétaires inscrits au tableau, met tout ou

---

(1) Si l'on cantonne séparément le gros et le menu bétail, ainsi qu'il est dit en l'article 4, il faut indiquer séparément aussi le nombre de têtes de gros bétail et le nombre de têtes de menu bétail que chacun peut envoyer sur l'un et l'autre cantonnement.

partie de ses héritages en état de clôture, ou y introduit un nouveau mode de culture, qui ait pour résultat de les mettre en *défends* pendant le temps où la vaine pâture est ouverte, le maire rendra une ordonnance pour restreindre, en proportion, le droit à lui attribué par l'article 7.

11. Il en sera de même toutes les fois qu'un propriétaire voudra user de la faculté, commune à quelques localités, de mettre en réserve une partie de ses héritages à titre d'*embannie*, *épargne*, etc. Dans ce cas, ledit propriétaire sera tenu, au préalable, de déclarer au maire son intention. Cette déclaration sera inscrite aux registres de la mairie, et affichée à la porte de la maison commune : les limites des terreins réservés y seront clairement spécifiées ; elles devront être d'ailleurs indiquées d'une manière apparente sur les lieux.

12. En cas de clôture d'héritages, la déclaration ci-dessus aura également lieu, mais seulement pour indiquer à l'autorité locale l'étendue des terreins à mettre hors de la communauté. Tout propriétaire qui, sans avoir fait cette déclaration continuerait, après la clôture effectuée, d'envoyer en vaine pâture le même nombre de bestiaux qu'auparavant, pourra être poursuivi à la diligence du maire ou de tous autres intéressés, devant le tribunal compétent, comme infracteur du règlement en ce qui concerne les droits attribués à chacun.

TITRE 4.

Des cantonnements.

13. Dans les communes, composées de plusieurs sections ou hameaux, le territoire de la vaine pâture

sera , s'il est possible , divisé en autant de cantonne-ment séparés , attribués à chacune desdites sections, et dont les limites seront fixes et apparentes. L'étendue de chaque cantonnement sera déterminée par le Conseil municipal qui prendra en considération ,

1° La nature des terreins dont ils se composeront, et qui par conséquent fourniraient une pâture plus ou moins abondante ;

2° Le nombre de bestiaux que les chefs de famille , appartenant à chaque section, auront droit à mettre en vaine pâture , conformément à l'article 7.

14. Les particuliers pourront aussi obtenir pour leurs troupeaux, à moins d'empêchements graves, des canton-nements séparés et distincts, assis sur leur propre terri-toire autant que possible, et dont ils ne pourront fran-chir les limites. Il leur sera loisible de mettre en dépaissance, sur ces cantonnements, tel nombre de bestiaux qu'ils jugeront convenable.

15. Ceux qui auront obtenu des cantonnements particuliers , pourront prendre entr'eux des arrange-ments pour les faire dépaître en commun par leurs bestiaux.

TITRE 5.

De la garde des troupeaux.

16. Les chefs de famille qui auront obtenu des can-tonnements particuliers, et ceux qui profiteront de la faculté accordée par l'article 12 , section 4 , titre 2 de la loi du 28 septembre - 6 octobre 1791 , de former un troupeau séparé , seront tenus de pourvoir à la garde et conduite de leurs bestiaux , et demeureront dans tous les cas responsables des dommages.

17. Les bestiaux réunis en troupeau commun et conduits , soit indistinctement sur toutes les terres de la communauté, soit sur des cantonnements déterminés, ainsi qu'il est dit en l'article 13 , seront placés sous la garde d'un pâtre nommé sur la présentation du maire , par le Conseil municipal, auquel pourra être réuni , le cas échéant, un certain nombre des principaux propriétaires de troupeaux de la commune.

18. Nul ne sera choisi , comme pâtre du troupeau commun, s'il n'est domicilié et connu sous des rapports favorables dans la commune, ou si, déclarant l'intention de s'y établir , il ne présente des garanties suffisantes d'une bonne conduite antérieure.

Le Conseil municipal, pour déterminer son choix , pourra faire interroger les concurrents qui lui seront présentés par le maire , sur la manière de soigner les troupeaux , sur les précautions à observer selon la variation des saisons , pour que le pâturage soit plus sain , la monte plus avantageuse, le *part* moins difficile ; enfin, sur les soins qu'il convient de prendre pour couper , sevrer , tondre , parquer , etc. , etc.

19. Il y aura , autant que possible , un troupeau commun pour les chevaux , bœufs et vaches, un pour les moutons et chèvres, et un pour les porcs ; chacun desquels pourra être , selon les circonstances locales, divisé en deux , ou même en un plus grand nombre de troupeaux ; mais chaque troupeau devra toujours être mis sous la garde d'un pâtre particulier.

20. Les pâtres communaux sont et demeurent soumis à toutes les dispositions de l'arrêt du 14 septembre 1751 , qui ne sont point abrogées par la législation

actuelle. Cette condition sera formellement exprimée dans la commission que leur délivrera le maire.

21. Le maire prendra connaissance de toutes les plaintes qui s'élèveraient sur le compte des pâtres communaux : il pourra les suspendre et les remplacer provisoirement selon la gravité de ces plaintes, à la charge de provoquer immédiatement leur remplacement définitif qui aura lieu, le cas échéant, selon les formes déterminées par l'article 17.

22. Le salaire des pâtres communaux sera payé par tous les chefs de famille, qui mettront des bestiaux dans les troupeaux à la garde desquels lesdits pâtres sont préposés. La quotité de ce salaire sera fixée par le Conseil municipal : une colonne ajoutée à la suite de celles qui composeront le tableau mentionné en l'article 3, indiquera le montant de la cotisation de chacun, calculée en raison du nombre et de l'espèce des bestiaux qu'il fera garder.

La somme de ces cotisations sera portée en recette et dépense au budget de la commune, parce que le recouvrement en sera opéré par le receveur municipal.

23. Ceux qui feront garder leurs troupeaux séparément, ne seront point tenus de contribuer au salaire du pâtre communal. Toutefois, le propriétaire qui, ayant mis d'abord ses bestiaux dans le troupeau commun, les en retirerait ensuite, acquittera le montant de sa cotisation pendant le trimestre commencé.

TITRE 6.

Des dommages causés par les bestiaux.

24. Quiconque trouvera des bestiaux dans ses pro-

priétés non-sujettes à la vaine pâture , pourra les saisir à la charge de les faire conduire , dans le jour même , au lieu du dépôt désigné par l'autorité municipale , où ils seront provisoirement mis en *fourrière*.

25. La somme à payer par jour , pour chaque tête de bétail mis en fourrière , conformément à l'article précédent , sera déterminée tous les ans au moyen d'une adjudication publique qui aura lieu en présence du maire , assisté de deux membres du Conseil municipal.

L'adjudicataire sera tenu de se conformer ponctuellement aux clauses et conditions stipulées dans un cahier de charges générales et particulières que le Conseil municipal aura préalablement discutées.

Ne seront admis à concourir à l'adjudication que les cultivateurs, propriétaires ou fermiers qui résideront dans la commune, à moins de circonstances particulières qui seront appréciées par ledit conseil.

26. Si les bestiaux saisis ne sont point réclamés dans les huit jours de la saisie , le maire fera procéder à leur vente qui aura lieu , par devant lui , au plus offrant et dernier enchérisseur. Les frais de fourrière seront prélevés sur le produit de cette vente , avant le montant des dommages dûment estimés ; le reste demeurera provisoirement déposé à la caisse municipale.

27. En cas de réclamation des bestiaux saisis , ils ne seront rendus au propriétaire qu'après qu'il aura , 1° acquitté les frais de fourrière ; 2° payé le montant des dommages , ou consigné entre les mains du receveur municipal , une somme double de l'évaluation approximative qui en sera faite par le maire.

28. Si les bestiaux saisis appartiennent au troupeau

commun, ils seront remis au propriétaire sur la réquisition du maire, sans qu'il soit besoin de l'accomplissement préalable des deux conditions ci-dessus exprimées ; le pâtre, dans ce cas, et à son défaut, la communauté devenant responsable, tant des dommages que des autres frais accessoires.

29. En cas d'insolvabilité du pâtre, la totalité des sommes à payer sera répartie entre tous les propriétaires ayant des bestiaux dans le troupeau commun, selon les bases indiquées en l'article 22 ; le montant de l'état de répartition, approuvé par l'autorité supérieure, sera recouvré à la diligence du receveur municipal.

TITRE 7.

Des épizooties.

31. S'il se manifeste dans le troupeau commun quelques symptômes de maladie contagieuse, le pâtre en préviendra sur le champ, et sous les peines déterminées par l'article 459 du Code pénal, le maire de la commune qui donnera ordre de rompre immédiatement ledit troupeau, et prescrira toutes autres mesures de précaution convenables. Le troupeau ne pourra être réuni de nouveau qu'en vertu d'une ordonnance rendue par le maire, sur l'avis d'un artiste vétérinaire.

32. Tout pâtre qui aura par négligence laissé ses chiens fréquenter un troupeau atteint de contagion, sera destitué. Les chiens seront tenus à l'attache, et assommés s'ils sont trouvés divagant.

33. La déclaration prescrite par l'article 31 est obligatoire pour les bergers comme pour les propriétaires de troupeaux particuliers.

TITRE 8.

Dispositions générales.

34. Tous règlements de vaine pâture délibérés par les Conseils municipaux seront transmis, accompagnés du tableau dont il est fait mention en l'article 3, au sous-préfet de l'arrondissement qui les fera parvenir au préfet, avec son avis : ce fonctionnaire les souscrira de son approbation, le cas échéant ; et dès-lors ils deviendront obligatoires pour les particuliers comme pour les tribunaux, jusques à réformation.

35. Si les dispositions d'un règlement, soumis à son approbation, paraissaient au préfet devoir contrarier quelques usages locaux, ou donner lieu à quelques réclamations, il fera préalablement procéder à une enquête de *commodo et incommodo*, par un commissaire étranger à la commune, ainsi qu'à tous les intérêts sur lesquels il s'agira de statuer.

36. Dans le cas même où le résultat de cette information ne suffirait pas pour fixer les incertitudes sur le mérite desdites réclamations, le préfet homologuera néanmoins, s'il le juge convenable, le règlement proposé par le Conseil municipal, en faisant réserve expresse des droits de tous intéressés, qui seront renvoyés à les faire valoir devant les tribunaux compétents.

37. Toutes contraventions aux règlements de vaine pâture, constatées par procès-verbaux, rédigés dans les formes voulues, seront poursuivies devant le tribunal de police du canton, à la diligence du ministère public, qui requérera l'application de l'article 475 du Code pénal, sans préjudice des peines plus graves qui auraient été encourues, et qu'il appartiendrait aux tribunaux de police correctionnelle de prononcer.

TABLE

DES MATIÈRES CONTENUES DANS CET OUVRAGE.

Nous croyons devoir, pour la facilité du lecteur, présenter ici la nomenclature, par ordre alphabétique, des provinces, bailliages et localités diverses, dont les coutumes sont mentionnées dans le chapitre 2, en indiquant à la suite de chaque nom la page correspondante.

FIN DE LA TABLE DES MATIÈRES.

ERRATA.

Page 20, ligne 11, *lisez tout l'alinéa en caractères petit romain.*
Idem,   ligne 16, *idem.*
Page 25, ligne 18, Section 3, § 2, *lisez :* Section 3, § 3.
Page 83, ligne   3, lui fera résarci, *lisez :* lui sera résarci.
Page 127, ligne   9, dans l'Appendice de ce Chapitre, *lisez :* de cette
Section.
Page 139, ligne 13, de le soustraire, *lisez :* de se soustraire.
Page 143, ligne   4, aux termes de l'article de la Section 4, *lisez :* aux
termes de l'article 3 ; de la Section 4.
Idem,   *à la fin de la note, ajoutez :* Il faut consulter au
surplus l'ordonnance royale du 27 novemb. 1814.
Page 156, ligne   9, au reste, les articles suivants, *lisez :* aussi les
articles suivants.
Page 157, ligne   4, *ajoutez à la fin de cette ligne :* (art. 461.)
Page 239, ligne 15, de 1666, *lisez :* de 1669.
Page 241, ligne   5, aucun droit de servitude. En sorte qu'on peut dire,
etc., *lisez :* aucun droit de servitude, en sorte
qu'on peut dire, etc.
Page 250, ligne 18, janvier 1820 *, *supprimez* l'astérique.
Page 260, ligne 13, mai 1810*, *supprimez* l'astérique.
Page 268, ligne 12, décret du 21 janvier 1813, *lisez :* décret du 21
janvier 1813*
Idem, ligne 18, décret du 7 février 1809, *lisez :* décret du 7
février 1809*
Page 291, ligne 25, le 14 août 1820, *lisez :* le 24 août 1820.
Page 294, ligne   3, en date du 20 avril, *lisez :* en date du 2 avril.
Idem,   ligne 25, *lisez au commencement de cette ligne,* § 7, III.
Page 297, ligne 15, *à la suite de cette ligne, ajoutez :* Ce jugement a
été cassé par un arrêt du 14 mai 1812, dont la
teneur suit :
Page 310, ligne 12, villes chef-lieu, *lisez :* villes chefs-lieux.
Page 312, ligne   9, il faut distingner, *lisez :* il faut distinguer.
Page 325, ligne 13, du préfet, *lisez :* du projet.